ROBERT ROTHER

Drachenjahre

Wie ich 7 Jahre und 7 Monate
im chinesischen Gefängnis überlebte

Edel Books
Ein Verlag der Edel Germany GmbH

Copyright © 2020 Edel Germany GmbH,
Neumühlen 17, 22763 Hamburg
www.edelbooks.com
2. Auflage 2020

Projektkoordination: Dr. Marten Brandt
Assistenz: Lisa Ebelt
Redaktionelle Mitarbeit: Thomas Schmoll
Layout und Satz: Datagrafix GSP GmbH, Berlin
Umschlaggestaltung: Rothfos & Gabler, Hamburg
Druck und Bindung: GGP Media GmbH, Pößneck

Printed in Germany

ISBN 978-3-8419-0699-1

Dieses Buch widme ich meiner Familie und speziell meinem verstorbenen Opa Sigismund Schuster und meinem ebenfalls verstorbenen Vater Reinhard Rother. Im Himmel werden wir wieder Schiffe bauen.

INHALT

VORWORT

Das Buch legt Zeugnis ab von meiner Zeit in der Untersuchungs-haftanstalt Nummer drei in Shenzhen und anschließend im Knast in Dongguan im Südosten Chinas. Längst konnte ich nicht alles niederschreiben, was ich erlebt habe. Manches musste ich weglassen, um diejenigen, die mir halfen, den Höllentrip zu überleben, nicht zu gefährden. Die meisten Namen sind authentisch, manche musste ich aus besagtem Grund ändern.

Sie, liebe Leserin und lieber Leser, werden vielleicht schlucken und fragen: Echt jetzt? Kann das so gewesen sein? Ja, so war es. Das, was ich niedergeschrieben habe, entspricht zu 100 Prozent der Wahrheit, wie ich sie erlebt habe. Ich berichte nur über eigenes Erleben, nichts beruht auf bloßem Hörensagen. Was mir im Knast von anderen Häft-lingen erzählt wurde und andere Quellen habe ich kenntlich gemacht.

Ich bitte um Nachsicht, wenn ich immer wieder drastische Worte verwendet habe. Das musste mitunter sein, um jede Verniedlichung und Verharmlosung zu vermeiden.

Es gibt einen Unterschied zwischen Vergebung und Vergessen. Wenn ich Menschen nicht vergeben kann, wie kann mir vergeben wer-den? Ich vergebe allen und ganz speziell meinen Peinigern und Übel-tätern, aber das heißt nicht, dass ich vergessen werde. Ganz im Gegen-teil. Meine Geschichte ist ein Zeugnis. Sie soll aufklären. Damit daraus gelernt und vielleicht sogar etwas geändert werden kann.

Weil sich die Welt schnell ändert und ich nicht weiß, wie es heute in den Gefängnissen aussieht, habe ich alles konsequent in der Ver-gangenheitsform niedergeschrieben.

KAPITEL 1

FREIHEIT UND BRECHREIZ

Freiheit verursacht also Brechreiz. Ich hatte alles gedacht, nur das nicht. Aber es war so. Sieben Jahre und sieben Monate hatte ich auf den Tag meiner Entlassung gewartet, jeden einzelnen der 2770 Tage gezählt, um dann festzustellen: Das innere Freudenfest, mit dem ich meinen ganz persönlichen Sieg über die Grenzen menschlicher Leidensfähigkeit feiern wollte, fällt aus. Ich fühlte nichts, absolut nichts. Null. Keine Freude, kein Jubeln, kein Lachen, kein stummes Triumphgeheul. Alles stumpf, wie tot und erloschen. Am allerletzten Tag meines China-Abenteuers erlebte ich mich so, wie die Regierung in Peking Menschen im Knast gerne haben will: als gefühl- und willenlose Roboter. Jeder Schritt, jede Handlung, jede Bewegung liefen wie automatisiert ab, als wäre ich der Protagonist in einem Computerspiel, der Zuschauer im eigenen Film. Robert, der Roboter, der Held aus der Playstation. Mein Gehirn glich einem Watteball. Ich tat, was man von mir verlangte. Ich war am letzten der 2770 Tage mehr Luozi Luobote als Robert Rother. Noch nicht einmal, als ich im Flieger Platz nahm, dachte ich: Yippie, es geht nach Hause. Sondern: Jetzt bloß nicht kotzen! Immerhin hatte der ständige Brechreiz auch sein Gutes. Er erinnerte mich daran, dass ich noch lebte, der Hölle von Dongguan entronnen war. Ich hatte es geschafft. Heimflug. Tschüss und auf Nimmerwiedersehen, China!

Ein paar Stunden zuvor, genauer: morgens um 05.30 Uhr. China und der Rest der Welt schrieben den 19. Dezember 2018. Der Tag begann wie jeder Tag davor im Gefängnis von Dongguan. Einer dieser grässlichen Wärter schlug mit irgendetwas Hartem gegen die Zellentür. Der Lärm weckte die letzten der 14 anderen Häftlinge in meiner Zelle, die noch nicht wach waren und gegen die Wände glotzten, ohne sich zu rühren und zu reden. Niemand wagte es, auch nur zu flüstern. Das Schweigen kannte ich zur Genüge. Es war das Beklemmendste des allmorgendlichen Rituals, bevor es zum Frühstück und hinaus in die Fabrik zur Zwangsarbeit ging.

Wie immer war ich kurz vor halb sechs aufgewacht. Für mich musste niemand Krach machen. Mein Körper hatte sich im Laufe der Jahre auf die stumpfsinnige Monotonie der Tagesabläufe eingestellt. Ich zog mich an und legte meine Nachtwäsche und mein Bettzeug in eine Box. Die Gefängniskleidung hatte ich natürlich zurückzugeben an den rechtmäßigen Besitzer, das chinesische Volk.

Dann gab es Frühstück, für mich das letzte Knastfrühstück meines Lebens. Nudeln, wie meistens. Es war das Essen, das ich anfangs gehasst hatte wie der Teufel das Weihwasser. Aber dann hatte ich mich mit der Zeit daran gewöhnt. Was in der Hölle von Dongguan bedeutete: Ich musste danach nicht mehr jedes Mal kotzen, sondern nur noch alle paar Tage.

Viertel vor sieben marschierten wir in die Fabrik. Links, zwo, drei, vier. Wie im Song von Rammstein, an den ich oft bei der Marschiererei dachte – wegen des Textes, logisch, wohl aber auch deshalb, weil er zur Brutalität des Knastlebens passte. Auf dem Weg von meiner Zelle nach draußen konnte ich mich noch von einigen Mithäftlingen verabschieden. Nur per Handzeichen, ein Gespräch war nicht mehr möglich. Manchmal meinte ich ein aufmunterndes Augenzwinkern oder ein kurzes Zunicken wahrzunehmen. Vielleicht bildete ich mir das aber auch nur ein.

Nach einer Viertelstunde waren wir in der Fabrik. Ich begab mich an meinen Platz, wo ich stupide Draht auf Rollen zu wickeln hatte. Mir gegenüber saß Watana, mein Freund aus Thailand. Wie meistens war er gut drauf. Er schien sogar beste Laune zu haben, als sollte nicht ich, sondern er heute entlassen werden. Ich bin sicher, er gönnte es mir von Herzen, dass ich gleich den Abflug machen durfte. Watana gehörte zu den Männern im Knast, die ich den Rest meines Lebens nicht vergessen und stets achten werde. Er hat dazu beigetragen, dass ich nicht durchgedreht bin. Er ist einer der Kerle, für die ich dieses

Buch geschrieben habe. Watana hat es nicht verdient, in diesem Scheißgefängnis wie Bioabfall auf zwei Beinen behandelt zu werden.

Wir tauschten ein paar belanglose Sätze aus. Die Stimmung war getrübt – darüber täuschte seine gute Laune nicht hinweg. Abschied lag in der Luft, wahrscheinlich für immer.

Ich hatte keine Ahnung, weder wann genau ich entlassen werden würde noch wie meine ersten Minuten und Stunden in Freiheit ablaufen sollten. Seit über zwei Monaten hatte ich nicht mehr mit meiner Mutter oder einem anderen Familienmitglied telefoniert. Auf meine Fragen gaben mir die Wärter keine Antwort. Sie durften es wohl nicht. Sicher wusste ich nur, dass es nicht so sein würde wie im Kino: man tritt vor das Stahltor, das sich hinter einem rasch wieder schließt, zündet sich eine Zigarette an, schaut sich vielsagend in der Gegend um, da erscheint auch schon ein alter Kumpan oder gar eine schöne Frau , man fällt sich in die Arme, küsst sich (mehr oder weniger intensiv), steigt ins Auto – und schmiedet noch während der Fahrt einen Plan: für blutige Rache, den nächsten Diamantenraub oder, wer weiß, für einen Neuanfang als geläuterter Mitbürger. Rachegelüste hatte ich sehr wohl. Wenn auch keine blutigen.

Kurz vor neun kam Herr Chen, ein Polizist, den ich seit mehreren Jahren kannte, jeden Tag gesehen hatte und den ich – im Gegensatz zu den meisten seiner Kollegen – durchaus schätzte. Gefängniswärter in China gehören zur Polizei und sind nicht wie bei uns in Deutschland Angestellte des Justizapparats. Herr Chen war etwas jünger als ich, so Ende 20. Er hatte in Chicago studiert und gehört zu einer Generation Chinesen, die deutlich weltoffener und gebildeter ist als alle anderen davor. Er sprach – für chinesische Verhältnisse – sehr gutes Englisch. Chen rief mich zu sich und überreichte mir einige Papiere, die ich zu unterschreiben hatte, sowie meinen Pass und das Geld, das ich in den letzten zwölf Monaten vor meiner Entlassung gespart hatte: rund 2000 Yuan. Nicht gerade viel für ein Jahr üble Schufterei. Aber scheiß drauf. Hauptsache weg aus dieser Hölle.

»Scheiß drauf« hätte ich lieber nicht denken sollen. Während ich wartete und wartete und Löcher in die Luft stierte, fing es in meinem Magen an zu rumoren. Mein Darm spielte verrückt. Verdammte

Scheiße, jetzt nur keinen Durchfall! Das wäre nichts Außergewöhnliches bei dem Knastfraß. Aber ausgerechnet heute, an diesem Tag? Womöglich auf dem Weg zum Flughafen? Bloß schnell raus mit der Kacke! Ich gab dem Wachpersonal Bescheid und lief, begleitet von einem Aufpasser, zum Plumpsklo. Mein Abschiedsschiss im und auf den Knast.

Kaum hatte ich mir Erleichterung verschafft und war auf meinen Platz zurückgekehrt, wurde mir vom anderen Seite der Werkhalle aus signalisiert, dass ich zum Ausgang kommen solle. Ein Mitgefangener holte mich ab, Kaweesa aus Uganda. Für solche Jobs hat die chinesische Polizei ihre Kapos. Kaweesa gehörte zur Gruppe Inhaftierter, die spezielle Aufgaben hatten und eigene Uniformen trugen, die sie von anderen Gefangenen unterschieden. Kaweesa war schon zehn Jahre im Bau und sprach Chinesisch. Er hatte damals noch weitere zehn Jahre vor sich. Ich hatte ein freundschaftliches Verhältnis zu ihm – nicht, weil er Kapo, sondern weil er ein anständiger Bursche war, der andere Gefangene respektvoll behandelte.

Die 100 Meter hinüber zum anderen Ende der Fabrik waren der härteste Gang meines Lebens. Ich kam in dieser einen Minute an all meinen Freunden vorbei. Wäre ich der Held in einem Hollywoodfilm gewesen, der nach Jahren des Kampfes seine Unschuld bewiesen hatte und endlich freikam, hätte ich jeden einzelnen Meter zelebriert und meinen Triumphzug ausgekostet. Aber ein chinesischer Knast hat mit Hollywood so viel zu tun wie die Berliner mit der Chinesischen Mauer.

Wie in Trance schleppte ich mich zum Ausgang. Im Magen ein Kotzgefühl, in Hirn und Knien Watte. Ich blickte in die Augen meiner Freunde und wagte es nicht, stehenzubleiben. Zum ersten Mal an diesem Tag empfand ich eine Gefühlsregung und hatte, als meine Kumpels mir zuwinkten oder applaudierten und sogar aufstanden, was während der Arbeitszeit eigentlich verboten war, und mich mit Standing Ovations bedachten, Mühe, meine Tränen zurückzuhalten. Menschen aus Kolumbien, Nigeria, Benin, Palästina, Thailand, Vietnam und Kanada sagten in einer universellen Sprache, die jeder versteht: Auf Wiedersehen! Ich war überwältigt.

Es war eine starke Geste der Freundschaft zwischen Menschen unterschiedlicher Hautfarbe und Herkunft, abgestempelt als Kriminelle. Aus ihr ziehe ich die Kraft, meine Erlebnisse aus der Hölle von Dongguan aufzuschreiben. Für mich fühlte sich das damals so an, als fahre ich in den Heimaturlaub und lasse meine Kameraden am Ort der Verdammnis zurück. Man geht gerne, aber mit schlechtem Gewissen, weil man weiß, dass die Kameraden weiter im Reich des Teufels dahinvegetieren müssen.

Auch wenn es, bei Lichte betrachtet, unsinnig ist: Das Gefühl, Freunde in größter Not alleingelassen zu haben, habe ich bis heute. Es hat damals die Freude über meine Entlassung überlagert. Das mag unglaubwürdig klingen, aber verdammt noch mal: Es war so. Ich hatte mit diesen Leuten, die mir zujubelten, Jahre meines Lebens auf engstem Raum verbracht. Die meisten kannte ich besser, als manch einer seine Frau oder seinen Mann nach 20 Jahren Ehe kennt, jede Wette. In Dongguan kann man nichts verheimlichen. Man lebt rund um die Uhr gemeinsam in derselben Zelle. Man weiß, wer was gerne isst und wer was verabscheut. Man weiß, wer wovon träumt, und man weiß sogar, wie die Scheiße der Zellengenossen riecht. Alles spielt sich in einem einzigen Raum ab, ohne einen Hauch Privatsphäre. Die bis ins Intimste gehende Vertrautheit ist gezwungenermaßen enorm, obwohl alle bemüht sind, Distanz zu halten.

Kaweesa brachte mich bis vor die Tür der Fabrik. Das Gitter fiel hinter mir ins Schloss, ich würde all diese Menschen nie wiedersehen.

So ruhig hatte ich den Platz vor der Fabrik nie erlebt. Ich kannte ihn nur voller Getrampel und Befehle brüllender Stimmen. Jetzt aber herrschte absolute Stille. Ich konnte sogar hören, wie der Schlüssel im Schloss herumgedreht wurde.

Noch immer an der Seite Kaweesas wurde ich in einen kargen Raum zwischen Fabrik und Gefängnis gebracht. Herr Chen wies mich an, meine Klamotten komplett auszuziehen. Es war zwar Winter, aber mit knapp 20 Grad nicht sonderlich kalt. Ich stand splitternackt in dem Raum und wurde inspiziert, überall. Die Chinesen wollten sichergehen, dass ich nichts zwischen meinen Arschbacken rausschmuggelte, was nicht an die Öffentlichkeit gelangen sollte. Aber das hatte ich ohnehin alles im Kopf. Sie hätten mich enthaupten müssen, wenn sie gewollt hätten, dass ich nichts mit rausnehme, was sie belastet.

Man reichte mir ein Paar Schuhe und einen blauen Jolly-Jumper-Anzug, so einen Einteiler, wie ihn Kleinkinder tragen, bei dem der Reißverschluss vorne vom Bauchnabel bis zum Hals reicht. Ich fühlte mich wie ein Teletubbie.

Kaweesa durfte mich nur bis hierhin begleiten, er musste wieder zurück in die Fabrik. Wir verabschiedeten uns mit einem festen Händedruck. Von nun an begleitete mich Herr Chen. Wir gingen zum Block 2, in dem meine Zelle lag. Hier bekam ich den Rest meiner persönlichen Dinge: Fotos, Briefe meiner Familie und drei Bücher, davon zwei in spanischer Sprache, die mir ein Kolumbianer und ein Peruaner geschenkt hatten, damit ich Spanisch lernen konnte, und *Fifty Shades of Grey* auf Deutsch. Selbstverständlich war nicht alles dabei, was ich gerne zurückgehabt hätte. Zum Beispiel meine Tagebücher, die die Chinesen konfisziert hatten. Was mich allerdings aus zwei Gründen nicht weiter störte. Erstens: Wenn man Jahre ohne Smartphone und Laptop auskommt, lernt man, wichtige Sachen auf der Festplatte im Kopf abzuspeichern. Zweitens: Mittels Geheimcodes hatte ich mir in *Fifty Shades of Grey* die Telefonnummern meiner Freunde vermerkt. Soll noch einmal jemand sagen, in diesem Buch stünde nur Unsinn. Auf mein Exemplar traf das garantiert nicht zu.

Nun sollte alles ganz schnell gehen. Herr Chen hielt mich zur Eile an, weil offenbar – ich wusste nach wie vor nicht, wie ich das Land verlassen sollte – die Zeit drängte. Auf dem Weg zum Gefängnisausgang redete er die ganze Zeit auf mich ein. Ich hörte ihm nicht zu. Robert, der Roboter lief brav neben ihm her und versuchte, die Bauchschmerzen zu ignorieren.

Durch eine weitere Eisentür betrat ich den Raum, der der letzte auf dem Weg in die Freiheit sein sollte. Ein Beamter stellte mir auf Chinesisch Fragen zu meiner Person: Name, Geburtsdatum, Vergehen, Urteil, Höhe der Strafzahlung. Sie wollten absolut sicher sein, dass sie auch den Richtigen entlassen. Weil ich alle Fragen korrekt beantworten konnte, ohne einen einzigen Joker zu brauchen, erhielt ich die Entlassungspapiere zur Unterschrift. Ich unterschrieb mit »Robert Rother« und damit das Todesurteil für Luozi Luobote.

Ich ging durch die letzte stählerne Gitterdrehtür. Auf der anderen Seite empfing mich ein Militärpolizist, der mir exakt dieselben Fragen noch einmal stellte wie der Polizist wenige Minuten zuvor. Wieder alles richtig. Wieder ohne Joker ausgekommen. Die letzte schwere Eisentür öffnete sich – ich war wieder ein freier Mann. Hinter mir die Hölle von Dongguan, über mir ein paar Wolken vor blauem Himmel, vor mir das Leben. Ich starrte hinauf in das flauschige Gebilde grenzenloser Freiheit.

Ein Glücksgefühl wollte sich immer noch nicht einstellen. Aber langsam realisierte ich, dass ich auf dem Weg nach Hause war.

Gleich am Gefängnistor wartete ein Auto einer chinesischen Marke mitsamt Chauffeur. Ein weiterer Polizist gesellte sich zu Herrn Chen und mir, Herr Xi, den ich ebenfalls aus dem Knast kannte. Auch er sprach gut Englisch. Ich trug keine Handschellen, hatte aber den dämlichen Teletubbie-Anzug an. In dem Ding nach Hause? Bitte nicht. Als hätte Herr Xi meine Gedanken erraten, reichte er mir ein Paket. Es enthielt ein paar Klamotten, die das deutsche Konsulat besorgt hatte. Das Geld dafür hatte meine Mutter überwiesen. Gott sei Dank, ich musste also nicht mit dem blauen Strampler reisen. Darin wäre ich mir ziemlich bescheuert vorgekommen, auch wenn mich vermutlich einige Leute für einen exaltierten Künstler gehalten hätten. Dabei war ich nur ein ganz gewöhnlicher Überlebenskünstler.

Es folgte eine absurde Szene. Weil es gegen die Vorschriften verstoßen hätte, hatte ich die Klamotten nicht im Knast wechseln dürfen. Die Polizisten fuhren mit mir daher als Erstes in ein an den riesigen Gefängniskomplex angrenzendes Wohngebiet, wo sie mich an einer öffentlichen Toilette rausließen, in der ich mich umziehen konnte oder besser: musste. Öffentliche WCs in China, gerade die auf dem Land, gleichen Kloaken. Diese hier hätte in einem Wettbewerb um die Auszeichnung »Versiffteste Toilette Chinas« beste Chancen gehabt. Die Dreckslöcher im Gefängnis waren sauber dagegen. Aber ich war so abgestumpft und gleichgültig, dass ich nicht den geringsten Ekel empfand und mich umzog, als wäre es die Umkleidekabine im Spa-Bereich eines Fünfsternehotels.

Ich hatte mich fit gehalten, so gut es eben ging, und im Laufe meiner Jahre in Haft mindestens 20 Kilo verloren. Bis auf die Schuhgröße kannte ich meine Maße nicht mehr. Und so hatte ich dem Konsulat lediglich Schätzungen mitteilen können. Und siehe da: Die Adidas-Sneaker, das weiße T-Shirt, der Pullover und die Jacke passten perfekt. Aber die Jeans war im Bund viel zu weit. Blöderweise hatte ich keinen Gürtel – und eine Unterhose hatte ich auch nicht. An die hatte ich schlicht nicht gedacht, in der irrigen Annahme, ich könnte eine aus dem Gefängnis mitnehmen, was aber verboten war, da es sich um chinesisches Volkseigentum handelte. Was blieb mir anderes übrig, als meine Hand in die Tasche zu stecken, um die Jeans festzuhalten. Als würde ich Sackhüpfen spielen.

Um meine Habseligkeiten zu verstauen, gab man mir im Konsulat eine pinkfarbene Sporttasche. Bis heute ist es ein ungelöstes Rätsel, wer auf die Idee kam, mir eine Tasche in dieser Farbe rauszusuchen. Die Polizisten übergaben mir außerdem ein Buch meines Rechtsanwalts Qianwu Yang (Yang Qianwu), das er für mich für den Tag meiner Entlassung als Abschiedsgeschenk hinterlegt hatte, *Drive: The Surprising Truth About What Motivates* von Daniel H. Pink, das in Deutschland unter dem Titel *Drive: Was Sie wirklich motiviert* erschienen ist. Ein Wink mit dem Zaunpfahl in vielerlei Hinsicht. In dem Werk geht es darum, sich nicht von Geld und Prestige blenden und leiten zu lassen und auf das Prinzip von Bestrafung und Belohnung – also Zuckerbrot und Peitsche – zu pfeifen. Pink plädiert für Selbstbestimmung und Eigenverantwortung. All das passt nicht wirklich zu China, dem Land der Uniformen, der Gleichmacherei und Nivellierungen, in dem Zuckerbrot und Peitsche sowohl in der Innen- als auch Außenpolitik zum Standardrepertoire gehören und Individualismus verpönt ist. Ich verstand aber auch, was er mir persönlich damit sagen wollte: Hinterfrage dein altes Leben, hör auf, dem Geld nachzujagen und dich dabei selbst zu verlieren. In seiner Widmung schrieb Qianwu Yang: »Lieber Robert, ich war stolz, dein Anwalt und Freund zu sein. Alles Gute. Aufrichtig – Qianwu.« Das kann ich nur erwidern.

Nachdem ich fast acht Jahre weder ordentliche Schuhe noch Jeans oder Hemd angehabt hatte, fühlte ich mich seltsam. Ich musste mich erst wieder daran gewöhnen, in Straßenschuhen zu laufen.

Die Polizisten merkten davon nichts. Sie hielten mich zur Eile an. Was sie all die Jahre zuvor vermieden hatten, holten sie nun nach. Sie befragten mich zu meinem Leben in China und wollten wissen, ob ich mich auf zu Hause freue. Ich hatte keine Lust zu antworten, mit mir und meinem Kotzgefühl hatte ich genug zu tun. Also fragte ich sie meinerseits nach ihren Lebensverhältnissen und ließ sie reden. Chinesische Männer reden gerne, vor allem über Frauen. Die Polizisten beklagten sich über den Stress, den ihre Eltern ihnen machten, weil sie noch immer nicht verheiratet waren. In China muss man mit 30 einen Ehepartner gefunden haben, sonst gilt man schnell als schräger Vogel oder Loser.

Der Brechreiz war schlagartig schlimmer geworden, als sich der Wagen in Bewegung gesetzt hatte. In meinem Kopf fing sich alles an zu drehen. Das letzte Mal, dass ich in einem Auto gesessen hatte, lag rund vier Jahre zurück – damals war ich von der U-Haft ins Gefängnis gebracht worden. Weil wir unter Zeitdruck standen, gab der Fahrer ordentlich Gas. Bäume, Häuser, Zäune, Strommasten, Menschen – alles raste an mir vorbei. Dazu die Kurven. Mir war speiübel. Die Polizisten quatschten weiter munter auf mich ein und erzählten mir, wie schwierig es sei, die richtige Frau zu finden. Kinder hätten sie auch gern. Aber ohne Frau – was will man da machen? Ich versuchte, nicht zuzuhören, und sagte ab und an höflich: »Yes.«

Nach ungefähr einer Stunde waren wir endlich am Flughafen in Guangzhou. Es war fast Mittag. Ich stieg aus und musste mich mit einer Hand am Auto festhalten, um nicht umzukippen. Mein Kreislauf spielte verrückt. Die Polizisten hatten immer noch nicht bemerkt, was mit mir los war, und rannten los. Robert, der Roboter, riss sich zusammen und trabte hinterher.

Im Flughafen besorgte mir die Reizüberflutung den Rest. Der Lärm der Durchsagen, die bunten, grellen Farben der Werbeplakate und -schilder, die Gerüche aus dem Duty-free-Shop und den Restaurants ... Ich hatte acht Jahre lang zwischen verschwitzten Kerlen gehaust, den Gestank von verdorbenem Essen, Plumpsklos, Durchfall und Kotze ertragen, acht Jahre lang nichts Buntes mehr gesehen. Und nun das hier. Ich hatte vergessen, dass es solche Farben und Wohlgerüche überhaupt gab. An einer riesigen Werbetafel von Louis Vuitton übermannten mich die Erinnerungen an mein einstiges luxuriöses Leben mit Angelina, die auf Louis Vuitton abgefahren war wie ich auf Ferraris.

Und just in diesem Augenblick lief eine junge Frau an mir vorbei – ich zahle gerne in die Chauvi-Kasse ein, aber ich dachte bloß: Was für ein hammergeiles Geschoss! Astralkörper, blonder Pferdeschwanz bis zur Hüfte, enganliegendes Business-Kostüm. Sie zog einen Trolley hinter sich her und eine Parfümwolke, die mir die Sinne raubte.

Im Knast hatte ich nur meine Mutter und ab und an eine Angestellte oder Praktikantin des Konsulats zu Gesicht bekommen, sonst keine einzige Frau. Und nun schickte der liebe Gott diesen Schuss, um mich zu prüfen. Der Boden unter mir fühlte sich an wie Pudding. Ich wankte, als hätte ich nach einer Flasche Wodka auf Eis eine Linie Koks gezogen. Ich wollte aufs Klo, mir den Finger in den Hals stecken oder wenigstens Wasser ins Gesicht spritzen. Aber meine Begleiter ließen mich nicht. Sie verklickerten mir, dass ich sonst meinen Flug verpassen würde.

Es war halb zwölf, als wir beim Securitycheck ankamen. Die Polizisten übergaben mich mit mehreren Kopien meines Urteilsdokuments und den Entlassungspapieren der Einwanderungsbehörde. Ich erfuhr, dass ich mit einer Aeroflot-Maschine nach Moskau fliegen sollte. Das Ticket hatte wiederum meine Mutter bezahlt. Abflug war um exakt 12.00 Uhr Mittag. High Noon in China. Wenn das nicht passte.

Ich verabschiedete mich von den Polizisten, nicht überschwänglich, aber durchaus freundlich. Gerne hätte ich sie gehasst, aber das funktionierte nicht. Sie waren auch nur Menschen. Bei der Übergabe am Securitycheck machten sie noch Fotos von mir, als Beweis, dass sie mich ordnungsgemäß am Flughafen zur Einreisebehörde gebracht hatten. Ich durfte als VIP durch die Sicherheitsschleuse.

Einige Passagiere beobachteten die Szenerie. Sie müssen sich gefragt haben, wer dieser Kerl mit der Jeans, dem weißen Hemd und der auffälligen pinken Sporttasche, eskortiert von der Polizei, sein mochte. Fliegen wir mit einem Verbrecher, einer Persona non grata, einer unerwünschten Person, die des Landes verwiesen wurde? Nein, ich war's nur: Robert, der Roboter.

Die Beamten der Einwanderungsbehörde lasen mit zunehmender Begeisterung in den Gerichtsdokumenten. Was sie darin so verzückte, begriff ich erst, als einer sagte: »Mensch, du bist ja dieser Robert!« Ich staunte nicht schlecht. Na klar wüssten sie, wer ich sei, über meinen Fall sei in den Medien ausführlich berichtet worden. »Dort hast du gewohnt?« Einer der Beamten zeigte auf das Foto meiner alten Wohnung im Reiche-Taschen-Viertel von Shenzhen. Ich nickte. Er meinte voller Respekt: »Die muss inzwischen mehr als 100 Millionen Yuan wert sein.« Ich war baff, wie gut sich dieser Mann mit den Immobilienpreisen in China auskannte – denn er dürfte mit dem Preis, umgerechnet rund 13 Millionen Euro, richtig gelegen haben.

Endlich der Securitycheck. Ich musste beide Arme hochnehmen. Es war klar, was nun passierte. Die Jeans rutschte langsam, Zentimeter für Zentimeter nach unten. Ich sah mich schon als nackter – nicht als blinder – Passagier in der Sendung *Die 100 lustigsten Videos* und spreizte die Beine so weit wie möglich, um die Hose am Weiterrutschen zu hindern. Meine Verrenkung dürfte kaum weniger seltsam ausgesehen haben, als wenn ich untenrum entblößt dagestanden hätte. Ich schwor mir: Nie wieder reise ich ohne Unterhose! Die Jeans hing gerade noch an ein paar Arschhaaren, bevor das erlösende Zeichen kam, ich könne weiterlaufen. Blitzschnell steckte ich meine Hand wieder in die Tasche und sorgte für Halt.

Anschließend gings zur Passkontrolle. Die Beamten erklärten mich zum VIP und führten mich – wie schon am Securitycheck – an der Schlange der wartenden Fluggäste vorbei. Sie füllten unzählige Papiere aus und machten immer wieder Fotos von mir, um jedes Detail meiner Ausreise zu dokumentieren, was die Neugier der Mitreisenden noch gesteigert haben dürfte.

Inzwischen war es fünf vor zwölf. Bis heute weiß ich nicht, ob die Maschine auf mich wartete oder ohnehin zu spät dran war. Ich tippe auf die Ersteres. Die Crew war längst dabei, den Flieger startklar zu machen. Nur die Tür zur ersten Klasse war noch offen. Der Beamte, der bis zuletzt bei mir blieb, brachte mich bis dahin und schoss ein letztes Foto aus der Serie »Robert, der Roboter verlässt China«. Dann hob er seine Hand zum Abschiedsgruß: »Good Luck!« Eine nette Geste, fand ich.

Ich, der coole VIP mit der coolen pinken Sporttasche, betrat endlich den Flieger. Die Passagiere, augenscheinlich größtenteils Russen, guckten, als wäre ich ein Außerirdischer. Was vor allem daran lag, dass ich über die VIP-Lane durch die First und die Business-Class musste, um zu meinem Platz in der Holzklasse zu gelangen. Ein VIP, der sich kein teures Ticket leisten konnte – alles klar.

Überall auf den Plätzen leuchtete es. Viele Passagiere hielten merkwürdige Dinger in der Hand: rechteckig, dünn, mit großem Display. Es waren die ersten Tablets, die ich in meinem Leben sah. Der letzte Passagier war ich jedoch nicht. Das war die Megablondine mit dem Pferdeschwanz, die Blicke auf sich zog.

Kaum hatte ich mich in den Sitz fallen lassen, hob die Maschine ab. Ich schaute hinunter auf China, dieses fantastische und zugleich verhasste Land. Robert, der Roboter, ließ seine Wahlheimat, die für ihn erst der Himmel und dann die Hölle auf Erden war, schnell immer weiter hinter sich. Nach Hause. In die Heimat. Mir war bewusst, dass ich in wenigen Stunden endlich meine Familie wiedersehen, meine Mutter und meinen Bruder in die Arme schließen würde. Aber noch war Deutschland weit weg. Mensch, nun freu dich doch mal, dachte ich, und schämte mich dafür, so stumpf und emotionslos im Flieger zu sitzen, statt die Stunden zu zählen und dem Wangenkuss meiner Mutter entgegenzufiebern.

Kurz nach dem Start kam schon das Essen. Nudeln und Huhn, halb russisch, halb asiatisch. Ich probierte davon, brachte aber nichts herunter. Nach acht Jahren Scheißreis mit Scheißsoße, die keine Soße war, sondern verdrecktes Scheißwasser mit Scheißgemüse, kamen weder meine Geschmackssensoren noch mein Magen damit klar. Es schmeckte überhaupt nicht. Mir jedenfalls nicht. Der neben mir sitzende Engländer aß mit großem Appetit. Er versuchte, mit mir ins Gespräch zu kommen. Doch ich hatte keine Lust zu plaudern und war kurz angebunden. Normalerweise ist das nicht meine Art. Aber ich wollte nicht sagen: Bitte haben Sie Verständnis, ich habe eine elende Zeit hinter mir und bin nicht zu Small Talk aufgelegt. Sich mit dem Engländer jetzt über Gott und die Welt unterhalten, das wäre voll nach hinten losgegangen.

Selbst wenn ich es gewollt hätte: Ich konnte nicht reden. Den einzigen Satz, den ich während des Fluges hervorbrachte, war die Bitte um zwei Kopfschmerztabletten, die mir der Steward denn auch brachte. Ich schloss die Augen in der Hoffnung, so meine Sinne auszuschalten. Im Kopf drehte sich alles. Ich dachte weder an die Zeit im Gefängnis, die hinter mir lag, noch an die Möglichkeiten, privat und beruflich, die ich ab morgen wieder haben würde, sondern nur: Bitte, bitte, bitte, lasst mich alle in Ruhe. Sonst fang ich an zu kotzen.

Ich wusste, ich bin frei, ich fliege nach Hause, aber es war nicht real. Wenn ich heute danach gefragt werde, versuche ich es so zu erklären: Es ist wie vor einem Urlaub. Man freut sich wochenlang darauf – und kaum ist es so weit, ist der Überraschungseffekt weg; man sitzt im Auto oder im Flieger und denkt nur noch: Bitte lass mich schnell am Urlaubsort ankommen und dann mal sehen, wie es weitergeht.

Zum Glück übermannte mich der Schlaf.

Erst acht oder neun Stunden später, die Maschine befand sich schon im Landeanflug, wachte ich wieder auf. Die Magenschmerzen und das Kotzgefühl waren weg. Wir kamen pünktlich in Moskau an. Kurz nach der Landung gab es eine Durchsage für »Mr. Robert Rother«: Ich musste sitzen bleiben, bis ich abgeholt wurde. Alle Passagiere durften raus, nur ich nicht.

Eine Dame, die zum Flughafenpersonal gehörte, erschien. »Haben Sie Ihren Pass verloren?«, fragte sie mich auf Englisch mit stark russischem Akzent. »Nein«, antwortete ich und hielt ihr meinen Reisepass vors Gesicht. Sie schien etwas verwirrt, weil sie mich und die ganze Situation nicht einordnen konnte. Dann sagte sie, sie müsse mich zur Einwanderungsbehörde bringen. »Okay«, sagte ich und bat sie, schnell zu machen, weil mein Anschlussflug nach Hamburg in einer guten Stunde gehen würde.

20 Minuten nach allen anderen verließen wir das Flugzeug. Beim Abflug waren es mehr als zwanzig Grad gewesen, in Moskau lag Schnee. Ich hatte definitiv die falschen Klamotten an. Allerdings glaube ich, dass ich selbst im T-Shirt nicht gefroren hätte. Ich hatte noch überhaupt keine Zeit, auf so etwas Banales wie die Außentemperatur zu reagieren, mein Hirn waberte weiter im Nebel, und auch wenn das Kotzgefühl zwar nicht mehr akut war, war es doch in lebhafter Erinnerung.

Die Frau führte mich zu dem Bus, mit dem die Passagiere vom Flugfeld zum Flughafengebäude gebracht wurden. Als ich einstieg, glotzten mich die Leute abermals wie einen Aussätzigen an, wahrscheinlich fragten sie sich: Was ist das nur für ein Idiot, der hier den ganzen Betrieb aufhält? Ich begriff, dass die armen Schweine wegen mir, dem Pseudo-VIP mit der pinkfarbenen Sporttasche, zwanzig Minuten bei minus zehn Grad hatten warten müssen.

Die Frau brachte mich zur Einwanderungsbehörde. Ich vermute, die Chinesen hatten die Russen gebeten, ihnen zu bestätigen, dass ich aus der Maschine ausgestiegen und in Russland eingereist war, um ganz sicher sein zu können, dass ich nicht – nun als Robert, der Rächer – in China Amok lief oder anderen Unfug anstellte.

Bei der Passkontrolle ging zum Glück alles fix. Ich hatte aber auch keine Zeit zu verlieren: Ich war in Terminal A angekommen und musste nach Terminal Z. Das waren 45 Gehminuten, die weiteste Distanz, die man in dem riesigen Moskauer Flughafen zurücklegen konnte. Ich hatte noch genau 47 Minuten Zeit. Also nahm ich meine Beine in die Hand. Die Orientierung fiel mir schwer. Zum ersten Mal nach meiner Entlassung war ich ohne Begleitung unterwegs.

Plötzlich hatte ich einen Geistesblitz: Junge, du brauchst Bargeld! Ich wusste nicht, ob ich in Hamburg abgeholt werden würde, ob ich nicht Bahn oder Taxi nehmen müsste. Ich tauschte meine 2000 Yuan gegen knapp 260 Euro – wie gesagt: der Lohn für ein Jahr Arbeit. Seltsamerweise hatte es etwas Beruhigendes, Euros in der Tasche zu haben. Ich rannte weiter. Endlich, Terminal Z! Der Check-in nach Hamburg verlief reibungslos, die Maschine war nur halbvoll. Auch sie landete pünktlich. Ich betrat deutschen Boden.

Die ersten Minuten waren surreal. Innerhalb von nur 24 Stunden war ich von einer Welt in eine völlig andere gekommen. Ich wusste gar nicht mehr, was ich denken sollte, selbst die pinkfarbene Sporttasche war mir jetzt völlig egal. Ich hielt meinen Reisepass unter den Scanner und erhielt das Signal: alles okay. Das hieß: Ich war noch nicht abgeschrieben und nach wie vor als deutscher Staatsbürger registriert. Dann die ersten Schritte im Hamburger Flughafen. Es fühlte sich an, als wäre ich niemals weg gewesen. Willkommen in Deutschland!

KAPITEL 2

KONTOERÖFFNUNG

Es gibt nur einen Weg, die Hölle zu überleben: Man muss abstumpfen, sich emotional abschotten, dicht machen, alle Gefühle wegdrücken, verdrängen. Nichts fühlen, nichts sehen, nichts hören. Hart zu werden, war meine einzige Chance, und das habe ich geschafft, obwohl es oft bis zur Selbstaufgabe ging. Ich lief vorbei an Folteropfern mit schmerzverzerrten Gesichtern – und registrierte ihre Qualen wie ein Buchhalter den Eingang einer Rechnung. Wenn ich noch Mitgefühl hatte, drang dies nicht bis in mein Bewusstsein vor. Ich wäre sonst auch durchgedreht. Dabei war mir glasklar, welch fundamentales Unrecht hier geschah. Folter ist ein eindeutiger Verstoß gegen die Menschenrechte. Doch was hätte ich tun können? Schreien? Randalieren? Ich hätte lediglich riskiert, selbst auf dem Eisernen Stuhl zu landen und von anderen Häftlingen mit Augen wie aus Stahl angesehen zu werden. Ich hatte nur noch ein Ziel: Ich wollte überleben.

Seelischen Schmerz sollte man sich im Knast auf keinen Fall anmerken lassen. Wer Schwäche offenbart, gerät von zwei Seiten unter Druck: Die Wärter traktieren dich, gleichzeitig verachten dich die anderen Gefangenen (oder verprügeln dich), weil du ein Schlappschwanz bist und sie einen noch Schwächeren gefunden haben.

Noch in der Untersuchungshaft hatte ich *Vom Winde verweht* von Margaret Mitchell gelesen. Der Roman spielt zur Zeit des amerikanischen Bürgerkriegs, bei dem es um die Abschaffung der Sklaverei ging. Das Motto der Romanheldin Scarlett O'Hara lautet: »After all, tomorrow is another day!« Ihre Devise: »Morgen ist auch noch ein Tag!« wurde im Gefängnis mein Leitspruch, an dem ich mich im Stillen immer wieder aufrichtete. Für mich bedeutete er: Mit Seelenqualen muss ich mich heute nicht plagen. Ich kann sowieso nichts ändern.

Ich verbarg also meine Gefühle und erschütternden Erfahrungen wie in einer Schublade: rein damit und weg. Ich dachte: Eines Tages, wenn die Umstände andere sind und wenn ich dazu in der Lage bin, werde ich sie öffnen und mich um den Inhalt kümmern. Das war die richtige Entscheidung. Inzwischen habe ich verstanden, dass die vielen schrecklichen Erlebnisse, auch wenn ich sie verdrängt habe, einen anderen Menschen aus mir gemacht haben. Es ist so hart, wie es klingt: Gerettet hat mich der pragmatische Umgang mit Schmerz – eigenem und fremdem, körperlichem und seelischem. Ich wollte lebend raus aus der Hölle, um später davon erzählen zu können.

Ich lernte, alles, was mich bewegte, worunter ich litt, mit mir selbst auszumachen, aber auch, meiner Familie Normalität und gute Laune vorzugaukeln – und wenn es sein musste, sogar mir selbst. Bereits in der U-Haft lernte ich, zu verdrängen. Ich sagte mir: Morgen ist dieser Wahnsinn vorbei. Oder übermorgen. Allerspätestens. Meine Briefe nach Hause, die genehmigten wie die herausgeschmuggelten, sind ein beredtes Zeugnis dafür. Bis zu meiner Verurteilung redete ich mir mantraartig ein, bald wieder frei zu sein. Und tatsächlich glaubte ich auch fest daran, dass der ganze Spuk sich bald in Luft auflösen würde, wie die Gespenster, die ich als Kind im Flur sah, weshalb nachts dort das Licht brennen und die Tür zu meinem Zimmer einen Spalt offen stehen musste.

In der Hölle von Dongguan wollte ich – anders als in der Untersuchungshaft – niemanden aus der Familie sehen, nicht mal meine Mutter. Ich hätte es nicht ausgehalten. Jeder Gefangene, der sich in den Augen der chinesischen Polizei gut benahm, durfte einmal im Monat 30 Minuten einen einzigen Besucher empfangen. Damit erpressten sie einen: Wenn du brav bist, darfst du jemanden empfangen … Nicht mit mir! Für meine Mutter wäre das ein Wahnsinnsaufwand gewesen, psychisch und finanziell. Und reden konnte man sowieso nur per Telefon, getrennt durch eine dicke, versiffte Panzerglasscheibe. Eine Umarmung, ein Handschlag, eine Berührung – alles verboten, alles nicht möglich! Ich hatte immer versucht, mich auf das Hier und Jetzt zu konzentrieren. Gedanken an meine Familie, mein Zuhause schob ich sehr weit weg – anders ging es nicht.

In der U-Haft hatte ich noch mitbekommen, dass mein Großvater an Blutkrebs erkrankt war. Meine Mum hatte mir einen langen Brief geschrieben, in dem sie seine letzten Tage ausführlich schilderte. Sie wusste, wie sehr ich an ihm gehangen hatte, was er mir bedeutete. Erst mit einem Jahr Verspätung ist mir der Brief im Knast ausgehändigt worden. Die Chinesen hatten ihn mir vorenthalten. Den Grund dafür habe ich nie erfahren. Der Gedanke, dass ich mich von meinem Großvater nicht hatte verabschieden können, war entsetzlich. Ich unterdrückte meine Tränen, fraß die Trauer in mich hinein. Sich nur nichts anmerken lassen, nur keine Schwäche zeigen, niemand sollte mitbekommen, wie es mir ging. »After all, tomorrow is another day!«

Die Hoffnung stirbt ja bekanntlich zuletzt. In einem Kassiber aus dem Gefängnis schrieb ich: »Liebe Oma und lieber Opa, wie geht es euch? Ich hoffe, Opa hält noch durch! Gott hat mir gesagt: Du schaffst es! Dass wir noch angeln gehen können. Freue mich schon darauf.« Und wenige Wochen später malte ich an die Zellenwand: »Hallo Opa! Du musst noch ein wenig durchhalten, bis ich zurückkomme. Einmal müssen wir noch angeln gehen und das Schiff fahren lassen. Solltest du dich aber schon früher verabschieden, dann ist das nicht schlimm. Die neue Welt ist deutlich besser als die jetzige, frei von Schmerz. Dort treffen wir uns dann wieder. Liebe Grüße, Robert.«

Ach ja, unser wunderbares Schiff! Ich liebte meinen Großvater und hätte viel dafür gegeben, noch einmal mit ihm in See zu stechen. Er wäre wieder der Kapitän gewesen, ich sein Schiffsjunge. Wie damals, als ich klein war und mir Opa ein Stück von der großen weiten Welt zeigte, die gleich hinter dem Elternhaus begann. Wir gingen auf Abenteuer, fuhren oft zum Angeln und zelteten. Wenn es dunkel war, lauschte ich seinen Geschichten. Er war ein echter Bilderbuchgroßvater.

Als Kind hatte ich eine blühende Fantasie. Ich war begeisterter Modellbauer, bastelte Autos, Flugzeuge mit Fernsteuerung – und eben mein und Opas Traumschiff. Für teures Spielzeug hatten wir kein Geld, vieles machte ich selbst. Und mein Großvater half mir dabei.

Zusammen bauten wir *das Schiff*. Mit seinen eineinhalb Metern Länge ist es auch heute noch sehr imposant. Ich war der Konstrukteur, der es entwarf, Opa sägte die Teile aus und verleimte sie.

Niemand traute mir zu, ein funktionstüchtiges Schiff dieser Größe oder überhaupt irgendwas Brauchbares hinzubekommen. Das war etwas, was mich mein Leben lang begleitete: Immer fühlte ich mich von Menschen unterschätzt. Und gerade das trieb mich an, motivierte mich, Erfolg zu haben, Geld zu verdienen. Mir ging es in erster Linie gar nicht so sehr um die Kohle. Klar, welche zu haben, ist natürlich schön. Vor allem ging es mir darum, der Welt zu beweisen, dass ich es zu etwas bringen kann, mit dem niemand rechnete.

Mein Opa hatte ein wenig die Rolle meines Vaters übernommen. Papa starb, als ich 20 Monate alt war. Ich kenne ihn nur von Fotos. Dass ich überhaupt geboren wurde, ist ein medizinisches Wunder. Meine Mutter hatte vor meiner Geburt eine Eileiterschwangerschaft und musste notoperiert werden. Nach dem Eingriff sagte ihr der Arzt: »Ihren Kinderwunsch können Sie vergessen.« Meine Eltern wollten das allerdings nicht einfach so akzeptieren, und tatsächlich dauerte es nicht lange, bis meine Mutter mit mir schwanger wurde. Geboren wurde ich am 12. September 1982 in Dortmund.

Mein Vater war Informatiker und verdiente ganz ordentlich. Alles, was ich über ihn weiß, weiß ich von meiner Mutter. Sie lernte ihren Reinhard bei Freunden kennen. Er war ein hübscher, junger Mann mit Lederjacke und halblangen Haaren, einer Art Günther-Netzer-Frisur, wie sie in den 70er-Jahren modern war. Um meine Mutter war es sofort geschehen. Sie riskierte für ihren Freund ein Zerwürfnis mit ihren Eltern, denen es nicht passte, dass sie zu einem »Langhaarigen« zog.

Mein Vater trieb viel Sport. Dass er zu hohen Blutdruck hatte, wurde durch Zufall entdeckt. Meine Eltern waren zu Besuch bei einem Freund, der ein Blutdruckmessgerät zum Testen daheim hatte, das sie aus Spaß alle ausprobierten. Nachdem mein Vater sich die Manschette umgelegt hatte und seine Werte ermittelt waren, sagte der Freund: »Reinhard, du musst zum Arzt.« Es wurde bei ihm eine Herz-Kreislauf-Erkrankung diagnostiziert. Mein Vater nahm die ihm verschriebenen Tabletten, und alles war okay. Bis zu dieser verhängnisvollen Nacht. Ihm war hundeelend und er wurde mit Blaulicht in ein Krankenhaus gebracht, in dem die Ärzte jedoch nicht erkannten, dass er in akuter Lebensgefahr schwebte. Sie schickten ihn in eine andere Klinik, wo er sofort auf die Intensivstation kam. Zu spät. Seine innere Blutung konnte nicht mehr rechtzeitig gestillt werden.

Was für ein Schock! Meine Mutter war aus heiterem Himmel Witwe geworden – fünf Wochen vor dem ausgerechneten Geburtstermin meiner Schwester. Nur dank der Hilfe ihrer Familie überstand meine Mutter diese schwere Zeit. Mein Vater ist nur 31 Jahre alt geworden. Ich glaube, ich fühlte mich ihm im Gefängnis so nah wie nie zuvor. Er war auf ganz besondere Weise bei mir, ich führte sogar Gespräche mit ihm.

Im April 1984 kam meine Schwester Melina zur Welt. Meine Mutter sagt immer: »Robert, du warst ein liebevoller Bruder.« Sie beteuert, ich hätte ihre Notlage schon als Dreijähriger verstanden und sei deshalb immer artig gewesen und hätte brav auf mein Schwesterchen aufgepasst. Meine Mutter ist wenige Monate nach dem Tod meines Vaters mit einem neuen Mann zusammengekommen, den ich nie ausstehen konnte, weshalb ich hier den Mantel des Schweigens über ihn ausbreite. Es dauerte nicht lange, dann kam mein Halbbruder Max zur Welt.

Der frühe Verlust meines Vaters war meine erste Begegnung mit dem Tod, aber nicht die einzige in meiner Kindheit. Im Alter zwischen vier und zehn Jahren litt ich an schlimmem Krupphusten. Wenn ich nachts einen schweren Asthmaanfall hatte, wusste ich, was zu tun war: Ruhe bewahren, aufstehen, zu Mama runtergehen. Die Überlebensstrategie eines kleinen Jungen, dem bewusst war: Wenn ich in Panik gerate, verschlimmert das nur die Atemnot. Meine Mutter fuhr mich ins Krankenhaus, wo ich ans Sauerstoffgerät kam. Von den ersten Symptomen bis zum rettenden Luftschlauch vergingen 45 Minuten. Dieser Ablauf wurde über die Jahre zur Routine. Ich erlebte diese Dreiviertelstunde Lebensgefahr wie in Trance. Es war, als schaute mein Geist von oben auf meinen Körper. So lernte ich als Kind, dem Tod in die Augen zu schauen, ohne in Panik zu geraten, und diese Extremsituation zu meistern, indem ich meine Atmung kontrollierte. Gerade in den ersten Tagen der Untersuchungshaft, als ich oft das Gefühl hatte, mir drücke jemand die Kehle zu, griff ich auf das bewährte Mittel aus der Kindheit zurück. Die Technik half, meine innere Ruhe zu bewahren.

Als Kind und Jugendlicher habe ich mir oft gewünscht, tot zu sein. Vielleicht, um meinem Vater näher zu sein. Der Gedanke, alles hinter mir zu lassen, war verlockend. Der Tod versprach Erlösung. Ich war zwar kein Sonderling oder Außenseiter in der Schule, aber hatte immer das Gefühl, nicht dazuzugehören.

Mir wurde ständig gesagt, dass das, was ich mache, plane, konstruiere, nicht funktionieren könne. Ich solle doch – wie die anderen – den »normalen Weg« gehen: Schule, Abi, Studium, Beruf, Heirat, Kinder, Doppelhaushälfte. Je öfter ich das hörte, desto mehr spornte es mich an, es anders zu machen. Es war, als kippte jemand Öl in das Feuer, das in mir loderte – und das mich schließlich nach China trieb. Es gab kein Halten für mich. Es ging weiter, immer weiter. Geld machen, mehr Geld machen, noch mehr Geld machen. Ich brauchte all die Millionen Dollar nicht, die ich verdiente – sie nährten nur die Flamme. Doch sie erlosch schlagartig, als ich mit 28 Jahren in die Untersuchungshaft kam und gezwungen war, mir zum ersten Mal ernsthaft die Frage zu stellen: Wofür machst du das alles?

Während der Grundschulzeit machte ich zunächst das, was alle Jungs gerne tun: Fußball spielen, Rad fahren, rumtollen. Doch dann fesselte mich ein für Kinder etwas ungewöhnliches Hobby. Mit elf Jahren entdeckte ich die Welt der Aktien. Meine Freunde gingen reiten, kickten, spielten Cowboy und Indianer oder träumten von der Formel-1-Weltmeisterschaft. Ich schaute Telebörse und zeichnete Charts, die den Verlauf von Aktienkursen abbildeten. Diese Kurven faszinierten mich ungemein. Ich beschäftigte mich mit wirtschaftlichen Themen und fing an zu kapieren, warum der Kapitalmarktwert eines Unternehmens fiel oder stieg, wenn dieses oder jenes passierte. Offensichtlich hatte ich Talent auf diesem Gebiet. Ich begriff, dass die Börse ein Mix aus Fakten und Irrationalität ist, dass alle dem großen Geld hinterherjagen und damit das Spiel immer weiter befeuern. Versprichst du jemandem, ihn reich oder noch reicher zu machen, wirft er dir die Kohle hinterher.

Beim SG Massen spielte ich rechter Verteidiger. Im Gegensatz zu vielen meiner Schulkameraden war es nie mein Traum, Fußballprofi zu werden. Auch weil ich wusste: Selbst Bundesligaprofis werden nie so reich wie Banker und Fondsmanager. Was verdienten die Kicker schon im Vergleich zu George Soros oder Warren Buffett?! Kleckerbeträge. Für mich stand fest, dass ich niemals nur für ein paar Kröten arbeiten wollte. Ich wollte raus aus den Verhältnissen, in denen meine Familie lebte. Also warum nicht mit Aktien handeln und jede Menge Asche verdienen, statt früh um vier Uhr aufzustehen und für ein paar Taler Zeitungen austragen?! Ich sah mich schon damals jede Menge bedrucktes Papier in den Händen halten, aber keine Zeitungen, sondern Banknoten, wie ich es später in China tatsächlich erlebte, als ich wie in einem Gangsterfilm in Koffern Millionen in Scheinen nach Hongkong brachte.

So ging ich, ein Bengel von 13 Jahren, zur Hauptgeschäftsstelle der Sparkasse in Unna – wir waren inzwischen hierhergezogen – und erklärte: »Ich möchte ein Aktiendepot eröffnen.« Am Empfang stand ein Sparkassen-Angestellter, der aussah, wie man sich einen Sparkassen-Angestellten in Unna vorstellt: Anzug, Krawatte, Scheitel. Er sagte: »Das geht nicht. Du bist zu jung.« Ich erwiderte: »Warum? Das ist keine Frage des Alters. Ich glaube, ich kann das.« Der Sparkassen-Angestellte ließ sich erweichen und schickte mich eine Etage höher zu einem Kollegen. »Geh hoch und versuch dort dein Glück.«

Ich ging in den ersten Stock hinauf und wurde von einem älteren Angestellten empfangen, der aussah, wie man sich einen älteren Sparkassen-Angestellten in Unna vorstellt: Anzug, Krawatte, Scheitel. Er dürfte kurz vor der Pensionierung gestanden haben. Er reagierte so verdutzt, als hätte ich soeben gesagt: »Hände hoch, das ist ein Banküberfall!« Ich konnte das schon als Kind nachvollziehen. Ich bin mir sicher, die Wahrscheinlichkeit, ausgeraubt zu werden, war für Angestellte der Sparkasse Unna weitaus größer als die, dass ein 13-Jähriger vorbeikam und erklärte, in den Aktienhandel einsteigen zu wollen. »Das geht nicht. Du bist viel zu jung«, sagte der Mann, als hätte er sich mit dem Kollegen von unten abgesprochen.

Ich trottete nach Hause, suchte nach einer Lösung und fand eine. Meine Mutter stellte mir eine Vollmacht aus und unterschrieb eine Einverständniserklärung. Gemeinsam mit ihr ging ich wieder zur Sparkasse und regelte alles. Ich durfte mein erstes Aktiendepot eröffnen und investierte die 5000 Mark, die ich von meinem Vater geerbt hatte. Von nun an rief ich jeden Tag in der Bank an und gab meine Kauf- und Verkaufsorder durch.

Die Sparkassen-Mitarbeiterin, die für mich zuständig war, hieß Frau Kopmann. Wir verstanden uns bestens. Jeden Tag rief ich während der Schulzeit bei ihr an, zunächst noch von der Telefonzelle in der Nähe des Ernst-Barlach-Gymnasiums aus. Doch schon bald kaufte ich mir von meinen ersten Gewinnen ein Siemens-Handy, eins von der Sorte, die eine halbe Tonne auf die Waage brachten. Jetzt konnte ich schneller auf die Entwicklungen an der Börse reagieren. Meistens flitzte ich nach dem Unterricht zur Sparkasse, um die Kassakurse zu checken. Danach fuhr ich – mal triumphierend, mal frustriert – mit dem Bus nach Hause.

In der Schule machte ich kein Geheimnis aus meinen Geschäften, Freunde und Lehrer wussten, was ich trieb. Einige fanden spannend, was ich machte, andere hielten es für Angeberei, was mir egal war. Ich schwänzte nun immer häufiger den Unterricht. Ging der DAX in den Keller, ging Robert nach Hause.

Mit 17 gründete ich mit der Nauerz & Noell Aktiengesellschaft mein erstes Unternehmen – gemeinsam mit zwei Partnern, die in den USA an den Börsen unterwegs waren. Sie hatten mich im Internet entdeckt und angefragt, ob ich Interesse an einer Zusammenarbeit hätte. Ich brachte 50 000 Mark Startkapital ein. Wir setzten auf alternative Investments, die damals kaum jemand kannte und die nach der Lehman-Pleite in Verruf gerieten: Eigenhandel, Termingeschäfte, Hedgefonds und Private Equity. Im Jahr 2000 zog die Nauerz & Noell um ins Steuerparadies: Wir gründeten einen Hedgefonds als Briefkastenfirma auf den Cayman Islands. Ich habe dabei erlebt, wie leicht es ist, den Fiskus zu umgehen.

Die Schule brach ich irgendwann ab, nicht zuletzt, weil sie mir nichts mehr brachte, obwohl ich eigentlich ja ein Fachabitur Wirtschaft ablegen wollte. Es war inzwischen so, dass mir die Lehrer Dinge erklärten, von denen ich aus eigener Erfahrung mehr Ahnung hatte als sie selbst. Ich zog die Schule des Lebens vor.

Ich lebte fast nur noch in der Bankenmetropole Frankfurt. Zeitungen berichteten über mich, über den 18-Jährigen aus Unna, der am Aktienmarkt mitmischt. Einmal wurde ich in den Schlagzeilen als »junger Wilder« bezeichnet. Tatsächlich war Nauerz & Noell eine der ersten Firmen in Deutschland, die nicht auf langfristige Anlagestrategien setzten, sondern Wertpapiere minütlich kauften und verkauften. Ich gab Schulungen für angehende Daytrader, mit denen ich 2000 Euro am Tag verdiente. In dieser Zeit rackerte ich wie verrückt, jeden Tag von frühmorgens bis Mitternacht. Bis ich zusammenbrach. Ich war total ausgebrannt, pfiff aus dem letzten Loch wie damals als Kind, wenn ich einen Krupphustenanfall hatte. Meine Familie erkannte mich nicht wieder, meine Schwester fand mich bescheuert und ziemlich abgehoben. Im Herbst 2003 zog ich die Reißleine und verkaufte meine Anteile an der Firma für 200 000 Euro.

Ein paar Wochen hing ich rum, ohne eine Ahnung zu haben, wie es weitergehen könnte. Anfang 2004 fragte mich mein Freund Gunther, ob ich Lust hätte, ihn für zwei Wochen nach Shanghai zu begleiten, wo er im Import-Export-Geschäft tätig war. Warum nicht, dachte ich. Ich hatte ja nichts zu tun. Von China hatte ich keinen blassen Schimmer, wusste nur, dass es eine Wirtschaftsmacht ist, in der die ganze Welt produzieren lässt, und dass dort seit Jahrzehnten Kommunisten regieren, die in Wahrheit Erzkapitalisten sind.

Im Februar 2004 landeten wir in Shanghai. Von der ersten Minute an war ich begeistert. Alles war riesig, brandneu und funktionierte, sogar der Transrapid, den die Bayern nicht auf die Spur kriegten. Hier lief er wie am Magnetbahnschnürchen. Mit 430 km/h rauschte das Gefährt superleise vom Flughafen in Richtung Zentrum.

Ich weiß nicht mehr, wie oft ich bei den ersten Schritten durch diese Monster-Millionen-Metropole nur »Wahnsinn« dachte. Jeder Straßenzug, jeder Wolkenkratzer sprengte die mir bekannten

Dimensionen. Dazu das unvorstellbare Gewusel. Menschenmassen ohne Ende. Schon damals hatte Shanghai mehr als 20 Millionen Einwohner. Ein Ameisenhaufen ist nichts dagegen. Wenn das Klischee der niemals schlafenden Stadt auf irgendeinen Ort der Erde zutraf, dann auf Shanghai. Sie leidet kollektiv an ADHS.

Wir stiegen im Jin Mao Tower ab, einem Fünfsternehotel mit 88 Stockwerken im Finanzdistrikt Pudong. Das Gebäude ragt 420 Meter hoch in den Himmel. Dort orderten wir eine Flasche guten Whiskey, redeten und redeten, tranken und tranken und fielen irgendwann todmüde ins Bett. Ohne erklären zu können, was mich geritten hatte, wusste ich am nächsten Morgen, als ich aus dem Fenster sah: Das ist meine Stadt! Das ist mein Land! Hier werde ich Millionen verdienen! Ein Tag in China hat mir gereicht, um von dem Riesenland so fasziniert zu sein, dass ich es zu meiner Wahlheimat machte.

Ich hatte keine Probleme, mich auf all das Neue einzulassen, nur das Essen empfand ich als gewöhnungsbedürftig. Wir wohnten in Tophotels mit sauberen und – vor allem – schnell erreichbaren Toiletten. So, wie Zwangsneurotiker immer zuerst nach Notausgängen und Fluchtmöglichkeiten suchen, wenn sie einen Raum betreten, schaute ich mich reflexartig nach dem nächsterreichbaren Klo um.

Gunther zeigte mir einen der Großhandelsmärkte. Mir verschlug es den Atem. Das KaDeWe in Berlin wirkte dagegen wie ein Tante-Emma-Laden. Man konnte sich in den Katakomben verlaufen. Nirgendwo gab es Fenster. Brandschutz? Existierte genauso wenig wie Notausgänge. Markenschutz? Ein Thema der westlichen Welt, das in China keinen interessierte. Es wimmelte nur so von Anbietern, Käufern und Dolmetschern. Keiner der Händler sprach Englisch, nicht mal ein paar Brocken. Aber meistens reichte sowieso ein simpler Taschenrechner, um einen Deal klarzumachen.

Die Großhandelsmärkte sind eine eigene ökonomische Kraft in China. Sie sind wie eine niemals endende Messe. Klamotten, Schuhe, Handtaschen, Elektronik, Haushaltswaren, Lebensmittel – es gibt nichts, was es dort nicht gibt. Einzelstücke oder kleine Mengen kann man sofort kaufen, größere Stückzahlen bestellen. Fünf maßgeschneiderte Anzüge bis übermorgen? Kein Problem. 200 Gucci-Taschen bis nächste Woche? Kein Problem. 3000 Nike-Turnschuhe bis nächsten Monat? Kein Problem. Der Kunde bezahlt und holt die Ware ab oder lässt sie anliefern.

In meinem Kopf ratterte es. Ich sah mich Schuhe nach Deutschland verkaufen oder Jogginghosen. Oder doch besser Schuhe? Ich war fix und fertig nach der Tour durch diesen unglaublichen Konsumtempel und sagte zu Gunther: »Ich brauche jetzt dringend einen Whiskey. Oder besser gleich eine Flasche.« Wir gingen in eine der schon am frühen Abend überfüllten Bars, tranken Whiskey, Cognac, Sekt, alles durcheinander, und bereiteten uns aufs Nachtleben vor. Exzess-Saufen ist bei uns verpönt, in China aber eine völlig angemessene Art zu zeigen, dass man das Leben genießt und Spaß hat. Wer aus der Bar sturzbesoffen hinausgetragen wurde, zog nicht etwa angewiderte, abschätzige Blicke auf sich, sondern wurde bewundert und gefeiert. Überall wimmelte es nur so von Frauen und Männern, die Unmengen an Schnaps, Wein und Champagner soffen, palaverten, lallten, kicherten und Würfel aus einem Becher auf Tische purzeln ließen. Sie spielten das, was in Deutschland als Mäxchen, Meier, Einundzwanzig oder Lügen bekannt ist.

Ich habe keinen einzigen Chinesen getroffen, der das Spiel nicht kannte und liebte. Es ist eine Art Volkssport. Es geht darum, mit zwei Würfeln in der Summe eine Augenzahl zu erreichen, die höher sein muss als die, die der Mitspieler, der vorher dran war, hatte. Wer gewürfelt hat, schaut – für alle anderen verdeckt – unter den Becher und teilt mit, wie viele Augen er hat, wobei das der Wahrheit entsprechen kann oder im Fall, dass die Summe zu gering ist, gelogen sein muss, um eine höhere Zahl zu haben. Der nächste Spieler glaubt entweder die Zahl und würfelt dann selbst – oder er bezweifelt die Ansage des vorherigen Mitspielers und schaut nach. Verloren hat entweder der, der des Schwindels überführt wurde, oder der, der den Vorgänger fälschlicherweise der Lüge bezichtigt hat.

Wir spielten mit und zeigten so, dass wir die Kultur der Chinesen respektierten. Das Würfelspiel war der beste Eisbrecher, um mit Einheimischen in Kontakt zu kommen, zumal die Zahlen mit den Fingern angezeigt wurden und wir nicht reden brauchten. Nur saufen. Wichtig war, ein guter Verlierer zu sein, einen auszugeben und – auch wenn man gewonnen hatte – mitzutrinken.

Gunther und seine chinesische Partnerin nahmen mich überall mit hin. Sie waren meine Lehrer, sie zeigten mir, was man in China als Geschäftsmann wissen und machen musste. Vor allem brachten sie mir die für Ausländer überlebenswichtigen Tischregeln bei. Beim Mittag- und Abendessen geht es in China nicht einfach nur darum, in gemütlicher Runde zu speisen. Diese gemeinsamen Essen werden als gesellschaftliches Ereignis zelebriert, weshalb Einladung und Gegeneinladung mehr als nur ein Akt der Höflichkeit sind. Die gemeinsamen Mahlzeiten dienen dazu, Vertrauen zu schaffen, Freundschaften und Netzwerke zu aufzubauen und zu festigen. Nur Ausländer, die die Tischsitten ohne Wenn und Aber respektieren und beherrschen, werden als gleichwertig geachtet und behandelt. Wer sich nicht darauf einlässt, kriegt keinen Fuß, noch nicht mal einen Zeh in eine chinesische Tür – auch wenn er in seiner Heimat noch so reich und angesehen ist.

Man muss wissen, wer der Boss am Tisch ist, wie die Rangordnung aussieht. Der Esstisch ist immer rund – ein Zeichen der Verbundenheit aller Anwesenden. Die Stellung jedes Einzelnen in der Hierarchie spiegelt der jeweilige Sitzplatz wider. Die Gastgeber oder wichtige Gäste sitzen direkt gegenüber der Eingangstür, damit sie sofort sehen, wer hereinkommt. Wer mit dem Rücken zur Tür sitzt, steht in der Hierarchie unten. Die Ehefrauen, die oft nur schweigende Anhängsel ihrer Männer sind, fahren nach dem Essen heim. Die Kerle bleiben sitzen, reden über Geschäftliches oder gehen in die Karaokebar und betrinken sich.

Ich begriff schnell, wie wichtig es ist, die Einladung zu einem Schnaps auf keinen Fall abzulehnen – sonst war man unten durch. Ich lernte, bei wem ich mich prostend zu bedanken und bei wem ich mich wann zu revanchieren hatte. Jeder Schnaps musste auf ex getrunken werden. Da ein leeres Glas als eine Unhöflichkeit gegenüber dem Gast gilt, wurde rasch wieder aufgefüllt. Ein Teufelskreis, der Alkoholleichen produziert. Der Chef am Tisch zahlte immer das Essen. Ich wurde eingeladen und musste mich später revanchieren.

Hätte ich das nicht getan, wäre die Beziehung damit zu Ende gewesen.

Geschmatzt wird, was das Zeug hält. Überhaupt stehen Geräusche, die aus dem Mund kommen können, hoch im Kurs. Rülpsen, Schlürfen, Rotzen, Knochenspucken und Mit-vollem-Mund-Reden sind völlig normal. Für die Chinesen zeigt man so, dass man sich wohl fühlt. Jeder soll hören, wie sehr es schmeckt und wie viel man verdrückt. Am liebsten wird in rauen Mengen bestellt. Denn auf gar keinen Fall soll man den Eindruck haben, der Gastgeber sei geizig oder habe keine Freude an der Völlerei. Dass die Hälfte der riesigen Portionen im Müll landet, spielt keine Rolle. Ein Bewusstsein für Verschwendung gibt es in China nicht, schon gar nicht in den höheren Kreisen, wo es immer darum geht, zu zeigen: Wir können es uns leisten. Eine Familie wie die Geissens würde in China bei niemandem ein Fremdschämen erzeugen. Das, was wir in der westlichen Welt Dekadenz nennen, gibt es in China schon deshalb nicht, weil Protz nicht wie in unseren Breitengraden geächtet, sondern bewundert wird. Verachtet oder verspottet wird nicht der, der hat und auf den Putz haut, sondern der, der hat, es aber nicht zeigt.

Dass den Chinesen jedes Problembewusstsein für ihr umweltzerstörendes und menschenverachtendes Verhalten fehlt, ist das Ergebnis der gesellschaftlichen Orientierungslosigkeit, die nicht zuletzt darin gründet, dass die Politik den kommunistischen Weg preist, in Wahrheit aber den amerikanischen Way of Life kopiert und dabei pervertiert. Die besondere Tragik ist, dass den Chinesen jedes Gespür für den eigenen Verfall abgeht.

Insofern bin ich während meiner Drachenjahre selbst zum Chinesen geworden. In meiner Gier habe ich nicht gerafft, selbst Teil dieser extrem egoistischen Gesellschaft geworden zu sein, die das Geldscheffeln zum einzig wahren Lebensinhalt erklärt hat. Das soll keine Entschuldigung sein, sondern eine Erklärung für das, was noch folgen wird. Ich will kein Mitleid. Aber Verständnis wäre schön.

KAPITEL 3

MEIN ERSTER FERRARI

Haben Sie eine Ahnung, wie es ist, auf einen Schlag 800 000 US-Dollar verdient zu haben? Ich ja. Es ist ein großartiges Gefühl, gerade wenn man wie ich aus sehr einfachen Verhältnissen kommt. Ich erlebte es mit 26. Es war im Mai 2008, als das Geld auf meinem Konto einging, gut vier Monate vor der Lehman-Pleite. Unser Geschäft fing gerade an zu boomen. An den Finanzmärkten machte sich Panik breit, nachdem die Riesenblase am amerikanischen Immobilienmarkt platzte und sich hunderttausende Kredite für Wohnhäuser als das erwiesen, was sie waren: wertloser Schrott. Die Unsicherheit erfasste schnell China. Die Superreichen suchten für ihr Geld den berühmten sicheren Hafen – und sie fanden Angelina und mich. Wir waren die Lotsen, die den Weg zu ewigem Reichtum ohne jedes Risiko verhießen. Wer's glaubte, wurde selig. Uns war es nur recht. 800 000 US-Dollar Kommission aus Währungsgeschäften! Ein Haufen Kohle, den ich verfeuern konnte, wie ich wollte. Mit 15 Jahren hatte ich mir vorgenommen, in spätestens zehn Jahren einen Ferrari zu besitzen. Nun hatte ich das Geld, mir meinen Traum zu erfüllen. Das eine Jahr, das ich länger brauchte, verzieh ich mir locker. Denn der Ferrari kostete mich etwas mehr als 600 000 US-Dollar – ungefähr das Dreifache des europäischen Preises. Edelkarossen sind in China so teuer, weil Luxusgüter enorm hoch besteuert werden. So versuchen die Kommunisten, am Import ausländischer Luxuswaren kräftig zu verdienen. Eindämmen lässt sich ihr Absatz auf diese Weise nicht. Im Gegenteil, die Supersport- und Luxuswagen werden dadurch für Vermögende nur noch attraktiver, weil ihr Wert als Statussymbol noch mal steigt. Daher kommt es auch dazu, dass Marken wie Ferrari, Aston Martin oder Rolls-Royce in manchen Jahren ihren Absatz in China sogar verdoppeln konnten.

Es mag seltsam klingen, aber ich weiß nicht mal mehr ungefähr, was für ein Tag das war, als ich zum einzigen offiziellen Ferrari-Händler in Shenzhen ging, ob die Sonne schien oder Regen fiel, ob es warm war oder kühl, ob morgens, mittags oder abends. Sicher bin ich nur, dass ich die ganze Zeit in mich hineingrinste. Als ich die Tür zu dem Laden öffnete, kam ich mir vor wie ein Revolverheld im Western, der mit entschlossener Miene im Vorgefühl seines Triumphs die beiden Flügel der Saloontür aufschiebt, gleich eine coole Nummer abzieht und alle Anwesenden gehörig einschüchtert. Von meiner Freude ließ ich mir nichts anmerken. In Asien kontrolliert man seine Gefühle, man zeigt sie nicht. Erst recht nicht beim Kauf eines so absurd teuren Autos: Was, bitte sehr, ist denn schon ein Ferrari?! Ein stinknormales Fahrzeug, mit dem man von A nach B kommt.

Mich bediente eine ziemlich attraktive Frau. Ich wusste, was ich wollte und wann ich es wollte: »Ich möchte einen F430 zur Probe fahren – und zwar möglichst noch heute.« Die Verkäuferin wirkte allerdings alles andere als unterwürfig oder anbiedernd, den Respekt, den ein Westernheld verdient gehabt hätte, ließ sie fraglos vermissen. Sie sah mich eher an wie einen, der sich hierhin verirrt hat, oder wie ein Auto, das nicht in diesen Showroom passte, beispielsweise ein Fiat Panda oder ein Opel Kadett. In ziemlich gutem Englisch sagte sie, dass eine Probefahrt selbstverständlich möglich sei, sofern ich denn eine Kaution von umgerechnet rund 10 000 Dollar hinterlegen könnte. »No problem«, sagte ich und zückte meine Platinum-Kreditkarte der Industrial Bank of China, die auf die Dame erkennbar Eindruck machte. Nun wusste sie, dass ich es ernst meinte und kein Spinner war, sondern vielmehr ein Kunde, um den sie sich ordentlich zu kümmern hatte. Ihre anfängliche Überheblichkeit wich dann auch rasch einer devoten Schleimerei, und so bekam ich erst einmal einen Champagner angeboten.

Wir vereinbarten einen Termin für die Probefahrt am nächsten Tag. Als ich dann wiederkam, wurde ich von Day, dem Geschäftsführer der Ferrari-Niederlassung in Shenzhen, mit einem breiten Lächeln herzlich empfangen. Er erklärte mir, worauf man beim Fahren des

Wagens, der mich interessierte, zu achten hatte. Ich stieg ein – und war Feuer und Flamme. Was für ein geiles Gefühl! Ich glaubte, mit dem Allerwertesten auf dem Asphalt zu sitzen. Robert, das Finanzgenie aus Unna, im Tiefflug durch China. Der Sound des Wagens – Mozart war nichts dagegen. Los ging's! Ein Streicheln des Gaspedals und die Karre schoss wie ein Pfeil durch die Straßen. Ich rauschte mit bis zu 180 km/h durch Shenzhen – es galt ein Tempolimit von 50 oder 60 km/h. Keine Ahnung. Es war auch völlig egal. Die Probefahrt dauerte 20 Minuten. Ich zögerte nicht und sagte zu Day: »Den nehme ich.« Er war heilfroh über den Abschluss, weil sein Geschäft wegen der Panik unter den reichen Chinesen gerade mies lief und ich gleich den kompletten Kaufpreis überwies. Woher dieser Batzen Geld kam und warum ich keinen Kredit aufnehmen wollte, interessierte ihn nicht. In China galt damals wie heute: Wer nicht fragt, bleibt dumm – lebt aber besser.

Ich erkundigte mich bei Day, wie viele Leute in Shenzhen einen Ferrari besaßen. In der Stadt waren es exakt 50, in der Provinz Guangdong rund 150. »Sind die irgendwie organisiert?« Day erklärte: »Es gibt den Ferrari Owners Club. Heute Abend treffen sich die Mitglieder. Ich werde auch dort sein. Du kannst gerne mitkommen, ich stell dich dann allen vor.« Bingo! Ich verabredete mich mit Day für den Abend, kehrte zurück in mein Büro im Finanzdistrikt und rief Angelina an: »He, Schatz, ich habe mindestens 50 neue Kunden für uns, vielleicht auch mehr.« Ich erklärte ihr kurz die Sache mit dem Ferrari-Klub. Angelina war sofort klar, was ich vorhatte, und sie fand es brillant. Sie war blitzgescheit, die klügste Frau, die mir je begegnet war.

Mit Zufall hatte alles, was wir, Angelina und ich, taten, nichts zu tun. Wie Schachspieler dachten wir immer gleich den übernächsten Schritt mit. Wir überlegten, eventuell Werbung für uns im Fernsehen zu machen, ahnten aber, dass wir damit nicht die Zielgruppe erreichen würden, die uns vorschwebte. Wir wollten an die Superreichen rankommen. In dem Land, das sich Volksrepublik nennt, zählt nur der absolute Luxus.

Zu meiner Zeit gab es genau zwei Dinge, die als Statussymbole herausstachen: Autos und Uhren. Je teurer, desto besser. Mit

Immobilien konnte man keinen Eindruck machen. Treffen in privaten Räumen gab es so gut wie gar nicht. Also sah niemand, wo und wie man lebte. Bei Autos und Uhren lag die Sache anders. Sie sind echte Hingucker. Der Reflex funktionierte so sicher wie bei den Stieren in spanischen Arenen, die wie wild auf Rot abfahren. Wir wussten, ein Ferrari würde bisher verschlossene Tore öffnen: Leute, schaut her, wir sind keine Spinner, wir spielen ganz oben mit, uns könnt ihr trauen. Mehr war nicht nötig, um die Chinesen in unseren Bann zu ziehen. Sie fuhren voll auf den Ferrari ab.

Ein eigener Flitzer mit dem sich aufbäumenden Pferd auf dem Firmenemblem war – wie gesagt – mein Jugendtraum. Aber von mir aus hätte auch ein Porsche gereicht. Doch ich hatte es mit einer Klientel zu tun, bei der ich mit einem simplen deutschen Sportwagen keinen Eindruck hätte schinden können. Einen Porsche konnte sich jeder halbwegs erfolgreiche Unternehmer oder korrupte niederrangige Beamte leisten. Ich aber wollte in der Topliga Beute machen. Deshalb kaufte ich auch keinen roten oder gelben F430. Ich entschied mich bewusst für einen schwarzen, da die Farbe in Shenzhen eine absolute Seltenheit war. Der weiße Millionär aus dem Westen mit dem schwarzen Ferrari. Das blieb in den Köpfen hängen. Zumal es tatsächlich nur einen Menschen in der Zwölf-Millionen-Einwohner-Stadt gab, auf den die Beschreibung passte – und das war Robert Rother aus Unna in Nordrhein-Westfalen.

Gleich nach dem Ferrari-Deal fuhr ich nach Hongkong zu einem befreundeten Geschäftspartner, der mit teuren und megateuren Uhren handelte. Bei ihm kaufte ich eine Audemars Piguet Skeleton Royal Oak, eine Schweizer Uhr von erlesener Qualität und Eleganz. Ihr Gehäuse ist durchsichtig, sodass das Uhrwerk bewundert werden kann. Ich bekam sie zum Freundschaftspreis von 60 000 US-Dollar – etwa zwei Drittel des Ladenpreises. Auf die Audemars Piguet war ich stolzer als auf den Ferrari. Ihr Design und ihre Mechanik, dieses wundersame Zusammenspiel von Schönheit und ausgereifter Technik, faszinierte mich. Die Uhr war für mich nicht nur ein Zeitmesser, sondern auch ein Symbol, ein Vorbild. So wie sie sollten meine Firmen funktionieren: ein System, in dem jedes Zahnrad perfekt in das andere greift.

Ich besaß damals schon eine Breitling for Bentley Limited Edition, die um die 8000 Dollar gekostet hatte. Auch sie war schön. Aber sie hatte nicht im Geringsten die Exklusivität und Strahlkraft einer Audemars Piguet Skeleton Royal Oak. Unser Konzept, Protze mit Protz anzulocken, ging voll auf. Ich traf Herrn Wang zum Abendessen, einen einflussreichen Mann mit besten Beziehungen in die höchsten Kreise, mit dem ich gerne ins Geschäft kommen wollte. Bisher hatte er mich nicht wirklich ernst genommen, unsere Gespräche drehten sich immer um ziemlich Oberflächliches. Manchmal dachte ich, Herr Wang misstraute mir, hielt mich für einen Scharlatan. Wir waren zum Essen verabredet. Ich goss – ganz zufällig – Champagner über mein weißes Hemd, um die Manschettenknöpfe öffnen und den Ärmel hochkrempeln zu müssen. Herrn Wangs Blick fiel gleich auf meine Uhr. Völlig fasziniert von ihr ließ er sich die Funktionen erklären, allen voran den Mondkalender – und schon war ich wer. Wir kamen ins Geschäft. Und das offenbar nur wegen einer Luxusuhr, die ich neuerdings trug.

An meinem ersten Abend als F430-Besitzer ging ich mit Day zum Treffen des Ferrari-Klubs von Shenzhen. Seine Mitglieder waren eine illustre Schar aus Wirtschaftsmagnaten und halbseidenen Gestalten, manche waren auch nur deren Kinder, die selbst noch keinen einzigen Yuan verdient hatten und nur vom Wahnsinnsvermögen ihrer Eltern lebten. Es war genau die Zielgruppe, auf die wir es abgesehen hatten. Natürlich befand sich keine einzige Frau unter den Klubmitgliedern. Die hüteten Haus, Handtaschen und Kinder.

Ich betrat mit Day das Restaurant. Wenn Blicke töten könnten, wäre ich an dem Abend wohl um die 50-mal getötet worden. WAS? WILL? DER? KNABE? HIER? Ein weißer Ausländer bei uns im Klub? Woher kann der so viel Geld haben, sich hierzulande einen Ferrari leisten zu können? Geht's noch? Day stellte mich vor als – es stimmte tatsächlich – den ersten Westler in Shenzhen, der einen Ferrari besaß. Noch Fragen? Nein. Natürlich nicht. Damit war alles gesagt. Kaum hatten die Chinesen gehört, mit was für einem Kaliber sie es zu tun hatten, begrüßten sie mich freudig. Ich war zwar ein Exot, und noch dazu sehr jung, hatte aber augenscheinlich genug Geld, um würdig zu sein, in ihren Kreis aufgenommen zu werden.

Das musste gefeiert werden. Schnaps floss in Unmengen. Hennessy XO wurde herumgereicht, die Flasche für 500 US-Dollar. Die Chinesen tranken ihn mit grünem Tee und viel Eis. Als alle besoffen waren, zogen wir weiter in eine Karaokebar. Wieder gab es literweise von dem französischen Cognac. Ich sang »Better Man« von Robbie Williams. »Lord I'm doing all I can to be a better man« – »Herr, ich gebe mein Bestes, um ein besserer Mann zu sein.« Meine neuen Freunde jubelten und prosteten mir zu. Ich strahlte über beide Ohren, weil mir bewusst war, dass ich gerade in die Champions League aufgestiegen war. Wie herrlich: In dieser Karaokebar lag mir die Welt in Form sturzbetrunkener Egomanen zu Füßen.

Wie ich in der Nacht nach Hause gekommen bin, wissen nur die Götter. Irgendwie musste ich es geschafft haben. Und vor allem: Ich hatte die Telefonnummern der meisten Mitglieder des Ferrari-Klubs in der Gesäßtasche. Auf meiner wundersamen Reise, die mich nach ganz oben führte und in der Hölle endete, hatte ich an diesem Abend eine entscheidende Hürde genommen.

Das Geld für den Eintritt in die Welt der Superreichen hatte ich schnell wieder drin. In den Monaten nach dem Ferrari-Kauf scheffelte ich die Kohle nur so mit meinen Firmen. Ihr Umsatz steigerte sich in nicht mal einem Jahr von einer Million auf 100 Millionen Dollar. Die Chinesen überschütteten uns mit Geld, das Angelina und ich trickreich, aber legal im Ausland anlegten. Jedes Mal landeten horrende Provisionen auf unseren Konten.

Ich lebte in Saus und Braus und ließ es ordentlich krachen. Jeden Tag Party, Fressen und Saufen. Ich wusste nicht, wohin mit den Millionen und haute sie mehr oder weniger sinnlos auf den Kopf. Ich kaufte mir einen Mercedes S500, einen Maserati Quattroporte und einen zweiten Ferrari, einen Scuderia, die Rennversion des F430. Um Gewicht zu sparen, war seine Ausstattung auf das Nötigste reduziert. Ich ließ ihn auf 747 PS hochtunen und schwarz-gelb lackieren: die Farben von Borussia Dortmund, meinem Fußballverein seit Kindesbeinen an. Dass ich für die Karre überhaupt die Straßenzulassung bekam, lag nur daran, dass einige chinesische Beamte ein bis zwei Augen zudrückten.

Weil gerade alles lief wie geschmiert, überlegten Angelina und ich, wie wir den potenziellen Kreis der Geschäftspartner über die Ferrari-Besitzer hinaus erweitern konnten. Unsere Idee war so simpel wie genial: Ab sofort wollten wir uns die mühevolle Suche nach Kunden sparen und stattdessen dafür sorgen, dass sie von sich aus zu uns kamen – und das selbst nach westlichen Maßstäben auf legalem Weg. Am 31. Januar 2010 – die Lehman-Pleite war so gut wie vergessen – eröffnete ich eine eigene Autowerkstatt für Luxusautos mit einem Showroom auf eintausend Quadratmetern. Ich hatte vier Millionen Dollar investiert. Zum »Grand Opening« kam alles, was in Shenzhens High Society Rang und Namen hatte. Unter den Gästen waren Unternehmer, die Fabriken mit 20 000 Angestellten hatten, und Typen aus der Halbwelt, die unter fragwürdigen Umständen zu Reichtum gelangt waren. Hübsche junge Frauen in Miniröcken servierten Champagner und natürlich Hennessy XO. Fotos der Party geistern noch heute durchs Internet. Wenn ich sie sehe, denke ich vor allem: Hilfe, wie fett ich damals war. Ein in jeder Hinsicht unersättlicher Typ.

Luxus pur: Ferrari Scuderia, modifiziert von Novitec Rosso, 747 PS

Der »Ferrari Tuning Shop« bot Luxus pur und beflügelte Männerfantasien. Ich besorgte – völlig legal – Ersatzteile aus Europa und ließ sie möglichst schnell montieren. Denn zu meiner Zeit war China eine Service-Wüste. Als mein erster Ferrari kurz nach dem Kauf einen Getriebeschaden hatte, musste ich wochenlang warten, bis das Problem behoben war. Das ärgerte mich ungemein, schließlich hatte ich für die Karre mehr als eine halbe Million Dollar geblecht. Ich wollte es mit meiner Werkstatt besser machen und der Kundschaft etwas ganz Besonderes bieten. Leicht bekleidete Mädchen wuschen die Autos der feinen Herren, wackelten mit dem Popo und freuten sich, wenn ihnen schwerreiche Kerle ihre Visitenkarten zusteckten: Ruf doch mal an, Baby! Aber bitte nur auf der Mobilnummer, damit meine Frau nichts merkt.

Besser ging's nicht: Der Laden florierte, ich hatte ein weiteres wirtschaftliches Standbein und mein neues Hobby Luxusautos zum Beruf gemacht. Aber das Allerbeste war: Robert Rothers »Ferrari Tuning Shop« wurde Tag für Tag von den Superreichen Shenzhens aufgesucht. Wieder einmal war ein Plan von uns aufgegangen: Wir mussten unsere Kunden nicht finden, sie kamen nun zu uns. Alles war so einfach, ein wahres Kinderspiel. Nur leider war ich selbst auch wirklich so naiv wie ein kleiner Junge. Das Gefühl wurde immer stärker, dass mir niemand etwas anhaben, dass mir nichts passieren konnte. Ich hielt mich für unantastbar. Doch das war eine krasse Fehleinschätzung. Ich ließ mich von unserem Erfolg blenden. Die Mechanismen, mit denen Angelina und ich die Chinesen anlockten, funktionierten auch bei mir und ihr: Uns ging das Gespür für die Realität verloren – wir waren blind vor Gier.

Pressekonferenz und feierliche Zeremonie anlässlich der Eröffnung meines Luxusauto-Showrooms in Shenzhen

KAPITEL 4

CHINA, ICH KOMME!

August 2004: Die Ankündigung am Telefon traf meine Mutter, die gerade zum Arbeiten auf Wangerooge war, aus heiterem Himmel. Nur vier Wochen nach meiner Rückkehr aus China teilte ich ihr lapidar mit, dass ich auswandern wolle: »Ich gehe nach China. Könntest du vielleicht meine Wohnung auflösen?« Mit dieser völlig unvermittelten Ankündigung und Frage stieß ich meine Mutter vor den Kopf.

Wie sehr ich sie damit überrumpelt und im Regen stehen gelassen hatte, wurde mir erst viel später bewusst, als ich in U-Haft saß. In jenen Tagen und Wochen hatte ich keinen Gedanken daran verschwendet, was mein Alleingang für meine Mitmenschen und meine Familie bedeutete. Alles drehte sich nur um mich, ich dachte nur an mich, nahm auf niemanden Rücksicht, fragte niemanden, wie es ihm gehe. Meine Mutter und meine Schwester stieß mein Verhalten, mein Imponiergehabe, wie sie es nannten, schon länger übel auf. Wenn ich mal wieder so war, sagte Melina oft: »Robert prollt.« Ich und ein Proll? Wenn mein Schwesterherz es so sagte, wird es wohl so gewesen sein.

Mich erreichte all das nicht mehr, ich hatte dichtgemacht. Nicht einmal die Tränen meiner Mutter konnten mich zurückhalten. Ich wollte weg aus Deutschland, das mir plötzlich eng und langweilig vorkam. Auf nach China! Mein Entschluss stand fest, ich hatte ihn schon auf meiner ersten Reise mit Gunther gefällt. Sie war mein Urknallerlebnis. China übte eine magische Anziehungskraft auf mich aus. Dass mich das Land wie ein schwarzes Loch verschlingen würde, ahnte ich nicht. Ich war jung und voller Tatendrang, hatte Bock auf Karriere, Partys, Frauen und Millionen. Für Politik interessierte ich mich null, Menschenrechtsverstöße gingen mir am Arsch vorbei, Folter verband ich mit Hexenverbrennungen im Mittelalter.

Auch Gunther wanderte nach China aus, zusammen mit ihm saß ich im Flieger. (Allerdings trennten sich unsere Wege wenig später; ich habe seit damals keinen Kontakt mehr zu ihm und weiß nicht, was aus ihm wurde.) Wir flogen von Frankfurt nach Guangzhou, einem nördlich von Shenzhen und Hongkong gelegenen Moloch mit elf Millionen Einwohnern. Die Region wird auch als »Fabrik der Welt« bezeichnet. Sie ist ein einziges riesiges Gewerbegebiet voll rauchender Schornsteine. Dagegen wirkt Nordrhein-Westfalen wie ein Dorf.

Am Flughafen wurden wir von Sissy abgeholt, einer Australierin chinesischer Abstammung. Wir hatten sie auf unserer ersten Reise in der BBOSS Lounge kennengelernt, einer bei Ausländern beliebten Bar in Guangzhou. Gunther und ich waren hier häufig und gern gesehene Gäste – zum Plaudern und gerne auch zum Anfassen. In dem Etablissement tummelten sich jede Menge junge Frauen, die Ausschau nach einem reichen Macker mit Dollars in der Brieftasche hielten. Sissy war anders, sehr gebildet, westlich geprägt und darauf bedacht, finanziell unabhängig zu sein. Sie ging häufig ins BBOSS, um mit Geschäftspartnern aus der westlichen Welt in Kontakt zu kommen. Mir gefiel ihre Direktheit, sie sagte immer, was sie wollte, und eierte nie herum. Ihre Art, das Leben zu genießen, war für asiatische Verhältnisse etwas Besonderes. Vielleicht war sie deshalb so beliebt und hatte so viele Freunde.

Dass wir Sissy Wochen zuvor begegnet waren, erwies sich für uns als großer Glücksfall. Sie hatte Gunther und mich erst ein paar Stunden gekannt, als sie uns gleich aus der Patsche half. Nachdem wir sturzbesoffen in Guangzhou ausgeraubt worden waren und plötzlich weder Kreditkarten noch Bargeld hatten, konnten wir nicht mal mehr ein Hotel bezahlen. Sissy lud mich und Gunther, der gerade Stress mit seiner Freundin hatte, einfach ein, die letzten Tage vor unserer Rückreise bei ihr zu wohnen, und hielt uns die ganze Zeit aus. Sie war unglaublich großzügig, wofür sie eine einfache Erklärung hatte: »Ihr seid beklaut worden, aber ich will nicht, dass ihr China so in Erinnerung behaltet.«

Sissy und ich wurden rasch ein Paar, und später auch Geschäftspartner. Ich war damals 22, sie 38. Der Altersunterschied machte mir nichts aus. Zumal sie zehn Jahre jünger aussah und ich schon immer ein Faible für ältere Frauen gehabt hatte. Sie war ein richtiges IT-Girl, stand auf Luxus und besaß Unmengen schicker Klamotten, Handtaschen und Schuhe. Sissy ließ in Guangzhou Kleidung und Schuhe herstellen, die sie in Australien verkaufte. Das Geschäft lief ganz passabel, wenn auch nicht berauschend. Wir stürzten uns fast jeden Abend ins Nachtleben von Guangzhou oder fuhren zum Partymachen nach Hongkong. Ich gab in kurzer Zeit viel Geld aus und verballerte nach und nach all die ganze Knete aus dem Verkauf meines Anteils an der Frankfurter Investmentfirma. Ich hatte jede Menge Ideen, wie ich Geld verdienen konnte, aber keine Möglichkeit, sie umzusetzen. Abgesehen davon kannte ich das Land auch noch nicht gut genug.

In den ersten Monaten in meiner Wahlheimat hatte ich vier ständige Begleiter: Sissy, Alkohol, Angst vor der Pleite und Bauchschmerzen. Mein Magen streikte, er rebellierte gegen das asiatische Essen. In Hongkong stiegen wir immer in Fünfsternehotels ab, wo Sissy ihrem Faible für Luxus frönte und ich wegen der sauberen Toiletten beruhigt war. Obwohl es mächtig ins Geld ging, zahlte es sich auch aus, dass wir uns nur in den besten Häusern einquartierten. Denn an den Hotelbars lernten wir Geschäftsleute aus Hongkong, Macau, Europa und den Vereinigten Staaten kennen, von denen wir uns abschauten, wie man in Asien richtig Kohle machte. Mit einigen von ihnen habe ich später gute Deals gemacht. Ich war übrigens immer der Jüngste von allen.

Auch wenn es noch lange nicht berauschend lief, genoss ich mein Leben – und Sissy ging es genauso. Wir ließen Unmengen an Schuhen herstellen, lieferten sie nach Sydney und verstanden uns blendend. Am 23. Dezember 2004 flogen wir nach Thailand in den Weihnachtsurlaub. Es wurden die schrecklichsten Ferien meines Lebens. In den Tagen in Thailand kam ich dem Tod wieder mal ziemlich nah. Nur einer Reihe von Zufällen war es zu verdanken, dass Sissy und ich diesen Urlaub überlebt haben.

Wir hatten uns für die Insel Phuket entschieden, unser Hotel lag am Strand von Patong an der Westküste der Insel. Am zweiten Weihnachtsfeiertag machten wir einen Ausflug zu den Höhlen der

Phang Nga Bucht. Die atemberaubend schöne Kulisse kennt jeder James-Bond-Fan aus *Der Mann mit dem goldenen Colt*. Sie liegt – von Patong aus gesehen – genau auf der anderen Seite der Insel. Früh morgens gegen 8.00 Uhr wurden wir mit dem Auto abgeholt, das uns zu einem Ausflugskutter brachte, von dem wir später in Paddelboote umstiegen, um die Höhlen zu besichtigen. Es war ein sonniger Tag, wir genossen die traumhafte Szenerie, unterhielten uns mit anderen Touristen und lachten viel. Als wir durch die Höhlen paddelten, brüllten urplötzlich Mitglieder der Crew des Ausflugsbootes: »Alle sofort zurück an Bord. Sofort!« Unsere Gruppe, zu der rund 30 Leute gehörten, kehrte rasch zu dem Kutter zurück und kletterte an Bord, ohne auch nur die geringste Ahnung zu haben, was los war. Wir wussten gar nichts, aber in den Gesichtern der Bootsmannschaft war zu sehen, dass es etwas Schreckliches sein musste. Sie sahen wie Gespenster aus. Die Graugesichter hielten sich nicht mit einer Erklärung auf, sie sagten nur: »Es gibt eine Warnung. Wir müssen schnell aufs Meer hinaus, weg vom Ufer und von den Klippen.« Welche Gefahr genau auf uns zukam, behielten sie für sich – falls sie es selbst überhaupt wussten.

Der Kapitän fuhr mit Vollgas aus der Bucht, hinaus aufs offene Meer. Die Bootsleute waren dermaßen angespannt und nervös, dass sich auch unter den Touristen Nervosität breitmachte. Sissy klammerte sich an mir fest, ich hatte Bammel, ausgeraubt oder entführt zu werden. Dann färbte sich das Wasser unter uns, es wurde braun und Blasen stiegen auf. Rund um unseren Kutter schipperten mehrere Fischerkanus, Taucher- und Ausflugsboote. Wie aus heiterem Himmel wurden sie vom Meer verschluckt. Sie verschwanden in Sekundenschnelle – für immer. Die mächtige Strömung riss sie einfach mit in die Tiefe.

Wir dachten: Was zur Hölle ist hier los!? Wie kommen wir hier heil raus?

Eine Stunde lang fuhr der Kapitän volle Kraft voraus, dann stoppte er. Es dauerte nicht lange, bis sich das Meer wieder beruhigte. Noch bevor die Crew Essen verteilen konnte, erhielten wir per Funk grünes Licht zur Rückkehr. Doch der Steg, von dem wir abgelegt hatten, war nicht mehr da. Wir ankerten rund 100 Meter vom Ufer entfernt und warteten auf Rettungsboote, die uns evakuierten. An Land wurden wir mit Kleinbussen nach Phuket Stadt gebracht, wo für ausländische Touristen ein Sammellager eingerichtet worden war.

Hier erfuhren wir das Ausmaß dessen, was passiert war: Ein Tsunami hatte weite Teile der Insel zerstört und dabei vermutlich Tausende Todesopfer gefordert. Alle standen unter Schock, wirkten benommen, wie weggetreten, verstört – solche Szenen kannte ich nur aus Kriegsfilmen. Überall verweinte, kreidebleiche und von Schmerz gezeichnete Gesichter. Es zerriss einem das Herz. Wir sahen fürchterliche Aufnahmen, die einige Leute mit ihren Digitalkameras gemacht hatten. Den Tsunami – das Wort kannte ich bis dahin nicht – hatten wir draußen auf dem Meer als kleine, kaum wahrnehmbare Bewegung gespürt. Die Videos ließen das ungefähre Ausmaß der Katastrophe erahnen. Wobei es dennoch unvorstellbar war. Genauso wie die ungeheure Anzahl an Toten. In ganz Asien haben am Ende weit über 200 000 Menschen durch den Tsunami ihr Leben verloren.

Allmählich dämmerte uns, wie viel Glück wir gehabt hatten. Nur einer Reihe von Zufällen hatten wir es zu verdanken, dass wir noch am Leben waren. Patong gehörte zu den vom Tsunami am meisten betroffenen Orten. Und wir sind ausgerechnet an diesem Tag auf die andere, bei Weitem nicht so schwer getroffene Seite der Insel gefahren. Dass wir mit dem größeren Ausflugskutter gefahren waren, war allein dem Umstand geschuldet, dass es keine Tickets mehr für jene kleinen Boote gab, die das Meer dann in die Tiefe gezogen hatte. Ich danke unserem Kapitän, der mit seiner beherzten Reaktion alle an Bord in Sicherheit gebracht hatte. Sissy neigte nicht gerade dazu, Emotionen zu zeigen. In dieser Hinsicht waren wir uns sehr ähnlich. Aber nachdem uns beiden so richtig klargeworden war, dass wir dem Tod nur durch Zufall von der Schippe gesprungen waren, fielen wir uns in die Arme.

Wir wollten nicht in der Sammelunterkunft schlafen. Da sich unsere Pässe und andere persönliche Ding im Hotel befanden, nahmen wir zusammen mit drei, vier anderen Touristen noch in der Nacht ein Taxi nach Patong. Phuket Stadt liegt im Inneren der Insel auf einem Hügel, weshalb die Stadt und die Straßen dort nicht zerstört worden waren. Vor Patong ging es die letzten Meter in Serpentinen hinunter. Und da sahen wir das Grauen. Die kleine Stadt war in ein Trümmerfeld verwandelt. Am Straßenrand saßen Menschen an Lagerfeuern, die ihr Zuhause verloren hatten, lagen Erschöpfte, Verzweifelte, Verletzte und vermutlich auch Tote. Der Anblick war erschütternd – aber noch nichts gegen das, was uns in Patong selbst erwartete. Das Urlaubsparadies existierte nicht mehr. Obwohl ich keine einzige Leiche mehr sah – wegen der Seuchengefahr waren sie bereits geborgen worden –, erinnerte die Szenerie an Fernsehbilder nach Bombenanschlägen. Zig Gebäude waren komplett zerstört, von etlichen stand nur noch ihr Gerippe. In manchen Häusern waren die oberen Etagen noch intakt. Wer sich in den unteren zwei Stockwerken aufgehalten hatte, als die Flutwelle kam, dürfte kaum eine Überlebenschance gehabt haben. Die Wassermassen hatten alles mitgerissen, selbst Autos und Schiffe, die nun kreuz und quer in der Gegend herum und teils sogar auf zertrümmerten Dächern lagen.

Was mich in dieser so verzweifelten Situation tief beeindruckte, war die unglaubliche Hilfsbereitschaft und Freundlichkeit der Thailänder – auch jener, die viel oder alles verloren hatten. Inmitten von Trauer, Chaos und Zerstörung behielt die Menschlichkeit die Oberhand. Als wir mit dem Taxi ankamen – keine Ahnung, wie das so schnell geschafft worden war, aber die Straße zum Hotel war geräumt und befahrbar –, kamen der Besitzer und Mitarbeiter des Hotels auf uns zu, umarmten uns und gaben uns zu trinken. Dabei war sauberes Wasser gerade absolute Mangelware.

Es war bizarr: Das Zimmer im vierten Stock war so, wie wir es verlassen hatten, als wäre hier die Zeit an Weihnachten stehengeblieben. Ich schlief relativ gut und ruhig. Unten in der Lobby war fast alles völlig zerstört, überall Schlamm und Müll, an den Wänden Blut wie in einem Horrorfilm.

Aber die Hotelbetreiber organisierten sogar ein Frühstück. Danach brachen Sissy und ich zum Flughafen auf. Sie hatte – auch das war ein glücklicher Zufall – den Rückflug für den 27. Dezember gebucht. Das hieß, dass wir problemlos nach Hause fliegen konnten, während bald Tausende, die nur noch von hier wegwollten, aber Flüge im Januar gebucht hatten, auf dem Airport ausharren mussten. Die Maschine startete absurderweise pünktlich. Ich schaute aus dem Fenster, mein Blick schweifte über den Ozean. Unvorstellbar, dass dieser sanfte Riese nur einen Tag zuvor Zehntausenden Menschen den Tod gebracht und Verwüstungen in Milliardenhöhe angerichtet hatte.

Am Flughafen in Hongkong standen unzählige Reporter, die auf Phuket-Rückkehrer warteten. Ich hatte nicht die geringste Lust, blödsinnige Journalistenfragen zu beantworten. Was sollte man groß erzählen? Was man empfindet, wenn man verzweifelte Menschen sieht, die kurz zuvor um ihr Leben gerannt sind, die alles verloren haben? Oder wie es ist, in einem von der Apokalypse heimgesuchten Hotel zu sitzen – und gemütlich zu frühstücken? Ich musste das erst einmal selbst verdauen.

In Phuket und Patong hatte ich mehrmals versucht, meine Mutter anzurufen, um sie zu benachrichtigen, dass es mir gutgeht und dass mir nichts passiert ist. Sie sollte sich keine Sorgen um mich machen müssen. Mir war klar, dass weltweit über die Katastrophe berichtet wurde, und meine Familie wusste ja, dass ich dort war, wo der Tsunami gewütet hatte. Doch Telefonieren war in Thailand nicht mehr möglich, das Netz war überlastet und zusammengebrochen. Erst als ich wieder in Guangzhou war, erreichte ich Mum. Uns beiden kamen die Tränen, in diesem Augenblick war der Groll vergessen, den meine abrupte Auswanderung bei meiner Mutter hinterlassen hatte.

Der Alltag hatte Sissy und mich wieder. Das Geschäft, das wir aufziehen wollten, ging endgültig den Bach runter. Die Schuhe, die wir von China nach Australien hatten verschiffen lassen, wurden wir nicht los. Wir hatten nicht genug Geld, um in Sydney einen Laden anzumieten und einzurichten. Die Banken wollten mir keinen Kredit geben, da ich keinen Wohnsitz in Australien hatte. Sissys Eltern, die in den 1970er-Jahren aus China geflohen waren und als Ärzte sehr gut verdienten, waren nicht bereit, uns finanziell unter die Arme zu greifen. Was nicht zuletzt an mir lag, denn sie waren von Anfang an gegen unsere Beziehung. Ich war nicht gut genug für ihre Tochter – nicht standesgemäß, zu jung, ohne vorzeigbaren Beruf und ohne Vermögen. Vor allem aber war ich kein Chinese.

Sissy beugte sich nicht dem Druck ihrer Eltern. Dass sie keinen Erfolg hatte mit dem, was sie allein auf die Beine stellte, machte ihr sehr zu schaffen und schlug ihr aufs Gemüt. Ich versuchte, die Schuhe und Klamotten über das Internet zu verkloppen – keine Chance. Das unternehmerische Debakel wirkte sich auch auf unsere Beziehung aus. Wir fingen an zu streiten, erst über Geschäftliches, dann über alltäglichen Kram, wir machten uns gegenseitig Vorwürfe, wer was wann und wie verbockt hatte. Als Sissy auch noch einen anderen Typen kennenlernte, war Schicht im Schacht.

Ich stand nun allein da – mein Visum für Australien war abgelaufen – und hatte nicht mal mehr Geld für einen Flug von Sydney nach Hongkong. Aus der Patsche half mir eine Deutsche aus Solingen, die in Australien lebte. Sie gab mir Geld für das Flugticket nach China. Ich war mit dem Ziel ausgewandert, Millionär zu werden, und jetzt, nach einem halben Jahr, stand ich vor dem Nichts. Ich hatte kein Geld, mir eine Wohnung zu mieten, ja es reichte nicht mal für ein Zimmer in einem Hotel der Kategorie, die meinem Zustand entsprach: abgefuckt. Ich zog wochenlang von einer Bleibe zur nächsten. Hauptsache kostenlos. Die längste Zeit wohnte ich bei einer Familie in Guangzhou, die ich über Sissy kennengelernt hatte. Sie hatte Mitleid mit dem Finanzgenie aus Unna.

Selbst die spottbilligen Taxis konnte ich mir nicht mehr leisten und nahm stattdessen den Bus. Und zwar den ohne Klimaanlage. Denn für den kostete ein Ticket nur einen Yuan. Für den mit Klimaanlage bezahlte man das Doppelte. Ich musste mir eingestehen, im Land meiner Träume abgebrannt zu sein. Aber aufgeben kam für mich nicht in Frage. Schon deshalb nicht, weil ich meine Familie nicht um Geld für den Heimflug anbetteln wollte. Ich hatte null Bock auf Haben-wir-dir-doch-gleich-gesagt-Gerede. Wie damals in Kindertagen wollte ich allen beweisen, dass ich schaffe, was ich mir vorgenommen habe. Ich spornte mich an: Alter, du packst das! Nur nicht aufgeben! Box dich durch!

Im Frühjahr 2005 zog ich einen Onlinehandel mit Fake-Ware auf. Die Website ließ ich über Hongkong laufen, was damals noch möglich war. Ich bot Handtaschen von Louis Vuitton und Gucci an und nannte das Angebot »Nobel Replica«. Die Ware verschickte ich in den Westen, nach Europa und in die USA. Es schien die Käuferinnen nicht zu interessieren, dass es keine Originale waren. Sobald Bestellungen eintrafen, ging ich zu einem der unzähligen Großmärkte in Guangzhou, zeigte auf die Taschen, die ich brauchte, und orderte zwei, fünf oder zehn Stück. Ein Witz, wenn man überlegt, dass die Chinesen nach wie vor abstreiten zu plagiieren. Das war absolute Normalität. In den Markthallen herrschte Polizeipräsenz, niemand klaute, niemand demonstrierte, der Staat behielt über alles die Kontrolle. Aber ich habe kein einziges Mal erlebt, dass die Ordnungsmacht Produktpiraten hochgehen ließ. Was umso erstaunlicher war, da man nicht hinter vorgehaltener Hand flüstern musste: »Psst, ich brauche Handtaschen von Gucci.« Die gefälschte Ware wurde ganz offen ausgestellt, um zu zeigen: Schaut, das können wir alles herstellen.

Die Einkaufspreise lagen bei etwa 50 Dollar das Stück, verkauft habe ich die Teile dann für 200 – ein ordentlicher Gewinn, der für mich zudem steuerfrei war. Ich hatte zwei Chinesen als Strohmänner angeheuert, die das Geschäft offiziell betrieben und – so sagten sie es jedenfalls – ihren Obolus an den chinesischen Fiskus abdrückten. Damit war alles geregelt. Niemals kam irgendwer zu mir und fragte, wovon ich eigentlich lebte. So langsam bekam ich eine Ahnung davon, wie China tickte, dass im Grunde alles legal war, solange die Regierung in Peking das Gefühl hatte, Herr der Lage zu sein, und ihre Lakaien im Rest des Landes auf die eine oder andere Weise davon profitierten.

Ich arbeitete mich allmählich raus aus dem Loch. Da ich aber nicht riskieren wollte, dass mich die Chinesen direkt wieder hineinstießen, hielt ich den Handel mit den Fake-Taschen bewusst überschaubar. Wichtig war, dass ich meine finanzielle Unabhängigkeit zurückgewonnen hatte und mir wieder eine Wohnung mieten, Klamotten kaufen, ein Taxi leisten konnte – und Kaffee. Ich wurde

Stammgast im Starbucks am Garden Hotel, einem Fünfsternehotel. Angenehmer Nebeneffekt: Es gab dort freien Zugang zum Internet. An einem schönen Sommertag checkte ich meine Mails, um zu sehen, wie die Auftragslage war. Da stand sie plötzlich vor mir, die Frau, die mein Leben verändern sollte: Angelina.

KAPITEL 5

1000 FRAUEN

Es war einer dieser Tage, an denen man vor lauter Langeweile nicht viel mit sich anzufangen wusste. Am frühen Nachmittag schickte Freddy eine SMS: »Keine Lust auf meine Freundin. Dafür auf Dongguan. Du auch?« Ich schrieb zurück: »Ja, volles Rohr«, und schob die Frage nach, auf die ich die Antwort im Grunde schon kannte: »Kommt Herr Ho auch mit?« Freddy antwortete: »Volles Rohr.« Alles andere wäre eine Überraschung gewesen.

Zwei Stunden später trafen wir uns am Highway nach Dongguan. Die Stadt kannte damals vermutlich jeder Mann in China unter 100 Jahren, und zwar weniger als Gefängnishölle, als die ich sie bald darauf kennenlernte, sondern vielmehr als »Paradies der Männer«. Dongguan war für China das, was St. Pauli für Deutschland ist. Der Name weckte dieselben Assoziationen. Allerdings in den für das Riesenland typischen gigantischen Ausmaßen. Wenn St. Pauli eine Sünden-Meile ist, dann ist Dongguan ein Sünden-Lichtjahr. In ganz Hamburg soll es zwischen 5000 und 6000 Huren geben, in Dongguan waren es zu meiner Zeit schätzungsweise 250 000.

Die Autofahrt von Shenzhen nach Dongguan dauerte für Normalsterbliche knapp anderthalb Stunden. Meine Freunde und ich, die wir uns für unsterblich hielten, benötigten nicht mal 50 Minuten. Mit unseren Ferraris bretterten wir über den Highway. Wir hatten Spaß daran, uns gegenseitig zu jagen und Fahrer in langsamen Autos zu erschrecken. Wären wir in eine Kontrolle gekommen, hätten wir gewusst, wen wir hätten anrufen müssen, um ungeschoren davonzukommen.

Freddy war ein paar Jahre älter als ich und stammte aus einer schwerreichen Hongkonger Familie. Es gab Gerüchte um seinen Großvater, der ein mächtiger Mafiaboss in Wan Chai gewesen sein soll, dem alten Rotlichtbezirk der ehemals britischen Kronkolonie. Ob das stimmte, weiß ich nicht. Einmal habe ich den alten Herrn zwar getroffen, ihn aber nicht danach gefragt, wie er zu seinem Reichtum gekommen sei ... Freddy, der sich mit seinem Vater heillos zerstritten hatte, war so etwas wie das schwarze Schaf der Familie, machte aber seinerseits mit dem Verkauf chinesischer Stahlerzeugnisse ins asiatische Ausland irrsinnig viel Geld. Herr Ho wiederum, der auf die 50 zuging, war ein Musterbeispiel für den Chinese Way of Life: Er stammte aus ärmlichsten Verhältnissen und hatte mit Kinderspielzeug, das er in alle Welt exportierte, ein Vermögen gemacht.

Uns drei verband unsere Vorliebe für Partys, Frauen und schnelle Autos. Die Ausflüge nach Dongguan waren die beste Möglichkeit, alles auf einmal haben zu können. Ich habe den Ort als unglaublich hässlich in Erinnerung – was nicht allein an dem Knast lag. Die Stadt war weitläufig und total zersiedelt. In den Straßen war es dreckig, ganze Viertel waren völlig runtergekommen. Zugleich gab es in Dongguan Hunderte Fünfsternehotels, die in Wahrheit Bordelle waren. Äußerlich wiesen die mächtigen Betonklötze nicht die geringste Spur von Exklusivität oder Eleganz auf. Aber im Inneren wurde der pure Luxus geboten. Oder besser gesagt das, was sich die Chinesen darunter vorstellten: nachgemachte Möbel alter europäischer Stilepochen, haufenweise Bling-Bling, überall goldfarbene Verzierungen, Säulen und Wandverkleidungen aus Marmor, Plüschsessel und -sofas in jeder Ecke.

Wir fuhren stets in eine der größten Lasterhöhlen von Dongguan. Der riesige Hotelkomplex – das Atlantic in Hamburg oder das Adlon in Berlin sind Puppenhäuser dagegen – stand mitten im Nirgendwo. Man hätte den Bau für einen x-beliebigen Wohnklotz oder eine Kleiderfabrik halten können. Hinweise auf das, was einen drinnen erwartete, fehlten völlig. Nirgendwo blinkte ein rotes Herz oder strahlte die Leuchtröhren-Silhouette eines verführerischen Vollblutweibs. Erst wenn man auf den Parkplatz fuhr, muss auch dem letzten Ahnungslosen klargeworden sein, dass es sich bei dem Betonklotz um kein normales Gebäude handelte: Hier standen lauter Luxuskarossen mit Kennzeichen aus China, Macau und Hongkong.

China ist ein sagenhaft verlogenes Land. Die Prostitution war von der kommunistischen Regierung in Peking vor Ewigkeiten als Auswuchs westlicher Dekadenz verboten worden. Die Genossen in der Provinz aber duldeten sie, ließen sich von den Bordellbetreibern und Mafiabossen, die den Rotlichtsektor beherrschten, bestechen und vögelten fröhlich mit. Die Sexindustrie machte – und macht wohl bis heute – einen gigantischen Teil der Schattenwirtschaft des Landes aus: Das illegale Geschäft fand unter legalem Deckmantel statt. Die Freudenhäuser waren nicht nur als Hotels getarnt, sondern wurden meines Wissens nach auch nur als solche besteuert. Angeblich verdienten sie ihr Geld allein mit dem Verkauf von Speisen, Getränken und der Vermietung von Zimmern, auch wenn viele von ihnen mit Whirlpools, Gynäkologen- oder Zahnarztstühlen, SM-Utensilien und Sexschaukeln für diese Zwecke eher ungewöhnlich ausgestattet waren. Die Kellnerinnen, die nicht nur servierten, sondern auch darüber hinaus zu Diensten waren, zählten wie die Putzfrauen und die Portiers zu den »normalen« Angestellten. Die omnipräsenten Nutten hatten mit den Hotels offiziell nichts zu tun.

In Dongguans Blütezeit als Puff der chinesischen Nation soll das horizontale Gewerbe um die sechs Milliarden Dollar Umsatz im Jahr gemacht haben. Mit allem, was an der Sexindustrie dranhing, sollen es insgesamt sogar 20 Milliarden Dollar gewesen sein. Diese Zahlen wurden sogar in den chinesischen Medien verbreitet. Ich halte sie für nicht übertrieben, wenn ich bedenke, was ich allein mit meinen Kumpels dort an Kohle versoffen und verhurt habe. Und wir waren ja alles andere als Einzelfälle. In der Stadt und ihrer näheren Umgebung soll es um die 50 000 Fabriken gegeben haben. Und das bedeutet, dass da auch 50 000 Bosse lebten. Die wiederum empfingen Tag für Tag mindestens einen Geschäftspartner, der am Abend – meist begleitet von Mitarbeitern – eingeladen werden und Spaß haben wollte. Die Anzahl potenzieller Bordellkunden war also gewaltig, die Stadt als Sex-Mekka in ganz Asien und sogar darüber hinaus bekannt. Es kamen Sextouristen aus Taiwan, Macau, Hongkong, Japan und selbst Australien hierher.

Die Nutten von Dongguan und ich hatten etwas gemeinsam: Wir profitierten gleichermaßen von der Lehman-Pleite. Nachdem erst die Weltkonjunktur und dann die Auftragslage der Unternehmen in der Region eingebrochen waren, zeigten sich die chinesischen Aufsichtsbehörden besonders großzügig, damit nicht auch noch die Sexindustrie den Bach runterging. Und so boomte Dongguan weiter und war sogar drauf und dran, Bangkok den Rang abzulaufen. Nicht zuletzt deshalb bekamen die auf den schönen Schein bedachten Kommunisten dann aber Panik, außerdem stieg die Zahl der Aidsinfizierten rasant an. Und plötzlich sprach die Regierung von einer »Schande« und dass es nicht länger akzeptabel sei, dass Ehefrauen in Sorge sein müssten, wenn ihre Männer zu Geschäftsreisen nach Dongguan aufbrächen.

Typisch China: Gekratzt wird an der Oberfläche, als wären die Stadt und die Nutten das Problem gewesen und nicht etwa die im Kern verlogene, durch und durch patriarchalische Gesellschaft und die Männer, die ihre Frauen betrogen und die Sexindustrie am Laufen hielten.

Anfang 2014, wenige Wochen vor meiner Überstellung aus der U-Haft in den Knast, gab es Razzien in Dongguan, an denen zigtausend Polizisten beteiligt waren. Die Lasterhöhlen wurden nach und nach dichtgemacht. Mir war es egal, ich hatte andere Probleme und meine Erinnerungen – ich hatte Dongguan in seiner Boomzeit als größten Puff Chinas erlebt.

Wir ritten immer mindestens zu dritt ein. Man meldete sich beim Portier und bekam einen »Entertainment-« oder »VIP-Raum« zugewiesen, der nur für die Leute zugänglich war, die ihn gemietet hatten. Voraussetzung dafür war, dass man einen bestimmten Mindestumsatz machte. Um das Organisatorische kümmerte sich fast immer Herr Ho, der überall Stammgast zu sein schien. Die VIP-Räume sahen alle ziemlich gleich aus: große im Halbkreis angeordnete Sofalandschaften, mindestens zwei riesige Flachbildfernseher – einer für Sport und einer für Karaoke – Computer für Wetten, oft ein Billardtisch, manchmal gab es sogar einen für Snooker. Hatten wir es uns bequem gemacht, kam eine Kellnerin und fragte nach unseren Wünschen. Wir bestellten immer sieben, acht Hennessy XO, die in den Bordellen mit 700 oder 800 Dollar die Flasche noch um einiges teurer waren als in den Bars von Shenzhen. Und dann war es wie sonst auch: Wenn Alkohol getrunken wurde, musste auch gesungen werden. Ich machte den Robbie Williams und trällerte mehr schlecht als recht »To be a better man«. Ich habe es so oft in China gesungen, dass ich am Ende selbst daran glaubte, durch meine Sangeskünste ein besserer Kerl zu werden.

In kleineren Hotels und Karaokebars erschien dann die »Mamasan«, die Puffmutter. Sie führte die Nutten vor. Als Kunde redete man kurz mit ihnen und erfuhr, für welche Dienstleistungen sie zur Verfügung standen. Wenn nichts Passendes dabei war, führte die Mamasan das nächste Dutzend vor. Das ging alles extrem professionell über die Bühne. Das ganze Prozedere dauerte solange, bis jeder Mann ein oder zwei Gespielinnen gefunden hatte. Waren die Frauen einmal ausgewählt, wurde nur noch gesoffen, gespielt, gewettet, gesungen oder einfach nur in die Glotze geschaut. Im Grunde war das alles sehr banal. Bei so einer Party ging es meistens nur darum, locker zu werden, um entspannt über den einen oder anderen Deal reden zu können. Sobald es ums Geschäftliche ging, verließen die Mädchen wie auf Knopfdruck den Raum. War es erledigt, kamen sie zurück.

Wer mehr als Karten- oder Würfelspiele wollte, konnte Frauen auch mit auf ein Zimmer nehmen. Aber auch das bedeutete nicht zwangsläufig Sex. Die Chinesen hatten ein Faible dafür, sich von barbusigen Frau massieren zu lassen. Der Grund: Sie standen auf große Brüste, die bei Chinesinnen und anderen Asiatinnen nun mal von Natur aus selten sind. Die Männer gingen daher gerne zu Nutten aus Osteuropa, meist aus Russland und der Ukraine. Einige meiner Freunde konnten sich mit den Huren auf Russisch unterhalten. Gelernt hatten sie es noch in Zeiten des Kalten Krieges, als die »unverbrüchliche Freundschaft« zwischen China und der Sowjetunion so etwas wie ein Naturgesetz zu sein schien.

Wer an die Osteuropäerinnen ranwollte, musste zunächst eine Art Eintrittsgebühr von ungefähr 10 000 Dollar an die Mamasan oder das Hotel bezahlen. Die Frauen waren sehr begehrt und dementsprechend sehr teuer. Als Stammkunde musste man mit Minimum 500 Dollar die Nacht rechnen, ansonsten waren 2000 bis

4000 Dollar zusätzlich fällig, je nachdem, welche Dienste verlangt wurden. Natürlich gab es auch Chinesen, die auf Sadomasopraktiken abfuhren. Mehrfach habe ich mitbekommen, dass jemand bis zu 100 000 Dollar auf den Tisch legte, um immer die »neueste Frau« des Hauses, das »Frischfleisch«, als Erster ausprobieren zu dürfen.

Die meisten Chinesen gingen meiner Erfahrung nach gerne ins Bordell. Dongguan war ihr Disneyland. Andererseits spielte auch der für Asien typische Gruppenzwang eine Rolle. Männer konnten sich dem Gang in den Puff schlecht entziehen, wenn sie von ihrem Chef oder einem Geschäftspartner dazu eingeladen wurden. Wer einen auf Spielverderber machte, war schnell unten durch, denn er zeigte damit bloß, keinen Spaß am Leben zu haben. Die Chefs hatten auch in anderer Hinsicht größtes Interesse daran, begleitet zu werden. Mitgegangen, mitgefangen, mitgehangen! Das war die simpelste Art, jemanden zum Schweigen zu bringen und sich nicht erpressbar zu machen.

Auch ich war nicht frei von Zwängen. Angelina wusste von meinen Ausflügen und hakte sie unter »Business« ab. Die meisten unserer Geschäftspartner hielten sie für meine Gespielin. Reiche Chinesen hatten grundsätzlich mindestens eine Geliebte, wenn nicht sogar mehrere gleichzeitig. Herr Ho sagte einmal zu mir: »Du bist 50 Jahre zu spät nach China gekommen. Früher war es normal, mehrere Frauen zu haben.« Hätte ich abgelehnt, mit in die Bordelle zu gehen, wäre ich unangenehm aufgefallen, man hätte über mich geredet, spekuliert, dass ich vielleicht schwul sei und dergleichen. Angelina bat mich lediglich darum, im Puff auf Sex zu verzichten. Ich versprach es ihr, brach mein Versprechen aber nicht nur einmal. Dafür habe ich sie in finanziellen Dingen nicht ein einziges Mal betrogen …

Besonders bizarr war mein erstes »Buffet« in Dongguan. Wir soffen im sogenannten VIP-Raum, als gegen 17.00 Uhr die Mamasan zum Buffet bat. »Buffet? Was für ein Buffet?«, fragte ich. Ich hatte noch überhaupt keinen Hunger. Herr Ho grinste nur: »Wirst schon sehen.« Wir wurden in eine Art pompösen Ballsaal geführt, wo zig andere Freier warteten. Dann ertönte eine Glocke, und der Hotelmanager kündigte 1000 Frauen an. 1000! Und tatsächlich fluteten

Hunderte Frauen links und rechts die Marmortreppen hinunter. Der chinesische Spruch, dass man zu einem Buffet nicht sein eigenes Essen mitnehmen sollte, ergab hier auf perverse Weise Sinn.

Die Frauen nahmen in Reihen Aufstellung. Ich zählte sie nicht durch, aber es waren Hunderte, alle trugen bunte, traditionelle Seidenkleider. Die verschiedenen Farben signalisierten, wofür die Damen jeweils zur Verfügung standen. Man konnte sich nach Herzenslust aussuchen, was man wollte, die meisten entschieden sich für zwei, drei Frauen. Dann ging das Saufen im VIP-Zimmer weiter. Der Mindestpreis lag bei etwa 50 Dollar für Entertainment, sprich: Reden, Würfeln, Händchenhalten und mal ein Küsschen. Wer mehr wollte, musste mehr zahlen.

Übernachtet haben wir nie in den Hotels. Die Partys endeten immer weit vor Mitternacht, meistens gegen 22.00 Uhr, damit man abends schön brav wieder daheim bei Frau und Kind sein konnte. Zur chinesischen Bigotterie gehörte, die Fassade aufrechtzuerhalten und nach außen den Schein zu wahren. Eine Ehefrau hätte niemals zu fragen gewagt, woher ihr Mann so spät komme, und wenn doch, hätte sie nie eine ehrliche Antwort erhalten.

Nach den Orgien stiegen wir in unsere Autos und fuhren völlig stramm nach Hause. Ich fuhr eigentlich ständig besoffen. Bis zu meinem Unfall, als ich meinen Ferrari crashte.

KAPITEL 6

ANGELINA

Ich hatte natürlich noch keine Ahnung von Angelinas Zielstrebigkeit und Entschlossenheit, davon, wie sie Dinge anpackte, um zu erreichen, was sie unbedingt wollte. Aber schon als Angelina mich fragte, ob sie sich zu mir setzen könnte, ahnte ich: Das war kein Zufall! Da steckte Absicht dahinter. Sie hatte mich gezielt ausgewählt, man könnte sogar sagen: auserkoren. Es waren genug andere Plätze im Starbucks frei, sie hätte auch einen Tisch für sich allein haben können. Doch Angelina pflanzte sich direkt neben mich, ohne auch nur im Geringsten zu versuchen, den üblichen Abstand zu wahren, den Fremde in der Öffentlichkeit, die eine Laune des Schicksals zusammenbringt, für gewöhnlich einhalten.

Mir war dermaßen klar, dass sie mich gleich anquatschen würde, dass ich meinen Laptop schon mal in den Ruhezustand versetzte. Die Hausfrauen in Paderborn, Portland oder Portsmouth mussten halt noch einen Tag länger warten, ehe sich ihre sehnlichen Wünsche nach der eigenen Gucci-Handtasche erfüllten. Ich sah auf, um der Frau mir gegenüber zu signalisieren, bereit zu sein für alles, was nun kommen sollte.

Und es dauerte tatsächlich keine zwei Minuten, bis Angelina das Gespräch mit der naheliegenden Frage eröffnete, woher ich käme. Ich verriet es ihr. »Oh, Deutschland«, sagte sie mit ihrer glockenhellen Stimme, als hätte ich »Schlaraffenland« gesagt: »Deutschland ist ein tolles Land«, meinte Angelina höflich, obwohl sie nie da gewesen war und keine Ahnung von gruseligen Gartenzwergen oder motzenden Taxifahrern bei mir daheim hatte. Ihr Englisch war perfekt, mein Interesse geweckt. Denn alle Chinesen, die ich kannte und die sehr gut Englisch sprachen, waren gebildet und so gut wie immer Unternehmer oder Berater von Geschäftsleuten. Sie stellte sich als

»Angelina« vor, der englischen Ableitung ihres eigentlichen Namens:
Zheng Li.

Schnell sprachen wir darüber, womit wir beide unser Geld verdienten. Angelina kam aus Shanghai, sie hatte Jura studiert und im
Anschluss als rechte Hand eines erfolgreichen Investmentbankers
gearbeitet, bei dem sie jede Menge über den Kapitalmarkt gelernt
hatte. In Guangzhou führte sie einen Schickimicki-Friseursalon. Sie
selbst legte ungeheuer viel Wert aufs Aussehen – nicht nur auf ihr
eigenes. Angelina verließ das Haus nur in Designerklamotten, die
garantiert nicht gefälscht waren. Nachgemachten Plunder hätte sie
nicht angezogen, geschweige denn sich andrehen lassen.

Angelina erzählte mir, wie wenig sie der Friseurladen erfüllte und
warum sie sich viel mehr für die Börse begeisterte als dafür, irgend-
welchen Schickeria-Leuten die Haare schön zu machen. Ich erzählte ihr von den Taschen der Marke »Fake« und meinen Investment-
geschäften, was sie regelrecht elektrisierte. Sie lauschte aufmerksam
meinen Anekdoten aus meinen Stationen in Unna, Frankfurt und
nun in China. Und sie stellte gescheite Fragen, die zeigten, dass sie
vom Aktienhandel tatsächlich Ahnung hatte und keine Aufschnei-
derin war, die einen Macker aus dem Westen suchte. Ich verstand
schnell: Sie wollte keinen Mann, sondern einen Geschäftspartner.

Wir plauderten und plauderten. Sie redete gern und viel. Sie konnte
plappern wie ein Wasserfall – wobei wir hier von Fällen der Dimension Niagarafälle sprechen. Es passte zu ihrem Wesen. Ihr Tempo war
sensationell, ihre Kondition atemberaubend, der berühmte Duracell-
Hase hätte im Vergleich mit ihr wie eine narkotisierte Schnarchnase
gewirkt. Angelina hasste Stillstand. Ihren Scharfsinn vergötterte ich.
Sie dachte schneller als jeder andere meiner Freunde und Geschäftspartner. Wenn auf jemanden zutraf, dass er »blitzgescheit« war, dann
auf sie.

Wenn Angelina einmal in Rage geriet, war sie nicht mehr zu stoppen. Und wenn ich es dennoch versuchte, eskalierte jeder Streit erst
so richtig. Hinter ihrer harten Schale steckte ein weicher Kern. Asiatische Zurückhaltung? In der Öffentlichkeit immer. Aber sobald wir
unter uns waren und Krach hatten, wurde aus diesem zarten Wesen

ein brodelnder Vulkan. Wenn Angelina die Contenance verlor, brüllte sie mich in einer Lautstärke an, die man ihr niemals zugetraut hätte. Nie zuvor war ich mit einer Frau zusammen – und werde es auch hoffentlich nie mehr sein –, die beim Streiten derartig laut und heftig wurde wie meine wunderbare Angelina.

Völlig anders war sie in Verhandlungen: ruhig, strukturiert, taff und kühl, wenn nicht sogar eiskalt. Ich kannte einige Männer, die regelrecht Angst vor ihr hatten. Das hatte natürlich damit zu tun, dass Chinesen im Geschäftsleben sonst nicht auf Frauen trafen. Sie kannten nur ihre Gattinnen und Gespielinnen, gefügige und geschmeidige Weibchen, die kuschten und nichts zu melden hatten. Und plötzlich hatten sie mit Angelina eine selbstbewusste Frau als Verhandlungspartnerin vor sich, die den Kerlen auf Augenhöhe begegnete und konsequent ihre Ziele verfolgte.

Gott, war das eine Frau! Ein Wunderweib, eine Zauberfee. Mein siebter Sinn sagte mir schon im Starbucks: Robert, mit Angelina hast du genau den Partner gefunden, den du in China gesucht hast. Sie ist diejenige, die dir helfen wird, den Traum von einer Investmentfirma Wirklichkeit werden zu lassen. Diese schlaue Füchsin bringt dich zu neuen Ufern. Und so war es dann auch.

Wir verabredeten uns noch für denselben Abend. Ich traf Angelina in einer Diskothek und lernte gleich ein Dutzend ihrer Freunde kennen, die sie richtiggehend anhimmelten. Und mir ging es ja nicht anders. Ich reihte mich ein in die Herde ihrer Bewunderer und Verehrer. Wir feierten bis zum frühen Morgen, und dann nahm mich Angelina mit zu sich nach Hause. In der ersten Nacht lief nichts zwischen uns, es dauerte noch zwei, drei Wochen, bis wir ein Liebespaar wurden. Aber unzertrennlich waren wir vom ersten Tag an. Ich fühlte mich pudelwohl bei ihr – und Angelina ging es mit mir genauso.

Wir lebten in der Zig-Millionen-Metropole Guangzhou – und trotzdem kannten einige ihrer Freunde Sissy. Die hatten nichts Besseres zu tun, als meiner Ex von dem neuen deutsch-chinesischen Glück zu erzählen. Prompt stand Sissy bei mir auf der Matte und wollte mich zurückhaben. Meine Freunde witzelten über den »Kampf der

IT-Girls um den kleinen Deutschen«. Keine Frage: Ich entschied mich für Angelina.

Angelinas Höllentempo machte mir anfangs zu schaffen. Sie, das Aktiv-Monster, war immer auf Achse, traf früh, mittags, nachmittags, abends und nachts irgendwelche Leute zum Geschäftemachen oder einfach zum Netzwerken, was in China zu meiner Zeit wesentlich wichtiger war als in Deutschland. Denn hier lief alles über private Kontakte und Beziehungen.

In der ersten Zeit bekamen wir uns häufig in die Wolle. Meistens gründete der Streit im mangelnden Verständnis für die Lebensweise des anderen. Ich musste mich ab und an mal ausklinken, um ein bisschen Ruhe und Zeit für mich zu haben, um nachzudenken oder einfach nur in die Luft zu gucken. Angelina verstand das nicht und nervte mich, statt mich in Ruhe zu lassen. Sie meinte, dass all die Leute, die mit uns Geschäfte planten, mich, den deutschen Investmentguru, kennenlernen wollten. »Du musst mit dabei sein«, sagte sie. »Ich muss überhaupt nichts«, sagte ich trotzig. Wir einigten uns nach unzähligen Diskussionen darauf, dass ich nur noch zu den Meetings mitzukommen brauchte, bei denen meine Anwesenheit – aus welchen Gründen auch immer – unabdingbar schien.

Umgekehrt nervte ich Angelina anfangs mit Fragen, die sie als Ausdruck von Misstrauen empfand, was es, wenn ich ehrlich bin, zum Teil auch war. Nachdem wir schon ein Jahr zusammen waren, wollte ich immer noch wissen, woher dieser oder jener Batzen Geld kam oder wie sie es angestellt hatte, diese oder jene Genehmigung von den Behörden zu erhalten. Aber nicht nur ihr behagte diese ganze Fragerei nicht. Und so hörte ich irgendwann auf, noch Fragen zu stellen. Für mich war es auch bequemer, nichts zu wissen. So erstickte ich mulmige Gefühle schon im Ansatz, bis ich gar keine mehr hatte. Ich schaffte es, mich in einen Kokon zu hüllen, der mich von Gefahren der Außenwelt scheinbar abschottete. Ich nahm die Signale einfach nicht wahr, weil sie nicht zu mir durchdrangen. Allgemein nennt man das, glaube ich, Hybris. Am Ende dachte ich, man könne Angelina und mir nicht am Zeug flicken, wir seien unantastbar – und das in einem Land mit einer astreinen Diktatur, die alles kontrollierte und selbst ein Finanzgenie aus Unna dann doch nicht alles machen ließ, was es wollte.

Dass Angelina und ich von Anfang an ständig ans Limit gingen, machte mich stark – und ich denke, sie auch. Wir lernten schnell voneinander. Vor allem brachte sie mir unzählige Regeln bei, die man zwingend berücksichtigen musste, wenn man mit Chinesen verhandelte, allen voran den Grundsatz: Sorge dafür, dass dein Gegenüber niemals sein Gesicht verliert. In meiner ersten Zeit in China wunderte ich mich, dass sich Leute von jetzt auf gleich von mir abwendeten, wenn ich sie offen kritisiert hatte. Die Beziehung war ruiniert und nicht mehr zu reparieren. Um sein Gesicht zu wahren, musste sich der Betroffene an mir rächen. Den Kontakt abzubrechen war das Mindeste.

Aus Deutschland war ich etwas ganz anderes gewohnt: Wenn jemand Mist gebaut hatte, wurde das unmissverständlich ausgesprochen. Dann hieß es: »Alter, das ist scheiße gelaufen. Das muss besser werden.« Diesen Umgang mit Fehlern gewöhnte mir Angelina als Erstes ab. Denn nichts hassten die Chinesen, die ich kennenlernte, mehr, als wenn man sie vor anderen dumm aussehen ließ. Mit öffentlicher Bloßstellung konnten sie nicht umgehen, für sie zeigte sich darin eine ungeheure Respektlosigkeit. Der Gesichtsverlust war für die Chinesen das Allerschlimmste.

Zunächst fand ich diese Art der Fehlerkultur albern und falsch, ich hielt sie für kontraproduktiv. Aber mit der Zeit begriff ich, dass der chinesische Weg der bessere war (und wohl ist). Angelina brachte mir bei, höflich und freundlich zu bleiben, auch wenn das Gegenüber Unfug erzählte oder Fehlentscheidungen traf, durch die alle Beteiligten haufenweise Geld verloren. Ich gewöhnte mich daran, Chinesen über große Umwege dahin zu führen, wohin ich sie haben wollte. Ich erzählte ihnen, dass ihre Idee – und war sie noch so großer Humbug – fantastisch war, aber in dem Augenblick eben nicht wie gewünscht funktionierte und man sie vielleicht nur noch optimieren müsste, um Erfolg zu haben. Es ging nicht allein um Motivation. Der chinesische Partner musste das Gefühl haben, nichts falsch gemacht zu haben – dann fühlte er sich auch nicht beschämt und konnte sich erhobenen Hauptes verabschieden. Das zu verinnerlichen, war für mich schon deshalb fundamental wichtig, weil ich nun mal als Europäer von der Statur her um einiges größer war als meine Geschäftspartner. Ich durfte niemandem das Gefühl von Überlegenheit vermitteln, selbst wenn derjenige, der mir gegenüberstand oder -saß, 40 Zentimeter kleiner war als ich.

Angelina war in Shanghai in einer wohlhabenden Familie aufgewachsen, die viel Wert auf Etikette und höfliche Umgangsformen legte. Sie war meine Lehrmeisterin. Ohne ihre Hilfe hätte ich es niemals in Chinas High Society geschafft. Einmal, wir waren zu Gast bei einem Schmuckgroßhändler, wollte ich aufhören zu trinken. Ich gab ihr zu verstehen, dass ich kotzen müsste, wenn ich weitersoff. Sie flüsterte mir zu: »Du musst.« Ich gab ihr ein Zeichen, dann unter dem Tisch zu liegen. »Umso besser«, antwortete sie. Im Auto nach Hause erklärte sie mir: »Wenn der Chef am Tisch voll ist und du nüchtern bleibst, muss er daraus schließen, dass es dir bei ihm nicht gefallen hat – dann bist du bei ihm unten durch.« Ab sofort hatte das Saufen in meinem Leben einen höheren Sinn. Prost!

KAPITEL 7

GESCHÄFTE

Angelina war mein Ein und Alles. Alles, was wir gemeinsam anstellten, machte Spaß und brachte Erfolg. Wir überlegten zusammen, womit wir Geld verdienen könnten. Und von Anfang an stand fest, dass wir nicht nur viel Geld verdienen wollten, sondern sehr viel. Mit Kleinkram wollten wir uns nicht länger abgeben. Sie gab den Friseurladen auf, ich den Handel mit gefakten Handtaschen. Ende 2005 zogen wir in die Finanzmetropole Shenzhen, mieteten eine gemeinsame Wohnung und los ging die Jagd nach den Millionen. Es war diese Jagd, die Angelina und mich zusammenschweißte – anfangs zu einem Dreamteam, später zu einer Zweckgemeinschaft, die jedes Maß verloren hatte. Berauscht vom Erfolg, waren wir dem Größenwahn oft gefährlich nah. Wir benahmen uns wie Zocker, die nicht merkten, dass ihnen das Spiel entglitt, weil sie ihren Gegner unterschätzten. Das Geldmachen war irgendwann nur noch reiner Selbstzweck, es ging bloß darum, das Ganze am Laufen zu halten. Aus dem Traum wurde ein Alptraum, der uns beide direkt in die Hölle führte. Game over!

Am liebsten wären wir sofort ins Investmentgeschäft eingestiegen. Allerdings war das seinerzeit alles andere als einfach. Die Börse boomte seit Jahren. Es war die Zeit, als Fußballprofis damit angaben, beim Duschen Aktienkurse zu checken. Anlegergurus wie Warren Buffett und Carl Icahn waren zu Popstars aufgestiegen und bekannter als Waldorf und Statler, die grantelnden Opas aus der Muppet Show. Kommentare und Entscheidungen von Buffett & Co. wurden von Reuters und Bloomberg als Nachrichten überall auf der Welt verbreitet. Das Internet spielte eine immer größere Rolle. Jeder Privatmann konnte sich auf speziellen Portalen über Kursgewinne und -verluste informieren und Wetten auf Wertpapiere aller Art mit einem

Mausklick abschließen. Die Expertise, über die Angelina und ich verfügten, schien niemand zu brauchen. Jedenfalls hätte keiner dafür bezahlt.

Im Januar 2006 setzte ich mich mit Angelina zu einem Strategiegipfel zusammen – klingt hochtrabend, war aber so. Wir schmiedeten einen Plan, um reich zu werden. Ich war 23 Jahre alt, meine kongeniale Partnerin neun Jahre älter. Die zentrale Frage lautete: Womit könnten wir Millionen verdienen? Zunächst besprachen wir die Optionen, danach die Vorgehensweise. Die Rollenverteilung stand schnell fest: Ich trat als Investor aus Europa auf, Angelina fungierte als meine chinesische Assistentin.

In Shenzhen dominierten drei Branchen: Finanztransaktionen, Elektronik und Schmuck. Das Investmentgeschäft schied aus, weil uns das Startkapital fehlte. Shenzhen galt als größter Elektronikmarkt der Welt. Doch sich kurzfristig Wissen über technisches Gerät anzueignen, war aussichtslos. Also blieb nur der Schmuck. Wir beschlossen, Diamanten aus Indien und Hongkong zu importieren, in Shenzhen veredeln zu lassen und sie anschließend nach Europa zu exportieren. Von Schmuck hatte ich nicht die geringste Ahnung. Es schien mir aber machbar, mich binnen Kurzem in die Materie einzufuchsen. Auch Angelina war davon überzeugt: »Kein Thema – du schaffst das, Robert.« Dafür liebte ich sie. Sie glaubte voll und ganz an mich.

Mit dem Strategiegipfel begann ein rauschendes Fest, das fünf Jahre dauern sollte – bis zu Angelinas und meiner Verhaftung. Wenige Tage nach der legendären Besprechung fuhren wir in den Schmuckdistrikt von Shenzhen. Ich war inzwischen einiges gewohnt in China, aber Shuibei konnte mich dennoch überraschen. Das Angebot erstreckte sich auf Hunderttausenden Quadratmetern. Hersteller ohne Ende, Händler Tür an Tür. Sie boten alle Arten von Schmuck feil: schlichte und üppig verzierte Ringe aus Gold, Silber, Platin oder Jade, riesige Klunker, mit Diamanten bestückt, Halsketten, Ohrringe und Armreifen aller Größen. Die Schaufenster und Vitrinen funkelten um die Wette. Einfach unvorstellbar.

Wir erwarben einige Einzelstücke, von denen ich glaubte, dass sie in Europa und den USA gut ankämen, und boten sie im Internet an. Ich kontaktierte Großhändler in der ganzen Welt. Schnell gingen die ersten Bestellungen ein. Wir kauften Diamanten in Hongkong, ließen sie in den Werkstätten von Shenzhen verarbeiten und verscherbelten sie als 14- oder 18-karätigen Goldschmuck. Ich war völlig baff, wie einfach es war, das Zeug an den Mann oder die Frau zu bringen. China erwies sich nun – wie ich es erhofft hatte – als riesiger Markt, auf dem man leicht Geschäfte mit hohem Ertrag machen konnte. Es meldeten sich auch Privatleute, vor allem aber Händler, die den Schmuck in Kaufhäusern, kleinen und großen Läden sowie über Shopping-TV-Sender verhökerten. Trauringe waren der Renner.

Wir erlebten den ersten Goldrausch unseres Lebens. Die Gewinne sprudelten nur so. Jeden Schritt beschlossen wir gemeinsam. Wir investierten vorsichtig in Aktien. In Shuibei kauften wir ein 100 Quadratmeter großes Wohnapartment mit Büro, wofür mir viel Respekt gezollt wurde, da ich der einzige Westler war, der sich in dem Viertel niedergelassen hatte. Die Arbeitsteilung funktionierte perfekt: Angelina kümmerte sich um den Einkauf, ich exportierte das Zeug ins Ausland.

Jeden Abend waren wir unterwegs. Angelina und ich wurden ständig eingeladen – und wir revanchierten uns Tage später. Unser Netzwerk wuchs von Woche zu Woche. Ein Händler in Hongkong, der uns mit Diamanten versorgte, fragte, ob wir unser Geschäft nicht vergrößern wollten. Dann könne er auch mehr Diamanten liefern, ohne dass wir sie sofort bezahlen müssten. In Wahrheit schmiss der Typ uns seine Steine regelrecht hinterher, weil er wusste, dass unser Geschäft dabei war, durch die Decke zu gehen. Er wollte teilhaben am großen Goldrausch. Wir gingen auf seinen Vorschlag ein – es wäre dumm gewesen, es nicht zu tun. Das Geschäft lief bombig – bis die Blase am amerikanischen Immobilienmarkt platzte.

Das Gute an dem Business war zugleich das Knifflige: Wir bekamen eine bestimmte Zahl Diamanten zur Verfügung gestellt, ohne sie sofort bezahlen zu müssen. Es wurde ein Zahlungsziel von 30 oder 60 Tagen vereinbart. In den Zeiten, als es richtig gut lief, war das für alle Beteiligten eine gute Lösung. Wir hatten nie Probleme, fristgerecht zu zahlen. Auch unser Geschäft lief so: Wir schickten die Ware nach Europa, bekamen nach dem Verkauf unser Geld und bezahlten den Diamantenhändler in Hongkong. Aber als die Zeiten schlechter wurden, brach diese Praxis vielen Unternehmen das Genick. Schon Wochen vor der Lehman-Pleite kam ein verheerender Teufelskreis in Gang, der die Konjunktur weltweit lahmlegte, weil kaum noch Geld floss. Banken, Unternehmen und Händler hielten ihr Geld zurück – plötzlich misstraute jeder jedem. In Europa brach die Nachfrage nach Schmuck dramatisch ein, unsere Abnehmer dort konnten die Ware nicht mehr bezahlen, weil sie sie nicht mehr loswurden. Sie schuldeten Angelina und mir ungefähr 1,4 Millionen Dollar, wir standen bei den Diamantenhändlern und Schmuckherstellern mit rund einer Million Dollar in der Kreide.

Es hatte eine Kettenreaktion eingesetzt, die nicht zu stoppen war. Am Ende stand der totale Zusammenbruch des Marktes. Unsere Firma ging pleite, wir mussten unsere Angestellten entlassen. Zum Glück hatten wir vorher Geld aus dem Unternehmen rausgezogen, sodass wir nicht mittellos waren. Die Wohnung und das Büro verkauften wir mit Gewinn.

Der Diamantenzulieferer in Hongkong wollte uns verklagen. Das Gericht in Hongkong, wo die Justiz – jedenfalls damals – im Gegensatz zur chinesischen rechtsstaatlichen Prinzipien folgte, nahm die Beschwerde gar nicht erst zur Entscheidung an, sondern erklärte: Wenn der Händler die Diamanten zur Verfügung stellte, ohne Sicherheiten zu verlangen, und damit einverstanden war, dass die Steine erst Wochen nach dem Verkauf des Schmucks bezahlt werden konnten, ging er ein Risiko ein, das er kannte und bewusst in Kauf nahm. Mit anderen Worten: Pech gehabt!

Zwischen Sommer und Spätherbst 2007 verkaufte Warren Buffett seine Anteile an PetroChina, dem größten chinesischen Ölkonzern unter staatlicher Führung. Er versiebenfachte seinen Einsatz und machte drei Milliarden Dollar Gewinn. Bis dahin war die Aktie der Hit an der Börse gewesen. Etliche Chinesen hielten Buffett für bescheuert und setzten nun erst recht auf PetroChina. Mir war aber sofort klar: Wenn Buffett mit seinem untrüglichen Gespür für die Lage die Wertpapiere abstieß, war Gefahr in Verzug. Tatsächlich gab es allererste Anzeichen für eine globale Wirtschaftskrise. Der Markt hatte sich heiß gelaufen. Die Chinesen gerieten in Panik und kauften jede Aktie mit leichter Aufwärtstendenz in der Hoffnung auf ein Wunder, das ausblieb, weil der Kurs schon bald wieder in den Keller ging. Durch diesen Irrsinn verbrannten sie weitere Milliarden.

In den Wochen vor und nach der Lehman-Pleite kam es zur größten Wertvernichtung an den Börsen in der jüngeren Geschichte. Gerade jetzt schlug die Stunde des deutsch-chinesischen Traumpaares. Der Panik an den Börsen folgte die große Angst, wirklich alles zu verlieren – legal verdientes Geld, aber auch das, von dem der chinesische Staat nichts wusste: Schwarzgeld. Freunde und Bekannte fragten Angelina und mich um Rat. Die einen wollten Vermögen ins Ausland in Sicherheit schaffen, weil sie den totalen Crash erwarteten, die anderen brauchten dringend frisches Geld in China, um ihre Fabriken oder Geschäfte am Laufen zu halten, weil die Banken keine Kredite mehr vergaben. Sie alle klopften bei uns an. Warum ausgerechnet bei uns? Weil mein entscheidender Vorteil war, Ausländer zu sein. Mir trauten die Chinesen. Sie konnten sich bei mir absolut sicher sein, dass ich kein Spion der Regierung war und sie verraten würde.

Es war tatsächlich so: Die Chinesen rannten uns die Bude ein. Überall war der Markt zusammengebrochen. Die Banken waren entweder pleite oder hielten ihr Geld beisammen. Die Unternehmen, die auf Dollarbasis handelten, hatten kein Cash mehr, um Zulieferer, Transportunternehmen und Strom, vor allem aber ihre Arbeiter und Angestellten zu bezahlen, damit ihnen die eigenen Leute nicht aufs Dach stiegen. Die Firmen wollten ihre eigenen Aktien nicht für einen Appel und ein Ei an der Börse verschleudern und suchten verzweifelt andere Wege, um sich zu finanzieren. Viele Chinesen wollten nun ihr im Ausland geparktes Vermögen zurückholen. Andere wollten – wie schon erwähnt – das, was ihnen geblieben war, ins Ausland schaffen. Man konnte aber offiziell über chinesische Banken nicht einmal kleinere Beträge transferieren. Das verhinderten Restriktionen der kommunistischen Staatsführung, die in ihrem Kontrollwahn auch den Kapitalmarkt strikt überwachte und die Reglementierungen im Zuge der Lehman-Turbulenzen nochmals verschärfte.

Die Regierung in Peking wachte sehr gut darüber, was für Geld das Land verließ. Geld war prinzipiell noch genügend da, aber nicht dort, wo es gebraucht wurde. Durch die massiven Eingriffe in die Finanztransfers war längst ein Graumarkt entstanden, der bestehende Gesetzeslücken ausnutzte. Erfunden hatten wir ihn keineswegs, er existierte seit Jahren, wenn nicht Jahrzehnten. Allerdings waren wir besonders clever und trieben das Business, eine Art Wechselstube gegen Kommission, auf die Spitze. Wir hatten uns binnen Kurzem einen Namen gemacht, weil wir auch große Beträge von A nach B brachten.

Ein Beispiel: Herr Wang besaß eine Fabrik für Teile, die in Fernsehgeräten und Kameras verbaut wurden. Er schwamm noch immer in Yuan, brauchte aber dringend US-Dollar außerhalb Chinas, um Kredite in Australien abzulösen, ohne horrende Strafzinsen bezahlen zu müssen. Die Abnehmer seiner Produkte waren nicht mehr flüssig. Der chinesische Staat untersagte die Ausfuhr der nötigen Millionen über die Bank von Herrn Wang. Herr Ding, ein in Hongkong lebender Australier mit chinesischen Wurzeln, hatte Millionen US-Dollar, brauchte aber wiederum dringend Yuan in Main-China. Beide Herren kannten sich nicht und hatten keine Vertrauensbasis für ein Geschäft in dieser Höhe. Wir aber kannten beide – und beide vertrauten uns. Wir dienten als Mittelsmänner und sorgten dafür, dass der Deal zustande kam, ohne dass das Geld die jeweiligen Länder verlassen musste. Die Millionen wechselten nur den Besitzer. Niemand verstieß gegen Gesetze.

Diesen simplen Service ließen wir uns üppig honorieren. An jedem Transfer verdienten wir mit, und wirklich alle zahlten gern die Provision. Es ist nicht übertrieben, wenn ich sage: Kunden in und außerhalb Chinas bettelten regelrecht darum, dass wir ihnen halfen. Die Restriktionen der Kommunisten am Kapitalmarkt gingen in der Krise voll nach hinten los. Während Amerikaner und Europäer die Banken anflehten, die Kreditvergabe als Schmieröl für das produzierende Wirtschaft hochzufahren, machte die Regierung in Peking alles nur noch schlimmer. Was Angelina und mir gelegen kam. Unser Laden lief auf Hochtouren. Als wir schon zig Millionen verdient hatten, rannten uns die Klienten nach wie vor die Bude ein – und brachten gleich noch Freunde mit. Es war ein Riesenvergnügen, auf einmal mit 15 Bällen zu jonglieren, ohne dass einer herunterfiel. Vielleicht ist es vor dem Hintergrund verständlich, warum ich dem Größenwahn verfiel und glaubte, es könne einfach nichts schiefgehen.

Für die Geldtransfers nutzten wir unser eigenes Netz von mehr als 100 Konten in China, Taiwan, Macau und Hongkong. Auf diese Weise konnten uns die Limits für Ein- und Auszahlungen – auch innerhalb Chinas – nicht wirklich behindern. Angelina heuerte Leute an, die uns halfen – man könnte sie durchaus Strohmänner nennen –, das System aufrechtzuerhalten. Oft stückelten wir die Beträge so extrem, dass eine Transaktion bis zum Abschluss vier bis acht Wochen dauerte. Zur Not brachten wir das Geld auch in Koffern zum jeweiligen neuen Besitzer.

Was manchmal schwierig war, war, den Überblick zu behalten. Die Abwicklung der Deals lief hingegen nach einem ziemlich einfachen Muster ab. Ich rief Geschäftspartner an und fragte: »Sag mal, weißt du, wer gerade Yuan in China braucht? Ich kenne hier in Shenzhen jemanden, der dringend US-Dollar in Taiwan benötigt.« Wir kassierten jedes Mal ein oder zwei Prozent der getauschten Beträge. Das war ein eher geringer Anteil, aber angesichts der hohen Millionenbeträge, um die es immer wieder ging, sprang dabei für uns irre viel Kohle heraus. Und betrügen konnte uns niemand, da wir die Auszahlung über die Konten kontrollierten. Womit das Geld verdient worden war, wussten wir nicht immer. Es interessierte uns auch nicht.

Ich verschwendete keinen Gedanken daran, dass wir mit unserem cleveren Geschäftsmodell, das zwar nicht explizit verboten, aber ganz sicher nicht im Sinne der chinesischen Staatsführung war, haarscharf am Abgrund balancierten. Ich wusste ja: Fiel einer der 15 Bälle zu Boden, folgte bald der nächste. Was sollte schon schiefgehen? Zugegeben: Der Goldrausch hatte mir das Hirn vernebelt. Es machte viel Spaß, Koffer voller Geld in Helikoptern durch die Gegend zu fliegen und wie ein Staatsmann von Bodyguards in Empfang genommen zu werden. Für den Transport der Banknoten war ich zuständig. Nur in Extremfällen schmuggelte ich das Geld über die Grenze, etwa in Form von Diamanten oder Kasinochips. Die Teile, mit denen Spieler ihre Einsätze machten, waren ideal für das Geschäft. Zehn Millionen Yuan in bar sind ein riesiger Haufen Papiergeld. Ein paar Marken aus Blech oder Plastik im selben Wert passten in jede Hosentasche. Und kein Kasino hätte ihre Annahme verweigern können.

Ich liebte die Kasinos von Macau, wo Glücksspiel genauso erlaubt war wie Prostitution. Jedes Mal, wenn ich durch die riesigen Räume lief, dachte ich voller Bewunderung, dass hier ein Meisterwerk der Logistik zu bestaunen war. Den Betrieb musste man erst einmal organisieren, es hinkriegen, dass alles flutschte, Hunderte Mitarbeiter zur rechten Zeit am richtigen Ort waren und die Spieler stets das bekamen, was sie sich gerade wünschten. Rund um die Uhr ging es darum, die Leute bei der Stange zu halten, dass sie das Kasino bloß nicht verließen und zur Konkurrenz gingen. Dass die Kasinobetreiber auch in die Trickkiste griffen und zum Beispiel mit künstlichem Licht den Zockern das Zeitgefühl nahmen, war bekannt.

Selbst spielte ich nie, ich setzte höchstens mal ein paar hundert Dollar. Glücksspiel war noch nie mein Ding, weil ich dabei das Geschehen nicht kontrollieren kann. Ganz anders die Chinesen. Für sie besaßen Kasinos eine ungeheure Anziehungskraft. Hohe Gewinne zu machen, brachte Prestige. Denn wer in der Lage war, die Bank zu besiegen, konnte auch alle anderen in die Knie zwingen. Aber selbstverständlich verlor die Masse der Spieler bloß Unmengen an Geld. Dann hieß es: Haltung zu zeigen und so zu tun, als nehme man den Verlust locker hin. Ein Schimpfwort als Ausdruck der Verärgerung oder eine einzige Träne wären ein Gesichtsverlust ohnegleichen gewesen.

Der Umsatz der Spieler in Macau dürfte um ein Vielfaches höher sein als der in Las Vegas. Wenn ich meine Erlebnisse zum Maßstab nehme, stimmte das definitiv. In den Kasinos von Macau gab es die großen Hallen, wo das Fußvolk ein paar Dollar einsetzte. Oben war die VIP-Area mit privat angemieteten Räumen. Der Besitzer einer Lounge musste seine Kunden selbst herbringen. Er verdiente sowohl am Umsatz als auch an den Verlusten der Zocker. Die Mindesteinsätze waren gigantisch, manchmal 150 000, 500 000 oder gar eine Million Dollar je Spielrunde, die beim Baccara nur wenige Sekunden dauerten. Ich habe Leute erlebt, die sogenannten »big whales«, die innerhalb von zehn Minuten ein oder zwei Millionen Dollar verloren haben. Die »dicken Wale« wurden nach allen Regeln der Kunst hofiert. Die Kasinos erfüllten ihnen jeden Wunsch zu Minipreisen oder sogar kostenlos: Alkohol, Hotelzimmer, Nutten, was auch immer.

Das Problem der privaten VIP-Rooms war, dass sie oft Cash benötigten. Die Kasinos mussten immer genügend Bargeld zur Verfügung haben, um Gäste selbst bei sehr hohen Gewinnen sofort auszahlen zu können. Wenn aber in den Lounges irgendwelche Superreichen gewannen, die weit über der erlaubten Grenze gesetzt hatten, war oft nicht genügend Cash da. Die Casinos, die ich kannte, machten unter dem Strich immer dicke Gewinne, aber eben nicht jeden Tag. Und wieder einmal war unsere Aushilfsbank gefragt. Wir standen stets Gewehr bei Fuß, um kurzfristig Bargeld vorzuschießen.

Die chinesischen Zocker aus der High Society hatten zwei Probleme: Niemand außer ihren engen Freunden sollte wissen, dass sie dem Glücksspiel frönten, nicht ihre Familie und schon gar nicht die kommunistische Partei. Sie mussten inkognito oder unter einem Vorwand nach Macau reisen und brauchten dort Geld, das sie nicht mal soeben mitnehmen konnten, da Macau – ebenso wie Hongkong – ein chinesisches Sonderverwaltungsgebiet ist. Die Überweisung eines relativ kleinen Betrages nach Macau wäre mit Beziehungen durchaus möglich gewesen, hätte aber zu viele Fragen aufgeworfen.

Wer konnte das Zockerdilemma zur Zufriedenheit aller lösen? Das deutsch-chinesische Traumpaar. Von den Kasinos nahmen Angelina und ich – jeweils pro Tag – fünf bis acht Prozent, von den Spielern ein Prozent Zinsen. Das brachte zwar nicht besonders viel, weil die Kreditnehmer einen oder spätestens zwei Tage später ihre Schulden beglichen. Dafür war es aber todsicher. Probleme gab es nie. Die Chinesen waren froh, dass wir ihnen die Möglichkeit verschafften, in Macau Spaß zu haben, ohne der Partei, ihren Vorgesetzten oder Ehefrauen erklären zu müssen, warum sie an einem Tag eine halbe oder sogar eine Million Dollar verloren hatten.

Ich war zwar ständig unter Menschen, bewegte mich aber in einer undurchdringlichen Blase, die mich unantastbar machte – zumindest fühlte es sich so an. Je länger alles gutging, desto leichtsinniger wurde ich. Manchmal fuhr ich mit einem meiner Autos von Shenzhen nach Macau oder Hongkong, den Kofferraum randvoll mit Bargeld. Meistens nahm ich den Helikopter. Der Flug für 350 Dollar dauerte nur 15 Minuten. Ich durfte auf dem Flugplatz den VIP-Zugang benutzen, ohne kontrolliert zu werden. Das Bodenpersonal wusste, dass die Taschen, die ich bei mir hatte, voller Geld waren. Sie schauten großzügig darüber hinweg. Oft trug ich zehn oder zwanzig Millionen Yuan oder Hongkong-Dollar mit mir rum, mal in Louis-Vuitton-Reisetaschen, dann wieder in silbernen Metallkoffern wie in Gangsterfilmen.

Abenteuerlich waren auch die Rundfahrten durch Hongkong, um Geld abzuheben. Die Banken durften jeweils nur eine bestimmte Summe auszahlen, wenn ich mich recht entsinne, waren es pro Abhebung maximal eine Million Hongkong-Dollar. Ich hätte natürlich auch anrufen und sagen können, dass ich am nächsten Morgen gerne zehn Millionen Hongkong-Dollar abheben würde. Aber dann hätte mit Sicherheit irgendwer blöde Fragen gestellt und Peking informiert. Also fuhr mich mein Chauffeur von Filiale zu Filiale von allen möglichen Banken.

Mit bis zum Rand mit Bargeld gefüllten Taschen oder Koffern ließ ich mich zum Helikopter-Terminal bringen. Häufig musste ich wegen der Menge an Gepäck noch ein zweites Ticket lösen, als wäre ich zu zweit. Von Hongkong flog ich nach Macau. Dort warteten bereits Leibwächter auf mich, die meine Geschäftspartner organisiert hatten. Weiter ging es in Bentleys, Rolls-Royces, Maseratis oder anderen Luxuskarossen in die Kasinos.

Aber ehrlich gesagt: Die Einnahmen aus der Wechselstube und die Finanzierung von Glücksrittern und Kasinos waren nur Peanuts im Vergleich mit dem, was wir mit den investierten Gewinnen erzielten. Wir legten immer mehr Geld in Immobilien und Aktien an. Ohne direkt danach gefragt zu haben, erhielten wir aus unserem Netzwerk als Dank für unsere Dienstleistungen öfter mal

Insiderinformationen. Einmal sagte mir beim Besäufnis in einer Karaokebar der Chef eines Staatskonzerns: »Robert, du hast noch was gut bei mir. Übermorgen werden wir starke Geschäftszahlen veröffentlichen. Könnte sich lohnen.« Und schon wusste ich, welche Aktien ich zu ordern hatte.

Manche Megawette an der Börse war nur die logische Folge unserer Geldtransfers. Wenn ich wusste, dass ein Unternehmen dringend frisches Geld benötigte, um zahlungsfähig zu bleiben, war klar, dass der Aktienkurs abschmieren würde, sobald die finanzielle Misere nach außen drang. Darauf setzte ich – oft mit absurd hohem Risiko. Ich selbst nahm bei Kredithaien Darlehen zu Wucherzinsen auf, setzte die geliehene Kohle aber so geschickt ein, dass ich nach Gewinnsprüngen das Geld zurückzahlen und darüber hinaus noch 20 Prozent Gewinn einstreichen konnte.

Wir schwammen im Geld und badeten im Glück. Wir kauften Immobilien, filetierten sie und verscherbelten sie mit Gewinn. Einmal erwarben wir vier Stockwerke mit je acht Apartments zu 350 000 Dollar das Stück in einem neuen Gebäude in Macau. Da wir dem Anbieter so viele auf einen Schlag abnahmen, hat er sie uns relativ günstig überlassen. Veräußert haben wir die Wohnungen wenig später für jeweils 450 000 Dollar, obwohl wir auch 500 000 Dollar oder mehr hätten verlangen können. Nicht das Maximum zu fordern, war reine Strategie. Den neuen Besitzern war bewusst, dass wir ihnen die Apartments unter Wert verkauft hatten. Also hatten wir etwas gut bei ihnen. So schaffte man in China Abhängigkeiten.

Ich hatte nun genug Geld, um endlich meine eigene Investmentfirma zu gründen. Im Herbst 2009 ging ich mit German Alternative Investment Co an den Start, einem Unternehmen, das den chinesischen Kapitalmarkt analysierte. Voraussetzung dafür war eine Lizenz der chinesischen Regierung, die mir die zauberhafte Angelina besorgt hatte. Ich dachte manchmal wirklich, sie könne zaubern. Abrakadabra – und wir hatten die Genehmigung. Entscheidend geholfen hatte ihr der Vizepräsident der Finanzaufsicht von Shenzhen. Er schickte Angelina zur halbstaatlichen Shenzhen Stock Information Company, die die Lizenz vergab. Sie gestattete mir, alle von meinen

Mitarbeitern zusammengetragenen Informationen über die Börsen von Shanghai und Shenzhen in englischer Sprache auf einer Internetseite zu veröffentlichen, die ich »Finance China« nannte.

Damals gab es nur einfache Datenbanken über die börsengehandelten Unternehmen des Landes, die aber selbstverständlich auf Chinesisch waren. Die Informationen hätten sich Banken und Hedgefonds zwar einfach übersetzen lassen können, aber es hätte ihnen nicht viel genutzt. Um hohe Millionenbeträge oder gar Milliarden zu investieren, brauchte man Leute vor Ort, die die Lage richtig einschätzten, denen man vertraute. Kurzum: Typen wie mich.

China war damals für ausländische Anleger noch komplett dicht. Ich hatte geahnt, dass das Land es nicht ewig durchhalten würde, seinen Kapitalmarkt im Zeitalter der Digitalisierung abzuschotten. Denn China war mehr denn je auf ausländische Direktinvestitionen angewiesen. Ich behielt recht. Meine Website war in jenen Tagen das mit Abstand größte englischsprachige Portal zu Trends an der chinesischen Börse. Ich plante, die Informationen gegen Geld zu verkaufen und nebenbei mit Aktien zu handeln. Von allen anderen Geschäften, gerade von den Geldtransfers von und nach China, hatte ich die Nase voll. Auf Dauer waren sie zu anstrengend.

In German Alternative Investment hatte ich große Teile meines Vermögens gesteckt. Allein die 30 Angestellten, insbesondere Analysten und Übersetzer, waren auf Dauer sehr kostspielig. Ich musste sie schon gut bezahlen, weil sie sonst zur Börse oder zu Banken gegangen wären. Für die Büromiete musste ich 10 000 Dollar im Monat berappen. Ich erhielt nach kurzer Zeit viele Anfragen von amerikanischen und europäischen Banken sowie von institutionellen Anlegern wie Hedgefonds. Die Firma machte mich überglücklich, weil ich wusste, dass ich, sobald sie lief, haufenweise Geld verdienen konnte, und zwar ohne die ewige Rumfahrerei und Fliegerei.

Eineinhalb Jahre lang ließen mich die Chinesen gewähren. Irgendwann muss ihnen aber wohl klargeworden sein, dass ich in ihr Hoheitsgebiet eingedrungen war. Einen Monat vor meiner Festnahme im Mai 2011 saß ich mit einem Freund zusammen, der mit der Vergabe der Lizenzen zu tun hatte. Über seine Person kann ich hier nichts weiter schreiben, um ihn nicht in Gefahr zu bringen. Er steckte mir, dass die Regierung in Peking mein Unternehmen mit Argwohn betrachtete und ihm eigentlich schon länger den Stecker ziehen wollte. Ich war total naiv und sagte: »Ich habe doch die Lizenz. Man hat mir die Firma genehmigt. Das heißt doch, es ist legal.« Er sagte: »Robert, begreifst du nicht: Du stehst auf der Watchlist.« Das war mehr als eine Warnung an mich, die Firma dichtzumachen, ein paar Millionen einzusacken und mich nach Deutschland aus dem Staub zu machen. Ich war unsagbar dämlich und litt – wie gesagt – in meiner Blase an maßloser Selbstüberschätzung.

Was glaubte ich nur, wer ich war? Ein kleiner Deutscher, der die chinesische Börse ohne Rücksicht auf Regierungsinteressen analysierte. Das konnten sich die kommunistischen Machthaber unter keinen Umständen gefallen lassen. Ich hatte völlig außer Acht gelassen: Meine Internetseite, mit der ich Meinungen beeinflussen und Stimmung machen konnte, stand außerhalb der Kontrolle der Regierung. Ich war kurzerhand zum Staatsfeind erklärt und abgesägt worden. Staatsfeinde leben nun mal gefährlich, überall auf der Welt. Als ich das endlich kapiert hatte, war es längst zu spät. Erst in der Untersuchungshaft dämmerte mir, mit wem ich mich angelegt hatte und worum es aus Sicht der Regierung ging – und dass ich keine Chance hatte.

KAPITEL 8

2000-DOLLAR-WEIN ZUM RUNTERSPÜLEN

Kennen Sie Portofino? Wenn ja, denken Sie bestimmt an das vermutlich berühmteste Fischerdorf Italiens mit seinen bunten Häusern und dem idyllischen Hafen, das sich zu einem Hotspot der Schickeria entwickelt hat. Ich habe in Portofino gelebt, allerdings nicht in dem italienischen. Portofino heißt auch das Viertel der Reichen und Megareichen von Shenzhen. Es ist wie die Handtaschen, die ich verkaufte: purer Fake. Ein Teil des Wohngebietes ist dem Ort an der Küste Liguriens nachempfunden, die Häuserzeile am See eine Kopie des Originals. Selbst am Nachbau eines Glockenturms im Renaissancestil hat man sich versucht. Reine Attrappe. Während meiner Zeit dort läuteten die Glocken kein einziges Mal. Oder nur, wenn ich nicht da war.

Portofino brachte in meinen Augen die Hassliebe der Chinesen zum Westen perfekt zum Ausdruck. Einerseits lehnten sie ihn und seine Werte als verachtenswert dekadent ab, andererseits wollten sie ihm so nah wie möglich kommen. Die Regierung bläute ihren Staatsbürgern ein, der kommunistische Weg sei der einzig wahre. Gleichzeitig hechelten die Chinesen allem hinterher, was die westliche Welt hervorbrachte. Sogar die europäische Geschichte schien viele mehr zu faszinieren als die chinesische.

Einmal war ich zu Gast bei dem Chef einer der größten Brokerfirmen von Shenzhen. Er hatte seine riesige Villa nach den Vorgaben eines Feng-Shui-Meisters einrichten lassen. Die Lehre des Feng-Shui zielt auf eine Harmonisierung des Menschen mit seiner Umgebung ab. Wie das in dem Goldtempel erreicht werden sollte, war mir ein Rätsel. Die Villa war vollgestopft mit Antiquitäten und nachgemachten Möbeln aus verschiedenen europäischen Stilepochen. Zwischen Marmorsäulen hingen riesige Kronleuchter und sämtliche Wände – selbst im Badezimmer – waren vergoldet. Nicht etwa goldfarben angestrichen, es handelte sich um echtes Gold. Das Haus sollte so pompös wie das Innere von Schloss Versailles aussehen. Gut möglich, dass sich mein Gastgeber für einen Sonnenkönig hielt.

Diese Villa stellte beileibe keinen Einzelfall dar. Überall in Portofino gab es luxuriöse Wohnungen in allen Größen sowie Häuser mit bis zu sechs Badezimmern. Wer hier eine Bleibe mieten oder kaufen konnte, hatte es nach ganz oben geschafft. Ich konnte es. Zusammen mit Angelina lebte ich in einem 300 Quadratmeter großen Apartment am See. Die Wohnung dürfte damals um die drei Millionen Dollar wert gewesen sein, heute würde sie das Dreifache kosten. Wir zahlten 5000 Dollar Miete im Monat – deutlich weniger, als sie wert war. Die Eigentümerin war eine gute Bekannte von Angelina.

Von unserem Balkon aus sahen wir auf den See und den stummen Glockenturm. Unsere Wohnung erstreckte sich über zwei Etagen. Unten wohnte unsere philippinische Haushälterin. Wir hatten einen riesigen begehbaren Kleiderschrank. Angelina nahm mehr als zwei Drittel der Fläche in Beschlag. Allein für ihre gigantische Handtaschensammlung brauchte sie einiges an Platz. Wenn wir uns gestritten hatten, ging ich ihr eine neue kaufen. Das wirkte immer wie eine Beruhigungspille. Sobald ich ihr eine Tasche schenkte, war die Welt wieder in Ordnung. Manchmal dachte ich im Spaß: Sie fängt nur Streit an, um eine neue Handtasche zu bekommen.

Die Wohnung war modern eingerichtet. Ich kochte gerne selbst – und zwar nicht chinesisch. Obwohl sich mein Magen längst an die chinesische Küche gewöhnt hatte, hing sie mir zum Hals raus. Im Safe hatten wir haufenweise Schmuck, darunter rund 40 Diamanten mit insgesamt 50 Karat. Von mir lagen sechs Luxusuhren mit einem Gesamtwert von rund 150 000 Dollar im Tresor. Außerdem hatten wir stets bündelweise Bargeld daheim, bei meiner Festnahme waren es 300 000 Dollar. Ich kann mich an die Beträge deshalb noch so genau erinnern, weil ich in der U-Haft über den Tresorinhalt für meinen Anwalt eine Liste aufgestellt hatte.

Ich lebte in Saus und Braus. Je mehr Angelina und ich verdienten, desto höher waren unser Ansehen und die Kreise, in denen wir uns bewegten. Es war nicht so, dass die Leute, mit denen wir Geschäfte machten, ein paar Millionen hatten. Die, mit denen wir zu tun hatten, waren unvorstellbar reich. So wie ich es erlebte, hatte Geld in China einen gottähnlichen Status. Jeder betete den Mammon an – allen voran diejenigen, die aus kleinen Verhältnissen stammten, aus denen sie emporgestiegen waren. Millionen Menschen lebten in größter Armut ohne jede Form sozialer Absicherung. Wer sich auf den Staat verließ, war verlassen. Zwar erzielte die Regierung durchaus beachtliche Erfolge bei der Armutsbekämpfung. Aber sie half den Menschen nicht aus Fürsorglichkeit, sondern um ihre Macht zu sichern. Denn würde das Heer der Armen den Aufstand proben, würde das wohl das Ende der Diktatur bedeuten.

Woher die Kohle kam, womit sie verdient wurde, ob jemand aus einer stinkreichen Familie stammte, der Mafia angehörte oder als Unternehmer Millionen gescheffelt hatte, interessierte niemanden in meinem sozialen Umfeld. Es war völlig egal. Die Erklärung war ganz simpel: Wer Geld besaß, konnte etwas Besonderes – und hatte es somit verdient. Diese naive Sicht der Dinge half natürlich, sein eigenes Handeln und seinen Erfolg nie kritisch zu hinterfragen. Das war mir nur zu vertraut. In dieser Hinsicht war ich mehr Chinese als Deutscher.

Herr Ho sagte mir einmal: »Ein Problem, das man mit Geld aus der Welt schaffen kann, ist kein Problem.« Eine nette Umschreibung für Korruption und Bestechung. Eine Woche nach dem Kauf meines ersten Ferraris stellte ich Herrn Ho mein neues Spielzeug vor. Die Straßen von Shenzhen waren regennass. Ich raste mit Tempo 130 über die Stadtautobahn, bis mich ein Kleinlaster ausbremste, der mitten auf der Fahrbahn stehen geblieben war. Im letzten Moment konnte ich noch nach rechts ausweichen, rammte den Wagen aber mit der linken Stoßstange. Ein Schock! Nicht der Unfall, es war niemandem etwas passiert und der Sachschaden gering. Aber ich besaß noch immer keinen chinesischen Führerschein, den man unbedingt haben musste, um sich in China ans Steuer eines Autos setzen zu dürfen. Alles, nur bitte keine Polizei, dachte ich. Herr Ho zückte seine Geldbörse, drückte dem Fahrer des ohnehin völlig zerbeulten Lkws 2000 Yuan – knapp 300 Dollar – in die Hand und die Angelegenheit war geregelt.

Geld stand über allem, auch über dem Schutz anderer Kreaturen auf unserem Planeten. Eines Tages erreichte mich die Einladung von einem der reichsten Männer Chinas, ein mehrfacher Milliardär. Er wollte mich unbedingt kennenlernen. Ich dürfe gerne meine Assistentin mitbringen, ließ er ausrichten. Der Mann ließ besonders erlesene Mahlzeiten auffahren – jedenfalls nach seinem Dafürhalten. Es gab Bärentatze, von denen eine einzige mehrere tausend Dollar kostete. In der chinesischen Schickeria waren sie seit jeher eine absolute Delikatesse. Keine Frage: Der Mann meinte es gut mit mir. Ich wusste damals nicht, unter was für grausamen Bedingungen die Kragenbären gehalten wurden. Tierschützer liefen schon damals Sturm gegen diese abscheuliche Praxis.

Schon beim Anblick der Tatze wurde mir speiübel. Sie war in Gelantine eingelegt. Ich sah weder Haare noch Knochen, die Tatze musste stundenlang zubereitet worden sein. Ich hatte schon manches Mal meinen Ekel aus Höflichkeit dem Gastgeber gegenüber überwunden, aber dieses widerliche Zeug wollte ich nicht in mich hineinwürgen. »Das esse ich auf keinen Fall«, sagte ich zu Angelina. Sie befahl: »Doch, das isst du.« Wir saßen nur zu dritt am Tisch und der Milliardär verstand zum Glück kein Wort Englisch. Ich wollte mich herausreden, erklären, mir sei schlecht, doch Angelina bestand darauf, wenigstens die Hälfte zu essen, damit der Gastgeber nicht auf den Gedanken käme, ich wüsste die Ehre, dass er Bärentatze servierte, nicht zu würdigen. Ich stopfte knapp die Hälfte in mich hinein. Es schmeckte so, wie es aussah: zum Kotzen.

Es war nicht das einzige Mal, dass ich dachte: Oh mein Gott, was muss ich jetzt wieder hinunterwürgen. Ich hatte mir mit der Zeit Techniken angeeignet, um äußerlich ungerührt Kakerlaken, Käfer, Schmetterlingskokons oder Raupen zu verspeisen. Ein Happen in den Mund, kurz gekaut und dann – kaum zerkleinert – mit einem riesigen Schluck Wein oder Champagner runtergespült. Wie die

Stücke Bärentatze, die ich mit einem Château Lafite Rothschild 1er Grand Cru Classe aus den 70er-Jahren, der pro Flasche mindestens 2000 Dollar kostete, hinunterschluckte.

Absurd. Aber so machte ich es immer. Einmal schlemmte ich mit Freunden und Bekannten im Hinterzimmer einer Karaokebar. Zu meiner Überraschung war ein »Special Guest« anwesend: ein hochrangiger Polizeibeamter von Shenzhen. Serviert wurden Champagner, Hennessy XO und geröstete Kakerlaken, die ganz okay schmeckten. Der Bulle grinste mich an, zeigte auf sein Gemächt, ballte eine Hand zur Faust und zeigte mit dem Daumen nach oben. Anschließend verschlang er eine gewaltige Menge Küchenschaben. Freddy erklärte mir, dass Kakerlaken sehr gut für die Potenz seien. Kurze Zeit später begriff ich, wofür sich der Polizist mit diesem Mahl gerüstet hatte. Sturzbesoffen, wie er war, fuhr er noch in der Nacht in die Bordell-Stadt Dongguan.

Wenn man Beziehungen zur Polizei hatte, half das ungemein, das Leben leichter zu machen. Ich saß einmal mit Angelina in meinem Ferrari und wollte an einem Training für Ferrari-Piloten auf der Rennstrecke in Zhuhai nahe Macau teilnehmen. Ich hatte immer noch keinen chinesischen Führerschein und auch noch kein Kennzeichen an meinem schwarzen Flitzer. Verflucht, dachte ich, als ich mitten in Zhuhai in eine Verkehrskontrolle geriet. Ein Polizist sprach mich auf das fehlende Kennzeichen an und wollte meinen Führerschein sehen. Ich musste passen. Er nahm seinen Job ungemein ernst und trat sehr herrisch auf. Da meine Freundin bei mir war, konnte ich mich nicht damit rausreden, kein Chinesisch zu sprechen. Der Staatsdiener wollte mich mit aufs Revier nehmen. Angelina redete mal sanft mit ihm, dann brüllte sie ihn an, doch selbst ihre Wutausbrüche prallten an ihm ab.

Der Polizist war hartnäckig. Angelina blaffte mich an: »Rühr dich ja nicht vom Fleck!« Sie telefonierte aufgeregt herum. Letztendlich mit Erfolg: Der Polizist erhielt von höchster Stelle die Anweisung, mich gehen zu lassen – wobei die Betonung auf »gehen« lag. Ich kam um die Festnahme herum, musste aber den Ferrari stehen lassen. Der Besitzer eines der größten Kasinos von Macau schickte einen

Wagen mit zwei Chauffeuren. Der eine brachte Angelina und mich zur Rennstrecke, der andere meinen Ferrari nach Shenzhen.

Wir waren viel zu spät, das Kennenlern-Diner mit den Ferrari-Besitzern aus allen Landesteilen Chinas und den Fahrtrainern hatte schon begonnen. Wir ernteten spöttische Blicke. Keiner kannte Angelina und mich. Nur einer lächelte mir freundlich zu: Es war Luca Pirri, ein professioneller Rennfahrer aus Italien. Er zeigte auf die zwei freien Plätze neben ihm. Wir freundeten uns an. Ich erzählte von meinem Pech auf der Hinfahrt und bekam einen Ersatzwagen gestellt. Luca zeigte mir, wie man einen Ferrari auf Hochtouren brachte. Ich legte mir einen maßgeschneiderten Rennanzug zu. Dank Lucas Beziehungen durfte ich sogar auf der Formel-1-Rennpiste nahe Shenzhen einige Runden drehen.

Luca fragte mich, ob ich sein »Racingbox Team« bei der Le Mans Rennserie sponsern könnte. Ich erklärte mich dazu bereit und machte eine halbe Million Euro für 2010 locker. Die Autos trugen als Aufschrift meinen Namen und das Logo einer meiner Firmen: CEAM, was für China Europe Asset Management stand. »RR« hätte besser gepasst: »Royal Robert«. Ich fühlte mich wie ein König und wurde auch so behandelt. Jedes Grid-Girl wollte ein Foto mit King Robert. Die Investition lohnte sich definitiv. Nie zuvor hatte ich so viel Spaß in meinem Leben. Ich reiste das ganze Jahr über zu Rennen: Nizza, Budapest, Silverstone, Spa, Villarreal und natürlich als Höhepunkt zu den 24 Stunden von Le Mans. In der französischen Stadt mietete ich für das Team ein ganzes Schloss und lud obendrein Freunde ein. Was mich allerdings schmerzte, war, dass Luca kein einziges Rennen in der Saison gewann. Nicht zuletzt deshalb wollte ich auch 2011 wieder als Sponsor mit von der Partie sein. Luca sollte eine neue Chance erhalten. Die Regierung in Peking hatte allerdings etwas dagegen und nahm mich hops. Auch ohne Sponsoring trug Lucas Wagen ein »RR« – sein stiller Protest gegen meine Verhaftung.

KAPITEL 9

MAILIN

2010 neigte sich dem Ende zu. Ich führte ein ausschweifendes Leben wie in einem Hollywoodstreifen, in dem sich erfolgreiche, halbseidene oder verkrachte Existenzen an den Rand des Wahnsinns saufen und koksen. Tagsüber rackerte ich wie ein Besessener, nachts soff ich mich durch die Bars von Hongkong oder Macau und sang weiter voller Innbrunst »Lord I'm doing all I can – to be a better man«.

Mit Angelina hatte ich mich auseinandergelebt. Schon Ende 2009 begann es bei uns zu kriseln. Wir stritten uns immer häufiger bis aufs Blut. Geschäftlich passte weiterhin kein Blatt zwischen uns, wir zogen nach wie vor gemeinsam an all den Strängen, die wir ausgelegt hatten. Nur wussten wir immer seltener, wo sie anfingen und wohin sie führten. Das Business verselbstständigte sich und lief trotzdem oder gerade deshalb weiter blendend. Mein Ruf als Finanzjongleur war vorzüglich und meine Investmentfirma dabei, sich zu etablieren. Geschäftspartner umgarnten und hofierten mich. Kasinobesitzer luden mich zu orgiastischen Saufgelagen ein. Hatte ich Bock auf Sex, schickten sie mir eine Edelnutte aufs Zimmer, für die ich selbstverständlich nicht bezahlen musste. Oder ich ging zu einer Mamasan und suchte mir zwei oder drei Englisch sprechende Prostituierte aus, mit denen ich um die Häuser zog und – wenn ich nicht zu besoffen war – Sex hatte.

Mit 27 Jahren noch nicht verheiratet zu sein, galt unter meinen chinesischen Freunden nicht als Schande, aber sehr wohl als Schmach. Einer kam auf die Idee, mich mit einer seiner Bekannten zu verkuppeln. Mit Angelina war Schluss, ich war offen für eine neue Freundin. Mailin war eine bildhübsche Balletttänzerin, bescheiden und ruhig, das komplette Gegenteil eines ausgeflippten Partygirls à la Sissy oder Angelina. Sie stammte aus der schönen Stadt Dalian, die mit rund sechs Millionen Einwohnern für chinesische Verhältnisse eher ein Kaff war. Obwohl Mailin so alt war wie ich und sie anfangs kein Wort Englisch sprach, verliebte ich mich in sie. Das war kein heftiger Liebesrausch wie bei Angelina, dafür aber inniger. Ich hatte das Gefühl, dass mich Mailin erdete. Sie war ungeheuer fleißig. Ich bezahlte ihr eine Sprachschule und nach drei Monaten konnten wir uns schon prima unterhalten, was bedeutete, dass ihr Englisch deutlich besser war als mein Chinesisch.

Da ich noch in der gemeinsamen Wohnung mit Angelina wohnte, mietete ich für Mailin ein Zimmer in einem Fünfsternehotel, das fünf Autominuten von meiner Wohnung entfernt lag. Es war nach einer durchzechten Nacht, als ich noch voll einen im Tee hatte. Ich wollte sie unbedingt selbst abholen und mich nicht chauffieren lassen. Also nahm ich den gelb-schwarzen Ferrari, den ich erst seit zwei oder drei Tagen besaß. Mailin saß auf dem Beifahrersitz und staunte über die Motorgeräusche und das Sitzgefühl. Das war alles völlig neu für sie.

An einer Ampel, die gerade auf Grün schaltete, dauerte es mir zu lange, bis die Fahrer vor mir aus dem Quark kamen. Ich zog mit Karacho links rüber auf die Gegenfahrbahn und überholte die Schlange vor mir. Ich machte das nicht, weil die Zeit knapp war oder ich vor Mailin angeben wollte, sondern schlicht und einfach, weil ich es konnte. Ein Tritt aufs Gaspedal meines 747 PS starken Rennwagens und ich ließ alle stehen. Das machte Laune und gab mir das Gefühl, der Kaiser von China zu sein, der gerade seine Prinzessin ausführte. Auf der Kreuzung kam ein Bus von rechts, der schon Rot gehabt haben musste. Ich versuchte es mit einem Ausweichmanöver, geriet leicht ins Schleudern und krachte mit dem Heck gegen den Bus. Die Airbags gingen mit einem ohrenbetäubenden Knall auf. Um uns versammelte sich eine Menschentraube, die in Windeseile immer größer wurde. Als Erstes sagte ich zu Mailin, die eine kleine Blessur am Kopf hatte: »Verschwinde besser. Geh ins Krankenhaus und lass dich untersuchen.« Ich wollte sie aus der Schusslinie nehmen.

Keine Ahnung, wie sie es erfahren hatten, aber nach einer halben Stunde gesellten sich einige Kamerateams zu den mittlerweile zahlreichen Gaffern. Ich rief die Geschäftsführerin meiner Investmentfirma an, um einen Termin am Nachmittag zu verschieben. Ich wollte ihr nicht gestehen, dass ich einen Unfall verschuldet hatte: »Ich komme später, ich stehe im Stau«, sagte ich. Sie antwortete: »Robert, gib dir keine Mühe. Du bist schon im Fernsehen.«

Bald stand ein Ordnungshüter vor mir und wies mich in Zeichensprache an, in seinem Streifenwagen Platz zu nehmen. In der Zwischenzeit war ein chinesischer Freund von mir, der anonym bleiben muss, eingetroffen und sagte: »Bleib schön artig hier sitzen und schweig. Ich regle das für dich.« Ich befolgte brav seine Anweisung. Ich wartete mehr als sechs Stunden. Es ging auf 20.00 Uhr zu, als ein Polizist mit mir einen Alkoholtest machte. Ergebnis: 0,75 Promille. Ich dachte: Großer Mist – und lag mit meiner Einschätzung ziemlich daneben. Nachdem mich die Polizei gehen lassen hatte, erklärte mir der chinesische Freund, der beste Kontakte zum Polizeichef von Shenzhen hatte, warum er auf Zeit gespielt hatte und ich mich erst so spät dem Alkoholtest unterziehen musste. Erst wenige Tage zuvor war ein Gesetz in Kraft getreten, gemäß dem Autofahrer, die mit 0,8 Promille erwischt wurden, mit drei Monaten Knast bestraft wurden.

Den chinesischen Führerschein hatte ich inzwischen gemacht. Nach dem Unfall wurde er mir für drei Monate entzogen, was definitiv besser war, als diese Zeit im Gefängnis zu verbringen. Nach Ablauf der Sperre musste ich zu einer Nachschulung. Auf Chinesisch! Auf einem Computerbildschirm wurden Fragen angezeigt. Es gab jeweils vier Antwortmöglichkeiten: A, B, C und D. Man musste sich für die richtige per Mausklick entscheiden. Zufällig befand sich der örtliche Polizeichef in dem Prüfungszimmer. Damit er sich nicht selbst die Hände schmutzig machen musste, hatte er einen Mitarbeiter angewiesen, mir hinter dem Rücken Zeichen zu geben. Ein ausgestreckter Finger bedeutete, Antwort A war richtig, zwei Finger Antwort B und so weiter. Ich hatte keine einzige Frage verstanden und trotzdem keinen Fehler gemacht. Auf die gleiche Weise hatte ich schon die Theorieprüfung für den chinesischen Führerschein bestanden. Nur dass dabei rund hundert Leute in einem Raum waren.

Mir war ganz zufällig ein Platz in der letzten Reihe zugewiesen worden, sodass niemand mehr hinter mir saß, der hätte sehen können, wie man mir half, die Fragen zu beantworten. Die Prüflinge, die neben mir saßen, dürften geahnt haben, dass das bei mir nicht mit rechten Dingen zuging. Aber keiner von denen hat etwas gesagt.

Der Unfall hatte heilsame Wirkung. Ich kam zur Besinnung und beschloss, mich nicht mehr besoffen ans Steuer zu setzen. Dafür stellte ich einen zweiten Chauffeur ein. Nun hatte ich einen für die Tag- und einen für die Nachtschicht. Die Reparatur des Ferraris kostete 100 000 Dollar und dauerte ein halbes Jahr. Das machte nichts, denn ich hatte noch genug andere Autos. Das weitaus größere Problem war der folgende Zoff mit Angelina. Meine Ex war stinksauer, dass ich nicht sie, sondern Mailin mit auf die Jungfernfahrt des neuen Ferraris genommen hatte, obwohl der Ausritt nach nicht einmal einem Kilometer abrupt endete. Angelina sorgte sich, durch die »Bevorzugung« Mailins in unseren Kreisen an Ansehen und Respekt verloren zu haben. So kam es denn auch. Aber mit dem Unfall und Mailin hatte das nichts zu tun. Rein gar nichts.

KAPITEL 10

FESTNAHME

Was hatte ich nur für ein geiles Leben. Und nun auch noch das: Borussia Dortmund gewann die Meisterschaft! Ich verfolgte jedes Spiel im chinesischen Fernsehen und hörte dazu den Live-Kommentar von Norbert Dickel über das Netradio des Vereins. Nachdem die damals von Jürgen Klopp trainierte Elf Ende April 2011 gegen Nürnberg gewonnen hatte, war mein Team nicht mehr von Platz eins zu verdrängen. Zwei Wochen später fand die Meisterschaftsfeier statt, und die wollte ich mir nicht entgehen lassen. Also buchte ich einen Flug nach Hause. Mit meinem Bruder Max, meinem Cousin Florian, meinem Kumpel Lars und Hunderttausenden anderen Fans feierte ich den Triumph. Die Dortmunder Innenstadt war komplett in Schwarz-Gelb gehüllt, der Borsigplatz voller siegestrunkener Fans.

Ich blieb eine ganze Woche in Deutschland. Am Tag vor der Abreise besuchte ich meine Mutter, die sich tierisch freute, mich zu sehen. Der Abschied fiel ihr schwer. Erst im Gefängnis sollte ich sie wiedersehen. In den Flieger nach Hongkong stieg ich verkatert und übermüdet. Schlafen konnte ich trotzdem nicht richtig. Die Maschine landete am 20. Mai gegen Mittag. Mein Chauffeur Tony holte mich ab. Fast alle meine Autos hatten doppelte Kennzeichen, die für China und Hongkong oder Macau galten. Die Schilder waren streng limitiert. Eins kostete auf dem Schwarzmarkt 50 000 oder 60 000 Dollar. Autos ohne doppeltes Kennzeichen durften nicht nach Hongkong und Macau.

Ich erzählte Tony von der Siegesfeier und schwärmte von Jürgen Klopp, dem besten Trainer der Welt. Tony grinste. Er war ein netter Kerl. In der Wohnung war niemand, Angelina war wohl wieder mal auf Achse. Ich duschte, zog mich schick an und ließ mich von Tony in meine Lieblingsbar Lili Marleen bringen, wo der Ferrari-Klub feiere. Mailin, für die ich ein schickes Apartment in der Nähe meines Büros gemietet hatte, wollte ich ohnehin erst am nächsten Tag treffen. Erst Lili Marleen, danach Little Mailin. Ich fühlte mich trotz des Jetlags pudelwohl. Einmal mehr war ich in Hochstimmung, schmiss mehrere Flaschen Hennessy XO und stieß auf den BVB an, was nicht jeder kapierte.

Mitten in die Party platzten zwei junge Polizisten in Uniform. Einer fragte mich auf Englisch, ob ich Robert Rother, der Deutsche, sei. »Ja, der bin ich. Was gibt es?«, fragte ich gut gelaunt. Ich hatte keinen blassen Schimmer, was die Polizei von mir wollen könnte. Der Beamte bat mich höflich, ihm und seinem Kollegen zu folgen. Was los sei, wollte ich wissen. Er sagte nur: »Wir müssen mit Ihnen reden. Kommen Sie bitte mit.« Meinetwegen, dann also los. Ich hatte nicht mal mehr die Zeit, mich bei irgendjemandem zu verabschieden. Der eine oder andere Freund oder Bekannte schaute mir nach und vergaß dann ganz schnell, mich jemals gekannt zu haben, wie das halt so ist im Leben, wenn sich die Dinge von einer Minute auf die andere ändern. Ich verließ die Bar. Es sollte ein Abschied für immer sein: vom Lili Marleen, von Mailin, meinen Ferraris und einem Leben in Saus und Braus.

Die Polizisten brachten mich auf ein Revier. In einem Raum sollte ich warten – nach wie vor ahnungslos, worauf. Ich war völlig arglos, ich durfte ja sogar mein Handy benutzen. Ich schickte Angelina eine SMS: »Die Polizei befragt mich.« Sie schrieb: »Sag nichts, sei vorsichtig.« Ob Angelina ihre Worte als allgemeinen Rat meinte oder wusste, was auf sie und mich zukam, weiß ich bis heute nicht. (Ich schreibe das hier so offen, weil ich nichts zu verbergen habe.)

Ich hatte keine Angst, während ich dort saß und wartete. Schon öfter hatte ich mit der chinesischen Polizei zu tun gehabt, aber es war immer gut für mich ausgegangen. Schließlich hatte ich ja beste Kontakte und Freunde mit noch besseren Kontakten zur Staatsmacht. Und so hatte ich auch auf dem Revier das Gefühl, unantastbar zu sein. Was nicht heißt, dass Angelina und ich glaubten, dass die Gesetze nicht auch für uns gelten würden. Klar, wir bewegten uns in einer Grauzone. Aber gerade weil man uns beide jahrelang gewähren ließ, war uns nicht bewusst, etwas Unrechtes zu tun. Nie wurden uns Grenzen aufgezeigt. Woher sollten wir wissen, dass wir sie überschritten hatten?

Allen, die interessiert waren, hatten wir unser Geschäftsmodell erklärt, gegen üppige Gebühren Geld todsicher anzulegen und satte Gewinne zu erzielen. Hier hätten die Alarmglocken schrillen können, denn Sicherheit und Reibach gab es am Kapitalmarkt noch nie. Keiner sagte uns jemals: Nein, danke, dann lieber nicht. Die angeblichen Opfer gehörten zu den Superreichen unter den Reichen in China, die uns ihr Geld gerne überließen, um noch reicher zu werden. Wir verliehen beispielsweise Geld zu sehr hohen Zinsen an Regierungsbeamte, die damit Ackerland kauften, das ein paar Wochen später rein zufällig in Bauland umgewandelt wurde und danach das Tausendfache wert war – eine klassische Win-win-Situation. Wo sollte das Problem sein?

Gegen 23.00 Uhr nahm die Polizei meine Personalien auf. Da sie mitten in der Nacht keinen Übersetzer auftreiben konnte, brachte mich ein Beamter wieder ins Wartezimmer. Dort saß ich bis früh morgens. Ich war hundemüde, durfte mich aber nicht hinlegen. Im Sitzen bekam ich kein Auge zu. Gegen 10.00 Uhr befahl ein Polizist: »Mitkommen!« Ich gehorchte. Vor der Polizeistation warteten zu meiner Überraschung mehrere Angestellte meiner Investmentfirma. Ich konnte nur Blicke austauschen, mehr war nicht drin.

Ich wurde zu einem anderen Revier gebracht. »Special Economy Crimes« stand über dem Eingang des Gebäudes. Hier saßen also die mit Themen der Wirtschaftskriminalität befassten Ermittler. Mir schwante langsam, was die Chinesen von mir wollten. Jetzt wurde auch mein Handy einkassiert. Ab und an konnte ich einen Blick in die Büros der Beamten werfen. Ich erkannte den einen oder anderen früheren Geschäftspartner, unter ihnen Schmuck- und Diamantenhändler. Mir kam der Gedanke, dass die Ermittler die Türen absichtlich eine Zeit lang offen stehen ließen, damit ich mitbekam, wen sie als Zeugen bereits vorgeladen hatten. Doch das war mir, ehrlich gesagt, wurscht.

Ich hatte schon seit mehr als 24 Stunden nicht mehr geschlafen, als man mich in einen Verhörraum brachte – nach wie vor ohne

Handschellen. Ein Polizist befragte mich auf Englisch, was ich in China machen würde. Ich erklärte ihm mein Business unter Auslassung bestimmter Details. Jetzt roch ich deutlich, dass die Kacke am Dampfen war. Der Beamte, der mich verhörte, war ein ziemlich hohes Tier, kein Fußvolk wie die Typen, die mich im Lili Marleen abgeholt hatten. Er vermittelte mir einen ersten Eindruck von den dummdreisten Verhörmethoden der chinesischen Behörden. »Wenn Sie uns nicht endlich die Wahrheit sagen, bleibt uns nichts anderes übrig, als Sie in Untersuchungshaft zu nehmen«, sagte er. Ich kannte das Wort »detention centre«, also Untersuchungshaftanstalt, bis dahin nicht. Er wolle mir gerne helfen, falls ich kooperierte und die Wahrheit sagte, meinte der Ermittler. Ich wusste, dass er log, dass er mich gerne in eine Zelle stecken würde, und erwiderte: »Ich habe Ihnen alles erzählt, was ich Ihnen erzählen kann.« Keine Ahnung, ob er die Doppeldeutigkeit verstand. »Darf ich einen Anwalt anrufen?« Der Polizist antwortete mit einer bescheuerten Gegenfrage: »Wieso brauchen Sie einen Anwalt, wenn Sie nichts verbrochen haben?« Das Ganze zog sich hin. Inzwischen war ich um die 30 Stunden am Stück wach. Irgendwann platzte es aus mir heraus: »Welche Wahrheit wollen Sie denn hören?« Der Polizist schwieg. Schließlich sagte er, ich müsste drei Tage in Untersuchungshaft. Mir wurde ein Papier zur Unterschrift vorgelegt. »Was passiert, wenn ich nicht unterschreibe?« – »Dann behalten wir Sie trotzdem hier.« Immerhin war der Fiesling ehrlich.

Mir wurden Handschellen angelegt. Doch statt mich in eine Zelle zu bringen, fuhren Polizisten mit mir in einem zivilen Pkw nach Portofino. Angelina war auf Geschäftsreise, aber unsere Haushälterin war in der Wohnung. Sie war völlig verdutzt, als sie mich in Handschellen sah. Ich lächelte tapfer und gab ihr zu verstehen, dass sie sich keine Sorgen machen solle. Die Polizei durchsuchte die ganze Wohnung und fand dabei den Safe. Sie fragten mich nach dem Code, den ich ihnen auch verriet. Schließlich brauchten sie auch noch den Schlüssel. Ich behauptete, nicht zu wissen, wo er sei. Wodurch sich die Beamten allerdings nicht aufhalten ließen. Sie schlossen ein Gerät an den Tresor und knackten ihn schneller, als die Polizei erlaubt.

Zum Vorschein kamen die rund 40 Diamanten, meine Uhren und 300 000 Dollar in bar. Bevor sie den Safe wieder schlossen, empfahl mir ein Ermittler, meine Hublot Big Bang und das Bargeld, das ich bei mir hatte, in dem Panzerschrank zu deponieren, weil das sicherer sei, als sie mit in U-Haft zu nehmen. Das leuchtete mir ein. Und ich Trottel folgte dem Rat. Die Polizei verschloss den Safe wieder, dessen Inhalt weit mehr als eine Million Dollar wert war. Er verschwand danach auf Nimmerwiedersehen.

Wer den Safe plünderte? Angelina wurde kurz nach mir hopsgenommen, sie kam nicht mehr in die Wohnung, und sie hatte auch nichts unterschrieben, womit sie sich einverstanden erklärte, das Eigentum an dem Tresorinhalt an den chinesischen Staat zu übertragen. Die Polizei hat den Tresorinhalt aber auch nicht offiziell konfisziert. Unsere Haushälterin hätte sich lieber die Pfoten abgehackt, als uns zu beklauen. Gewöhnliche Diebe kamen nicht in Frage. Die Häuser der Reichen in Portofino glichen Hochsicherheitstrakten. Kein anderes Viertel in Shenzhen wurde so stark bewacht. Kein Zweifel: Es war die Polizei selbst, die den Safe geleert hatte. Selbstverständlich bestritten die Behörden, etwas mit dem Verschwinden des Bargelds, der Uhren, des Schmucks und sogar Angelinas Handtaschen zu tun zu haben. Im Prozess brachte mein Anwalt den Vorgang zur Sprache. Der Richter ordnete eine Untersuchung an. Deren Ergebnis war – wie nicht anders zu erwarten war – ein Persilschein für die Polizei. Was sonst! Denn die Räuber selbst hatten den Fall ja untersucht.

Wären das Geld und die Wertgegenstände offiziell beschlagnahmt worden, hätte ich im Zweifel noch irgendwie damit leben können. Aber so war die ganze Angelegenheit einfach nur pervers. Die Autos riss sich die Polizei immerhin nicht komplett unter den Nagel. Den schwarz-gelben Ferrari, den Mercedes-Benz SLK und den Buick konfiszierte sie. Hingegen verschwanden der schwarze Ferrari, der Maserati und der Mercedes S 500 – so wie der Inhalt des Safes. Später lernte ich in der U-Haft einen 26-jährigen Expolizisten kennen, der wegen Korruption eingebuchtet worden war. Ich habe ihm von dem Tresor erzählt. Er hat nur gelacht und gesagt: »Wenn jemand, der Geld hat, in U-Haft kommt, ist das Erste, was die Polizei macht, die Wohnung zu plündern.«

Die Polizei brachte mich ins Untersuchungsgefängnis. Man teilte mir mit, mich für drei Tage in Haft zu nehmen, um sich meinen Fall genauer anzusehen. Drei Tage, dachte ich, das ging ja noch. Es folgte ein Gesundheitscheck. Ich musste meine Klamotten abgeben und bekam Gefängniskleidung: eine weinrote kurze Hose und ein weinrotes T-Shirt. Ein freundlicher Arzt fragte mich: »Wie geht es Ihnen?« Ich antwortete: »Alles gut. Sind ja nur drei Tage.«

Ein Polizist brachte mich zu einer Zelle. Es musste schon verdammt spät gewesen sein, deutlich nach Mitternacht. Ich hatte seit weit mehr als 40 Stunden nicht mehr geschlafen. Der Wärter öffnete eine schwere Eisentür einen Spalt breit, sodass ich gerade hindurchschlüpfen konnte. Eine Kette verhinderte, dass die Tür weiter aufging. Mit dem ersten Blick in die Zelle begriff ich, dass es sich um Schutzmaßnahmen handelte, um einen Massenausbruch zu verhindern. 14 Häftlinge waren hierin eingesperrt. Das Licht brannte. Was für ein beschissenes Loch, dachte ich. An den Wänden waren zwei Kameras angebracht, die sofort ins Auge fielen. Was ich da noch nicht wusste: Sie würden mich die kommenden drei Jahre und zwei Monate rund um die Uhr beobachten.

Ein Amerikaner taiwanesischer Abstammung, der Nachtwache hielt, sagte: »Psst! Sei still. Leg dich hier hin.« Ich war nach wie vor zuversichtlich, dass sich das alles rasch klären ließ, dass meine Freunde alle Hebel in Bewegung setzten, um mich rauszuholen. Ich flüsterte: »Ich bleibe nur drei Tage.« »Vergiss es«, meinte er, »du lebst jetzt hier.« Er sollte recht behalten.

KAPITEL 11

U-HAFT

Was für ein Absturz! Ich fiel im freien Fall aus Wolke sieben und landete im Wartezimmer zur Hölle. Die Polizei steckte mich ins Untersuchungsgefängnis Nummer drei von Shenzhen, ein mächtiger Gebäudekomplex im Bezirk Meilin, den die Chinesen vor eine Hügelkette gebaut hatten, um eine – sowieso chancenlose – Flucht über die Berge zu erschweren. Da die Zelle überfüllt war, musste ich auf dem Boden liegen. Obwohl schwer übermüdet konnte ich nur schlecht und wenig schlafen. Nach zwei Stunden wachte ich vom allgemeinen Trubel in der Zelle auf. Müde Gestalten mit grauen Gesichtern stiegen über mich rüber und verschwanden durch eine schmale Öffnung im hinteren Bereich der Zelle, den ich bis dahin nicht kannte. Ich war fix und fertig, gerädert von der ganzen Tortur der vergangenen 40 oder was wusste ich wie vielen Stunden. »Aufstehen«, sagte ein Schwarzer. Ich wollte liegen bleiben und mich wieder dem Schlaf des Vergessens hingeben. »Vergiss es«, sagte der Schwarze. »Es ist verboten, nach 07.00 Uhr zu schlafen. Los, steh auf und mach keinen Ärger.«

»Vergiss es«, sollte ich noch öfters hören an Tag Nummer eins im Untersuchungsgefängnis Nummer drei.

Ich quälte mich hoch und betrachtete die winzige Zelle, in die man mich eingesperrt hatte wie ein räudiges Tier. Es war total surreal. Noch vor drei Tagen gehörte ich als einer der wenigen Ausländer zur Schickeria von Shenzhen und spendierte Hennessy XO, die Flasche zu 500 Dollar. Nun saß ich in einem stinkenden Loch mit versifften Wänden. Aber zum Glück hatte ich einen großen Trost: Nur drei Tage und dann kehrte ich auf Wolke sieben zurück. Robert Rother, das millionenschwere Finanzgenie aus Unna, ließ sich nicht so einfach aus dem Paradies vertreiben. Tapfer sagte ich den anderen

Häftlingen: »Ich bleibe nur drei Tage.« Sie lachten. Der Amerikaner, der mir bereits in der Nacht den Vogel gezeigt hatte, meinte: »Vergiss es! Das sagen alle, die hier neu aufschlagen. Nach drei Tagen wird auf eine Woche verlängert, danach auf einen Monat. Anschließend kommt der Prozess und du verschwindest jahrelang im Knast oder kriegst gleich die Giftspritze.«

Ich tat es als Unsinn ab. Ernsthaft. Ich verschwendete keinen Gedanken daran, dass ich länger als 72 Stunden in dieser Kloake verbringen könnte. Ich hatte mir nichts vorzuwerfen und glaubte fest daran, die Situation im Griff zu haben, wie ich es von draußen gewohnt war. Ich war todsicher: Ein Anruf meiner Freunde bei der richtigen Stelle genügte und König Robert, der Unantastbare, verließ – allen den Stinkefinger zeigend – als freier Mann die Untersuchungshaftanstalt Nummer drei und machte danach dort weiter, wo er aufgehört hatte: bei Wein, Weib und Gesang. Nur so und nicht anders konnte es laufen. »Lord I'm doing all I can – to be a better man.« Es dauerte, bis ich realisierte: Wer das Wartezimmer zur Hölle betrat, hatte keine Chance, dem Inferno zu entgehen. Die Chinesen wollten mich ums Verrecken drankriegen – und nun hatten sie mich in ihren Klauen. Wolke sieben zog ab sofort ohne mich ihre Bahnen.

Wie alle Frischlinge wurde ich gefragt, woher ich käme und warum ich hier sei. Ich erzählte kurz meine Geschichte. Zu den Vorwürfen sagte ich: »Ich weiß es nicht.« Wegen der Kameras und weil ich vermutete, dass ein Spion unter den Häftlingen war oder die Zelle gar abgehört wurde, hielt ich mich bei meinem Bericht zurück. Ich hatte selbst genügend Fragen – mit denen ich mich zum Gespött machte. Ich müsste dringend jemanden anrufen. »Geht das?« Die anderen Häftlinge lachten wieder, als wäre ich ein Clown, der nur hier sei, um sie zu erheitern. »Vergiss es«, hieß die Antwort unisono. »Kontakt nach außen ist verboten.« Wann Ausgang im Hof sei, wollte ich wissen. »Vergiss es. Hier gibt es keinen Ausgang im Hof.« Mir wurde übel, nicht zum letzten Mal in diesen Tagen.

Eine winzige Klappe an der Wand ging auf. »Frühstück«, erklärte mir der Amerikaner. Ein unsichtbarer Wachmann reichte Plastikschalen durch eine kleine Luke in der Wand, in der sich auch die Zellentür befand. Es gab Congee, einen Reisbrei, den ich noch mehr hasste als Bärentatze. Nein, danke! Ich staunte, dass die anderen diese undefinierbare Masse weißen Schleims, aufgepäppelt mit etwas vergammeltem Gemüse, ohne Wehklagen aßen. Ich weigerte mich beharrlich, das Zeug zu essen, hielt es aber nur wenige Tage durch. Wie an alles andere in diesem Loch gewöhnte ich mich auch an den Reisbrei. Schließlich wurde zum Frühstück nichts anderes geboten nach dem Motto: Friss oder stirb! Ich entschied mich fürs Fressen, weil ich leben wollte, und stopfte das weiße Zeug in mich hinein. Es ging – auch ohne Château Lafite Rothschild zum Runterspülen.

An meinen ersten Tagen in U-Haft war ich mit 14 anderen Leuten in der Zelle: zehn Chinesen, der Amerikaner taiwanesischer Abstammung und drei Nigerianer. Während die anderen ihre Schälchen leerten, inspizierte ich angewidert die Zelle, nicht ahnend, dass ich hier die nächsten drei Jahre und zwei Monate verbringen würde. Beim Anblick des Plumpsklos fuhr mir ein Blitz in die Glieder. Nicht mal ein Donnerbalken, auf den man sich setzen könnte. Man musste in die Hocke gehen. Niemals würde ich hier auch nur ein einziges Mal kacken. Pinkeln – meinetwegen. Aber scheißen. No way!

Nie hatte ich gedacht, dass Menschen andere Menschen wie Schlachtvieh halten könnten. Nun waren die Leute, die ich gerade kennenlernte, und ich selbst der lebende Beweis dafür. Eine üble Laune des Schicksals hatte mich in ein Tier verwandelt und ins Schlachthaus gebracht.

Die Zelle bestand aus zwei Kammern des Schreckens. Beide Räume waren jeweils drei Meter breit und fünf Meter lang, also ein Bereich je 15 Quadratmeter groß. Die Wände waren an die vier Meter hoch. Graue Granitplatten bildeten den Boden. Sie waren fugenlos verlegt worden, damit man sie nicht herausfummeln und Gefangene den Aufstand proben konnten.

Im Innenraum verbrachten wir fast den ganzen Tag. Eine Plattform aus Holz diente als Schlafplatz. Den Namen »Bett« hatte die Pritsche nicht verdient. Sie füllte fast die gesamte Fläche aus. Frühling, Sommer und Herbst pennten wir auf den blanken,

knochenharten Bohlen. Da die Zelle grundsätzlich überfüllt war –
einmal zählte ich sogar 16 Leute –, mussten immer Gefangene auf
dem Boden liegen. Auf die Pritsche passten maximal zwölf Leute,
die – zusammengequetscht wie Ölsardinen in der Büchse – auf den
nächsten Morgen warteten. Nach 15 Monaten in U-Haft schrieb ich
in einem Kassiber nach Hause: »Seitdem ich auf dem Holzboden
schlafe, bin ich abgehärtet. Schmerz kennt man nicht mehr.«

Im Sommer lag die Temperatur bei deutlich über 30 Grad und die
Luftfeuchtigkeit bei wenigstens 90 Prozent: ein Fest für Schimmel-
pilze, Milben und andere Parasiten. Der Ventilator an der Decke
brachte kaum Linderung. Ich schwitzte nicht, ich lief regelrecht
aus – selbst dann, wenn ich jede Bewegung vermied. Die Schweiß-
ausbrüche führten dazu, dass ich mehr sogenanntes Trinkwasser soff,
was wiederum Magenschmerzen verursachte. Im Winter sanken die
Temperaturen auf knapp über null. Dann erhielten wir Unterlagen
zum Schlafen, die mehr Lappen als Matratzen waren. Sie hielten die
hässliche Kälte aus den Granitplatten nicht davon ab, sich in die
menschlichen Körper reinzufressen. Ich fror manche Nacht wie ein
Hofhund in seiner Hütte.

An der Wand neben der Luke stand ein Spind für persönliche
Dinge aller Insassen. Jeder Häftling bekam eine Plastikbox, in die er
seine drei Habseligkeiten, etwa Bücher und Schreibzeug, verstauen
konnte. Die Innenkammer war vollständig überdacht. Sehschlitze
ermöglichten den Wärtern einen Blick nach unten. Die Außenkammer hatte kein Dach. Sie war mit einem Netz aus dünnen Eisen-
stangen überzogen. Davon war ungefähr ein Drittel mit Plastik ab-
gedeckt. Die Vorrichtung überdachte das Plumpsklo und schützte
unsere Klamotten vor Regen, die genau darunterhingen. Schüttete
es, wurde die Gefängniskleidung trotzdem klatschnass mit der Folge,
dass wir tagelang dieselbe Garnitur anbehalten mussten.

Eine Öffnung in der Wand verband die beiden Zellenbereiche.
Die Außenkammer war nochmals durch ein Gitter geteilt. Dadurch
war eine etwa einen Meter breite Nische entstanden, in der ein klei-
nes Regal für Becher und Zahnbürsten hing. Gleich daneben war die
Toilette. Die übrigen zwei Drittel der Zelle bildeten den Raum, den

wir sarkastisch »das Badezimmer« nannten. Das Bad hatte nicht einmal ein Waschbecken. Es bestand aus zig Eimern und zwei Wasserhähnen. Aus dem einen floss kaltes Wasser, aus dem anderen dreimal am Tag brühheißes Trinkwasser, das aufgekocht wurde, um die Ruhr in den Griff zu kriegen. Gab es Trinkwasser, füllten wir mehrere Eimer, aus denen man sich mit einer Kelle bedienen konnte. Das Wasser schmeckte furchtbar, im Grunde war es ungenießbar. Aber anderes gab es nicht. »Duschen« bedeutete, sich Wasser aus einem Eimer über den Schädel zu gießen. Temperaturunterschiede zwischen drinnen und draußen existierten nicht. Sich im Winter zu waschen, war Horror.

Das Bad wurde zwischen 19.00 und 07.00 Uhr abgeschlossen, allein die Nische mit dem Plumpsklo war nachts zugänglich. Weil wir viel zu viele Menschen auf einem Fleck waren, erlebte ich immer wieder eklige Szenen, die aber bald Alltag und gewissermaßen Normalität wurden. Ich putzte mir die Zähne oder duschte mich, während einen Meter weiter ein Häftling in der Hocke sein Geschäft erledigte. Das gehörte zum Konzept der Chinesen, aus Abschaum wie mir wieder ein vorzeigbares Geschöpf der kommunistischen Gesellschaft zu machen. Gefangenen wurde jeder Hauch von Intimität genommen. Wie die Ameisen in ihrem Haufen saßen, hockten, lasen, schrieben und schliefen wir dicht nebeneinander – und das 24 Stunden am Tag. Das eklige gelbe Licht brannte rund um die Uhr. Allein das war menschenunwürdig und gereichte an Folter. Die beiden Zellenbereiche wurden jeweils mit zwei Kameras überwacht, sodass jeder Winkel permanent unter Beobachtung stand. Nicht einmal das Plumpsklo war davon ausgenommen. Trotzdem liefen alle 20 bis 30 Minuten Wärter die Balustrade entlang und schauten von oben auf uns herab. Sorge, wir könnten abhauen, hatten die Chinesen nicht. Aus diesem Knast konnte man nicht fliehen. Die Chinesen demonstrierten ihre Macht, alles unter Kontrolle zu haben.

Jedem Gefangenen teilte die Polizei zwei Garnituren Häftlingskleidung zu, die abwechselnd gewaschen werden musste, sodass wir täglich »frische« Sachen anziehen konnten. Wobei das nichts mit der strahlend sauberen Wäsche aus der Werbung zu tun hatte. Viel zu versifft war das Wasser. Immer zwei Häftlinge mussten von 19.00 bis 07.00 Uhr jeweils zwei Stunden Wache halten. Wer wann dran war, machten die Insassen einer Zelle untereinander aus. Ziel der Übung war allein, Verzweifelte und Wahnsinnige, von denen es jede Menge in der U-Haft und noch mehr im Knast gab, am Selbstmord zu hindern. Denn natürlich drehten Leute durch, brachten sich um oder versuchten es zumindest. Ich übernahm die Nachtwache gern, weil ich dann meinen Gedanken nachhängen und mit Gott sprechen konnte.

Ein Tag war wie der davor. Nur dass ein Tag im Knast so langsam verging wie draußen ein ganzes Jahr. Der Tagesablauf war von der Gefängnisleitung vorgegeben. An den Regeln wurde niemals auch nur ein My geändert. Wie in dem Film »Täglich grüßt das Murmeltier«, nur dass der Protagonist Phil Connors, gespielt von Bill Murray, immerhin noch in Bars gehen und mit Frauen flirten darf. Um 07.00 Uhr klopfte ein Wärter an die Stahltür. Da waren in der Regel schon viele Gefangene wach. Gegen 07.30 Uhr wurde der Reisbrei durch die Luke geschoben: Frühstück. Das Geschirr wurde stets sofort nach dem Essen abgewaschen – ich hatte gleich an Tag eins das Vergnügen. Das half, die Zeit totzuschlagen.

Gegen 08.30 Uhr hieß es: »Diänmíng!« Der Zählappell, den ein Polizist persönlich in der Zelle abnahm. Dazu mussten sich sämtliche Häftlinge einer Zelle auf den Rand der Schlafplattform setzen. Während des Appells zu stehen, war strikt verboten. Ein Freiwilliger oder ein von den anderen Gefangenen ausgesuchter Kamerad – zum Glück machten das meistens Chinesen – sagte: »Guten Tag, Herr Polizeibeamter, das ist Zimmer 401. Bereit zum Zählappell.« Jeder, der an die Reihe kam, musste dann seine Nummer sagen. Das musste man auf Chinesisch hinkriegen, um sich Ärger zu ersparen. Zum Schluss mussten alle zusammen sagen: »Danke, Herr Beamter.« Das brachte ich nicht über die Lippen. Mir wollte nicht einleuchten, wofür ich mich bedanken sollte.

Von 09.00 bis 10.00 Uhr ging die »study time«, also die Bildungszeit. Ja, richtig gelesen. Das gehörte zu den Umerziehungsmaßnahmen, die die Chinesen allen vom rechten Weg abgekommen

Delinquenten auferlegten. Wir mussten uns in Reih und Glied auf den Pritschenrand setzen und Zeitung lesen. Die Chinesen erhielten die einschlägigen Blätter der Kommunisten, ich bekam die englischsprachige »Global Times«. Man durfte sich dabei nicht hinlegen oder reden. Abgefragt, ob man etwas gelernt hatte, wurde man nie. Ich erlebte es jedenfalls kein einziges Mal.

Nach 10.00 Uhr war eine Stunde »Freizeit«, ich las meistens Bücher oder trieb Sport, was in den engen Räumlichkeiten nur begrenzt, aber immerhin möglich war: Liegestütze, Klimmzüge und Laufen. Ja, ich lief tatsächlich fast täglich von Wand zu Wand, zehn Meter hin, zehn Meter zurück. Danach öffnete sich wieder die Luke: Mittagessen. Jeden Tag gab es Reis mit irgendetwas Undefinierbarem. Um 12.00 Uhr begann die zweistündige Mittagszeit. Man musste schlafen, alles andere war untersagt. Auch dabei mussten zwei Leute Wache halten. Um 14.00 Uhr war »fruit time«, jeder Gefangene bekam einen verschrumpelten Apfel oder eine braune Banane. Die Früchte stammten aus nicht verkäuflichem Abfall des Handels.

Von 14.30 bis 15.30 Uhr stand wieder »Bildungszeit« auf dem Programm. Abendessen wurde schon um 16.00 Uhr verteilt: Es gab Reis mit irgendetwas Undefinierbarem. Danach hieß es: Schalen abwaschen und abtrocknen, Klamotten reinigen, Körper »duschen«. Ab 18.00 Uhr mussten sich alle Gefangenen im Innenbereich der Zelle aufhalten. Zwischen 19.00 und Beginn der Nachtruhe ab 21.00 Uhr wurde der Fernseher über der Schlafpritsche angemacht – immer Kanal eins, der Propagandasender des chinesischen Staatsfernsehens CCTV. Ich verstand kaum ein Wort, musste aber trotzdem zwei Stunden lang Lobpreisungen der kommunistischen Partei und ihrer Heldentaten anhören. An Wochenenden wurde CCTV sechs eingestellt, auf dem chinesische und manchmal auch ausländische Spielfilme liefen. Durch die starr festgelegten und streng eingehaltenen Zeiten sahen wir selten vollständige Filme, sondern immer nur Anfang oder Ende. Die Regeln waren alle total verrückt. Aber am schlimmsten war die Monotonie, die ewig gleiche Leier, die die Langeweile ins Unermessliche steigerte. Selbst Abwaschen war ein Genuss, weil diese eine Stunde schneller verging als die übrigen 23.

Wie der Fraß und das verseuchte Trinkwasser passten auch die hygienischen Missstände eher zu einer Massentierhaltung als zur Unterbringung von Menschen. Ständig hatte jemand in der Zelle Durchfall. Aus dem Plumpsklo kam permanent fieser Gestank. Ganz übel wurde es bei Monsun. Der Dauerregen machte das Drecksloch endgültig zur Kloake. Die Gullys verstopften überall auf dem Gefängnisgelände, sodass das Wasser nicht abfließen konnte und aus der Toilette und dem Abfluss im Bad durchdrückte und haufenweise Scheiße nach oben spülte. Es roch bestialisch. Wir konnten stunden- oder tagelang den Außenraum nicht betreten, was umso ekliger war, wenn man es doch gegen alle inneren Widerstände tun musste, weil man seine Notdurft zu verrichten hatte.

Nachdem ich die Zelle an meinem ersten Tag in Nummer drei besichtigt hatte, beschloss ich, nicht auf das Klo kacken zu gehen und es beim Pinkeln im Stehen zu belassen. Fünf Tage lang hielt ich es durch, was vor allem daran lag, dass ich die erste Zeit sehr wenig aß. Von da an nahm ich mir vor, das Plumpsklo nur in der Nacht aufzusuchen. Ich wollte mir einfach nicht direkt beim Scheißen zusehen lassen. Die Kameras reichten. Oft lag ich da und kämpfte mit meinem Magen, unterdrückte das menschliche Bedürfnis. Gut sechs Monate lang schaffte ich es, wirklich immer nur nachts zu kacken. Aber irgendwann kam der Tag, da hatte ich brutalen Dünnpfiff und musste tagsüber.

Nach und nach verlor ich jede Scham. Es war mir egal, ob mir jemand zuschaute, wie ich über dem Plumpsklo hockte. Was anfangs ebenfalls eine Herausforderung war. Ich bewunderte die Chinesen, die alles in der Hocke schafften: essen, spielen, lesen und sogar schlafen. Ich dagegen bekam Schmerzen und kippte nach vorne, zur Seite oder nach hinten weg, was ekelhaft war, weil ich mit den Händen im Siff landete. Ich musste die Hockstellung regelrecht trainieren, stellte einen Eimer vor mich und hielt mich daran fest. Das Klopapier war dünn und riss schnell. Manche Häftlinge wischten sich den Arsch mit der Hand ab oder gingen gleich »duschen«. Das war mir zuwider.

Die Zelle verließ ich während der drei Jahre und zwei Monate nur an einigen wenigen Tagen, wenn ich zum Verhör geholt wurde, mein

Anwalt oder Besuch meiner Familie kam oder ich zu meinem Prozess musste. Ausgang im Hof bekamen wir nie, obwohl ihn das chinesische Gesetz vorsah. Aber wer hält sich in China schon an Gesetze? Der Ausgang wurde uns mit Verweis auf den übergitterten Außenraum verweigert. Ich beschwerte mich einmal darüber und verwies auf die Rechtslage. Wir hätten dort genug Bewegung und könnten in frischer Luft spazieren gehen oder Sport machen, lautete der Kommentar der Polizei.

An diesen staatlich verordneten Zynismus gewöhnte ich mich wie an alles andere, er machte mir nichts mehr aus. Aus Sicht der chinesischen Wachmänner hatte ich ohnehin das große Glück, in einer der Vorzeigegefängnisse gelandet zu sein. Tatsächlich war der Bereich, in dem ich eingesperrt wurde, nur für Ausländer und ehemals privilegierte Chinesen – bestechliche Politiker, Polizisten, Beamte und Militärs – vorgesehen. Die meisten Chinesen, mit denen ich in U-Haft saß, waren gebildet, hatten Geld und sprachen gut oder sehr gut Englisch. Wenn in Zeitungen über den neusten Korruptionsfall in Shenzhen berichtet wurde, dauerte es nur Stunden oder Tage, bis der Beschuldigte bei uns aufschlug.

Jeder Häftling wusste genau, wie es woanders zuging. Gewöhnliche chinesische Kriminelle – 50 bis 80 Leute in einer Zelle – waren völlig entrechtet und weitaus mehr der Willkür der Wärter ausgeliefert, als ich es war. Von den Arbeitslagern für muslimische Uiguren und politische Dissidenten ganz zu schweigen. Ich hatte immerhin einen Anwalt und konnte mich bei deutschen Diplomaten beschweren, wenn mir was nicht passte. Chinesische Mitgefangene schwiegen lieber, weil sie Angst hatten, in einen noch schlimmeren Knast zu kommen. Da überlegte sich jeder genau, ob und worüber er sich beklagte. Die Wärter wussten das und sagten eiskalt: »Wenn es dir hier nicht gefällt, schieben wir dich gerne ab.« Jeder wusste, was mit der Drohung gemeint war.

Die Regierung betrachtete das Loch, in dem ich mit 13, 14 anderen Menschen dahinvegetieren musste, als Vorzeigeanstalt. Einmal im Jahr erschienen Journalisten und interviewten Gefangene. Am nächsten Tag stand dann in den Zeitungen, wie gut es allen gehe und wie es die ruhmreiche und gütige kommunistische Partei schaffe, böse Tiere in gute Wesen zu verwandeln. Zweimal im Jahr tauchten sogar gewöhnliche Besuchergruppen beim Tag der offenen Tür auf. Während ein Polizist auf der Balustrade Erklärungen abgab, guckten die Gäste ohne Scham zu uns runter. Ich fühlte mich verarscht und gedemütigt. Wir wurden wie Tiere gehalten. Doch mit den Besuchern über uns geriet die Zelle zum Gehege und die Haftanstalt zum Zoo. Wir setzten dieser Zurschaustellung Humor entgegen und flüsterten uns zu: »Achtung, gleich fliegt eine Banane runter.«

Neben der Eingewöhnung an das Leben in diesem Loch hatte ich noch ein anderes, nicht minder übles Problem. Ich musste mit meinem Bedeutungsverlust klarkommen. Der Abschied von Wolke sieben fiel mir leichter, als ich es gedacht hatte. Ich merkte schnell, dass ich ohne diesen ganzen luxuriösen Firlefanz auskam. Aber nun niemand mehr zu sein, kein selbstbestimmtes Leben mehr zu haben und keine Anweisungen mehr geben zu können, sondern Befehle ausführen zu müssen, machte mir schwer zu schaffen. Der Traum vom ewigen Aufstieg fand in einem Drecksloch sein jähes Ende. So ähnlich, glaube ich, musste es dem ehemaligen Präsidenten von Bayern München, Uli Hoeneß, im Knast ergangen sein. In Freiheit ein Guru, im Gefängnis ein unbedeutender Idiot.

Wie draußen als Geschäftsmann schmiedete ich im Knast weiter tollkühne Pläne jenseits der Realität. So gaukelte ich mir vor, weiterhin Herr der Lage zu sein. Gipfel der Spinnerei war ein Schlachtplan für meine Mutter, wie sie meine Geschichte zu Geld machen und den Anwalt bezahlen könnte. In einem aus der U-Haft rausgeschmuggelten Brief schrieb ich ihr genaue Anweisungen, wie sie dem »Spiegel« meine Story bestmöglich verkaufen und dabei auch noch Steuern sparen sollte. Als ich das nach meiner Entlassung las, dachte ich nur: Irre! Was war ich damals nur für ein schräger Vogel.

Obwohl ich null Ahnung vom Medienbusiness hatte, sah ich »eine der größten Storys des Jahres«, die der »Spiegel« »über mehrere Ausgaben verteilen« sollte, vorausgesetzt, dass er »vorige und künftige Anwaltskosten sowie Nebenkosten (für Flüge etc.) und einen Verdienst für dich, Mama, übernimmt«. Meine Mutter sollte obendrein

Geschichten für »Spiegel Online« schreiben. »Dafür solltest du extra vergütet werden.« Wenn kein Interesse bestehe, dann »Bild« oder »Gala«. »Aber ›Spiegel‹ ist erste Wahl«, notierte ich. Meine Mutter sollte dazu eine Firma in Hongkong gründen. »Der Vertrag wird dann zwischen dieser Firma und dem ›Spiegel‹ getroffen.« Ich erläuterte: »Alles, was du geschäftlich machst, wird darüber laufen. Ansonsten kannst du gegebenenfalls Steuerprobleme bekommen.« Und: »Wichtig ist, dass du die ganze Geschichte für dich behältst. Erzähl keinem davon.« Später wollte ich das genaue Gegenteil.

Vielleicht träumte ich mich auf diese Weise in mein altes Leben zurück. Aber je länger ich in U-Haft verbrachte, desto mehr schwand mein Größenwahn. Nach und nach begab ich mich auf den Boden der Tatsachen. Es dauerte nicht lange, da ging ich ganz fest von drei Jahren im Untersuchungsgefängnis von Shenzhen aus. Deshalb nahm ich mir zwei Dinge vor. Zum einen wollte ich die Bibel lesen. Bereits mit 20 hatte mir meine innere Stimme gesagt: Robert, bis du 30 bist, wirst du die Heilige Schrift gelesen haben. Nur war der Plan, es an der Karibik mit einem Cocktail in der Hand zu tun und nicht in einer Kloake mit untrinkbarem Trinkwasser in einem Plastikbecher.

Zum anderen wollte ich meinen Körper wieder fit kriegen und abnehmen. Denn ich hatte deutliches Übergewicht. Ich trainierte wie ein Besessener. In einem Brief nach Hause an die Familie berichtete ich stolz: »Ich habe über 750 Liegestütze gemacht. Das ist Tagesdurchschnitt. Mein Körper ist in exzellenter, nie da gewesener Form.« Das stimmte. In den Sätzen steckte mehr als nur die Beschreibung meines Alltags. Ich setzte mich nicht hin und heulte, sondern traf eine Entscheidung: Ich wollte überleben.

KAPITEL 12

»DU BIST EIN STÜCK SCHEISSE, EINE SCHANDE FÜR DEUTSCHLAND«

Von nun an hieß ich Luozi Luobote. Die Polizei übertrug meinen Namen ins Chinesische und nannte mich fortan so. Wie in dem Land üblich wurde der Nachname vorangestellt, also Rother Robert. Auch die chinesischen Häftlinge riefen mich Luobote, was sie – entsprechend der drei Silben – Luo-bo-te aussprachen.

Brüllte ein Wärter »Luozi Luobote, mitkommen!« durch die spaltbreit geöffnete Tür in die Zelle, hatte ich sofort draußen zu erscheinen. Der Befehl war meistens der Startschuss für das nächste Verhör mit den ewig selben Fragen, den ewig selben Drohungen und meinen ewig selben Antworten. Ich wurde in Handschellen in einen Vernehmungsraum gebracht. Er war winzig, maximal zehn Quadratmeter groß. In der Mitte befand sich eine Trennwand. Auf der einen Seite des engmaschigen Eisengitters waren bequeme Stühle für die Ermittler. Auf der anderen Seite war ein Steinhocker ohne Lehne, auf dem ich Platz nahm.

Meistens waren zwei Polizisten und ein Übersetzer anwesend. Zunächst war es einer für Deutsch, dessen Aussprache grottenschlecht war. Ich verstand ihn so gut wie gar nicht. Und das Wenige, was mein Gehirn als Deutsch erkannte, ergab inhaltlich keinen Sinn. Jeder chinesische Imbissbudenverkäufer im Ruhrpott konnte besser Deutsch als der Dolmetscher, der für das Team »Special Economy Crimes« in Shenzhen arbeitete. Ich hatte ein ganz mieses Gefühl bei dem Stuss, den er von sich gab, und erklärte, nur auf Englisch weiterzumachen. Ansonsten würde ich überhaupt nichts mehr sagen. Tatsächlich heuerte die Polizei für die nächsten Verhöre Übersetzer ins Englische an, mit denen es weitaus besser klappte.

In der ersten Woche der U-Haft vernahm mich die Polizei beinahe täglich, anfangs bis zu zehn Stunden. Allerdings gönnten sich die Beamten eine Mittagspause von rund zwei Stunden. Sie pennten gleich im Verhörraum. Ich musste während der Zeit auf dem steinernen Hocker sitzen. Jedes Mal musste ich das auf Chinesisch verfasste Verhörprotokoll unterscheiben. Die Polizisten ließen mich so lange sitzen, bis ich meine Signatur daruntersetzte. Ich hatte ein mieses Gefühl dabei und machte nach Rückkehr in der Zelle auf Englisch Notizen meiner Aussagen, die ich bei der nächsten Vernehmung den Ermittlern übergab, die sie als offizielles Beweismittel einführen mussten.

Das verbale Pingpong brachte nichts – weder denen noch mir. Ich sagte nicht das, was die Chinesen hören wollten. Und die hörten bei dem weg, was sie nicht hören wollten. Die Ermittler gerierten sich als willige Vollstrecker der Vorgaben aus Peking. Sie dachten gar nicht erst daran, Entlastendes zur Kenntnis zu nehmen.

Nach vier Wochen wurden die Verhöre weniger. Ich musste nur noch einmal im Monat auf dem steinernen Hocker Platz nehmen, später alle acht Wochen. Je unbefriedigender die Vernehmungen aus Sicht der Chinesen wurden, je fieser, aggressiver und beleidigender wurden sie. Dahinter steckte ihre Verachtung für jede Form von Rechtsstaatlichkeit, die ich noch fast acht Jahre lang zu spüren bekam. Waren zwei Polizisten anwesend, versuchten sie es mit der Masche »good cop, bad cop«. Gleich im allerersten Verhör drohte der böse Bulle unverhohlen mit Todesstrafe. »Wenn du nicht auspackst, wirst du hingerichtet«, sagte er und schob die Lüge nach: »Zheng Li hat gestanden und gegen dich ausgesagt.«

Natürlich wusste ich zu dem Zeitpunkt nicht, was Angelina, die in Shenzhens Untersuchungsgefängnis Nummer zwei saß, den Ermittlern erzählt hatte. Aber ich vertraute ihr. Die Drohung mit der Todesstrafe musste ich ohnehin ernst nehmen. Bei besonders schweren Kapitalverbrechen, wie sie uns zur Last gelegt wurden, wurde sie damals noch verhängt. Der Zufall wollte es so, dass die Chinesen das Strafmaß ein knappes Jahr vor Beginn unseres Prozesses auf lebenslang milderten.

Ich konterte mit einer Gegenfrage: »Was hat sie denn gesagt?« Ich erhielt zunächst keine Antwort. Einer der Polizisten ging raus und kam mit Dokumenten zurück. Ich glaube, das war alles vorher abgesprochen und selbst das Verlassen des Raumes reine Inszenierung. Er kam auf meine Seite des Verhörraumes und zeigte mir die Schriftstücke. »Da steht, dass du der Boss eurer Untergrundgeschäfte gewesen bist. Das heißt: Todesstrafe«, sagte er. Ich schaute mir die Papiere an – sie waren allesamt in chinesischer Sprache. Während ich noch darüber nachdachte, ob es sich um einen Bluff handelte, löste der gute Bulle das Rätsel selbst auf: Ja, es war eine Finte. Er sagte: »Außer du gestehst Betrug und dass Zheng Li der Boss war. Dann kannst du bald nach Hause.«

Der Chef der Ermittler, der sich als »Officer Ma« vorstellte, kam stets in Uniform, weil er zeigen wollte, was für ein geiler Typ er sei. Was dieser Idiot mir an den Kopf donnerte, war unglaublich. »Du bist ein Stück Scheiße, eine Schande für Deutschland, für die deutsche Autoindustrie, für den deutschen Fußball.« Als der Dolmetscher – Officer Ma konnte kein Englisch – mir die Worte übersetzte, machte er ein Tut-mir-leid-Gesicht, als schäme er sich für die verbalen Ausfälle des Polizisten.

Der Ermittler meinte ernsthaft, mir damit Angst einflößen zu können. Ich konnte den lächerlichen Mann in seiner lächerlichen Uniform nicht wirklich ernst nehmen. Anders wäre es vielleicht gewesen, wenn das Trenngitter nicht gewesen wäre, das mich vor Schlägen schützte. Ich fragte mich: Wer gibt solchen Menschen derartig viel Macht? Was ist bei euch kaputt im Kopf?

Ich beschwerte mich bei der Staatsanwaltschaft über die verbalen Attacken des Officer Ma. Die Anklagebehörde leitete Ermittlungen ein, die wieder wie das Hornberger Schießen ausgingen. Denn außer einem zweiten Polizisten, einem Wachhabenden und dem Dolmetscher hatte die Beschimpfungen niemand gehört. Die hätten eher mit dem Teufel um die Wette gesoffen, ehe sie ihren Vorgesetzten und ihren Arbeitgeber in die Pfanne gehauen hätten. Was ich durchaus verstand: Es wäre ihr gesellschaftlicher Tod gewesen.

Die anderen Häftlinge behielten selbstverständlich recht. Nach drei Tagen wurde meine Untersuchungshaft auf eine Woche verlängert. Dann um einen weiteren Monat, danach um noch einen. Am Ende wurden daraus drei Jahre und zwei Monate. Alles war willkürlich und Auslegungssache, wobei nur die Polizei, der Staatsanwaltschaft und das Gericht die Macht hatten, die Gesetze nach Lust und Laune zu interpretieren. Ich war den Chinesen ausgeliefert.

Die Polizei tat alles, den Fall in die Länge zu ziehen. Mein Anwalt Qianwu Yang legte mehrmals Beschwerde ein. Alle wurden abgewiesen. Mir dämmerte es, dass sie mich emotional kaputt machen wollten, damit ich gegen Angelina aussagte. Das Problem an den ständigen Verlängerungen der Untersuchungshaft war, dass mein Verteidiger bis zum Abschluss der polizeilichen Ermittlungen keinen Einblick in die Untersuchungsakten erhielt. Er wusste also ein Jahr lang nicht, worauf sich die Vorwürfe konkret stützten und was Zeugen ausgesagt hatten. Nicht zuletzt deshalb war Herr Qianwu die ersten 13 Monate der Haft mehr mein Seelsorger als mein Verteidiger.

Empfohlen worden war der Jurist meiner Mutter von einer deutschen Diplomatin in China. Er arbeitete schon damals bei Dentons, der größten Anwaltskanzlei der Welt mit Fokus auf Wirtschaftsthemen. Ich hatte vom ersten Tag an einen guten Draht zu ihm. Wir redeten über ökonomische Entwicklungen und Bücher. Einmal malte seine Tochter sogar ein Bild für mich. Es bedeutete mir so viel, dass ich es mit in die Hölle von Dongguan nehmen wollte. Die Chinesen verboten es mir.

Nachdem die Polizei ihre Erkenntnisse der Staatsanwaltschaft übergeben hatte, konnte mein Anwalt endlich in die Ermittlungsakten schauen. Die Superhelden der Spezialeinheit Wirtschaftskriminalität hatten 20 000 Seiten Dokumente angehäuft, die in weiten Teilen überhaupt nichts mit Angelina oder mir zu tun hatten. Qianwu Yang musste sich durch den riesigen Berg Akten fressen. Dabei kamen haarsträubende Dinge heraus. Die Polizei hatte die letzten Beweise schon drei Monate nach meiner Verhaftung bei Gericht eingereicht. Die polizeilichen Ermittlungen waren also bereits im August 2011 abgeschlossen worden. Eine Verlängerung der Untersuchungsdauer wäre aber nur erlaubt gewesen, wenn neues Beweismaterial vorgelegt worden wäre. Damit war die Ausweitung der Ermittlungszeit auf 13 Monate illegal. Auch dagegen protestierte mein Anwalt. Das Gericht, das über den Fall später urteilte, bedauerte das – geholfen hatte es mir nicht mehr.

Herr Qianwu verglich die chinesischen Verhörprotokolle mit meinen Notizen und stellte gravierende Unterschiede fest. Nur besagte das Gesetz, dass die chinesische – also die offizielle – Version in der Bewertung vor Gericht immer Vorrang vor Aufzeichnungen des Angeklagten hat. Deshalb wurden meine Berichte ignoriert. Von da an unterschrieb ich nur noch Formalkram.

Endlich erfuhr ich, wer der Kopf hinter dem ganzen Ärger war. Der Taiwanese Deng Wengcong. Er war zur Zeit meiner Festnahme noch Chef von Singfor, der drittgrößten Lebensversicherung Taiwans, und investierte im November 2010 bei Angelina und mir 16 Millionen Dollar. Es war für ein Jahr zu einem festen Zins angelegt. Nur zwei Monate später wollte er das Geld komplett zurückhaben. Da wir es selbst investiert hatten, konnten wir nicht sofort den ganzen Betrag auszahlen, sondern lediglich die Hälfte. Um die übrigen acht Millionen aufzutreiben, hätten wir noch etwa sechs Monate gebraucht.

Mein Verdacht, den ich schon länger hatte, sah ich bestätigt: Deng Wengcong war in finanziellen Schwierigkeiten, hatte einen Sündenbock für seine dubiosen Geschäfte gesucht und Angelina und mich gefunden. Er zeigte uns an, um seinen Arsch zu retten. Die Chinesen wiederum ergriffen die Chance, mich plattzumachen. Inzwischen hatten sie guten Grund dazu. Meine Investmentfirma und die Website »Finance China« kamen endlich ins Laufen. Am 7. März 2011 veröffentlichte ich auf Youtube das PR-Video zu meinem Unternehmen. Darin warb ich in englischer Sprache für China als das Land mit goldenen Aussichten am Kapitalmarkt. Es begann mit den Worten: »Der Drache des Orients« – im Englischen werden auch ostasiatische Länder zum Morgenland gezählt – »ist nach Hunderten Jahren Schlaf aufgewacht.« Kurz danach erhielt ich den Warnschuss meines Freundes: »Du stehst auf der Watchliste.«

Alle Verträge zwischen Deng Wengcong sowie Angelina und mir lagen Staatsanwaltschaft und Gericht vor. Sie waren – selbst nach westlichen Maßstäben – tadellos und eindeutig formuliert. Dass der Taiwaner wie aus dem Nichts 16 Millionen Dollar zurückhaben wollte, war nicht vereinbart gewesen. Wir hätten ihm das Geld nicht ad hoc auszahlen müssen. Dass wir es trotzdem versuchten, war unser guter Wille, weil wir keine Lust auf Streit hatten, erst recht nicht vor Gericht.

2014, als ich schon in der Hölle von Dongguan schmorte, deckte die taiwanesische Finanzaufsichtsbehörde die Machenschaften Deng Wengcongs auf. Sie reichten sieben Jahre zurück. Die Behörde übernahm vorübergehend die Versicherung, weil sich die Finanzen des Unternehmens eklatant verschlechtert hatten. Die Justiz legte Deng Wengcong zur Last, Hunderte Millionen aus seiner Firma illegal entnommen und sich damit bereichert zu haben. 2016 wurde er in Taiwan wegen Veruntreuung von Firmengeldern einschließlich der Mittel aus einem Kredit an eine Schweizer Bank – allein hier drehte es sich um fast 200 Millionen Dollar – in erster Instanz zu 28 Jahren Haft verurteilt. Der ehemalige Manager stritt alles ab und stellte sich als »Opfer von Tricks« dar. In zweiter Instanz erhielt er 26 – und in dritter tatsächlich nur noch zehn Jahre.

Ende 2012 kam endlich die englische Übersetzung der Anklageschrift. Ich gab sie anderen Häftlingen zum Lesen. Der Inhalt machte schnell im Gefängnis die Runde. Sowohl Chinesen als auch Ausländer unter den Gefangenen klopften mir auf die Schulter und feierten mich als Helden. »Was du mit deiner Braut abgezogen hast – alle Achtung«, sagte Jerry, mein Kumpel aus Nigeria. »Wenn du rauskommst, bewirbst du dich beim Finanzminister Nigerias. Der stellt dich sofort ein.« Kein wirklicher Trost, aber gefreut hatte es mich trotzdem.

Nach der Sichtung und Lektüre der 20 000 Blätter fragte mich mein Anwalt: »Wissen Sie, was Sie für eine Partnerin haben?« Ich sagte: »Ja, sie ist toll. Aber warum fragen Sie?« Er erklärte: »Angelina hat Sie mit keinem einzigen Satz belastet und alles auf sich genommen. Das habe ich noch nie erlebt.« Es war gut, dass ich saß. Sonst wäre ich auf der Stelle umgekippt. Ich hatte immer fest daran geglaubt, dass Angelina, die herzensgute, taffe, kluge Frau, mich nicht in die Scheiße reiten würde. Nun hatte ich Gewissheit darüber. Ich war gerührt und dankte ihr im Stillen. Das war der vielleicht bewegendste Augenblick während der sieben Jahre und sieben Monate in chinesischer Haft.

KAPITEL 13

HITLER-BEWUNDERER, SADISTEN UND FLIEGENDE BRATHÜHNER

Ach, Mailin, meine liebe Mailin. Die ersten Wochen in U-Haft dachte ich immerzu an meine Freundin. Wie es ihr seitdem wohl ergangen war? Dann versuchte ich, sie zu vergessen, und hoffte, dass auch sie mich schnell vergessen würde. Die Nachricht von meiner Festnahme musste für Mailin ein Schock gewesen sein. Von einem Moment auf den anderen war ihr neues Luxusleben auch schon wieder vorbei. Ohne mich konnte sie sich die teure Wohnung im Finanzdistrikt nicht leisten. Ihr Traum von der eigenen Tanzschule war schneller ausgeträumt als eine Pirouette gedreht. Zum Glück bekam sie keinen Ärger mit der Polizei. Sie hatte ja auch wirklich keine Ahnung, was ich so trieb, weshalb ich um sie auch nicht wirklich besorgt war. Wohl aber um meine Angestellten.

Ich lernte im Untersuchungsgefängnis mehrere chinesische Unternehmer beziehungsweise Manager von staatseigenen Betrieben kennen, die wegen Finanztricks oder Bestechung einsaßen und deren Mitarbeiter – mitunter ganze Abteilungen inklusive Sekretärinnen – in Sippenhaft genommen worden sind. Die Polizei kannte kein Pardon und brachte erst einmal alle hinter Schloss und Riegel, die Frage nach der individuellen Schuld war zweitrangig. Mich hätte es nicht gewundert, wenn Angestellte von Finance China als Mitwisser und Helfer meiner »Untergrundgeschäfte« eingelocht worden wären. Es dauerte über ein Jahr, bis ich die Gewissheit hatte, dass niemand von ihnen mit in die Sache hineingezogen worden war.

Draußen sagten sich reihenweise frühere Freunde und Geschäftspartner von mir los. Sie taten so, als hätten sie mich nur flüchtig gekannt und nie meine Dienste in Anspruch genommen. Das war typisch für die Verlogenheit der chinesischen Elite. Man kannte sich nur so lange, wie man voneinander profitierte.

Dafür traf ich im Gefängnis viele wunderbare Menschen, Leute mit anderen Sichtweisen auf das Leben und die Welt. Sie waren es, die das Vorzimmer zur Hölle erträglich machten. In den Zellen herrschte ein permanentes Kommen und Gehen. Wer verurteilt worden war, wurde in einen Knast verlegt. Obendrein nahm die Polizei alle fünf, sechs Monate einen »Gefangenenaustausch« vor. Wohl um Verschwörungen vorzubeugen, mischte sie die Zellenbelegungen komplett durch. Einige Häftlinge kamen in andere Zellen, für die andere Gefangene in meine gebracht wurden. Das ging ganz einfach. Ein Wärter rief die Namen und sagte: »Du, du und du, mitkommen. Ihr zieht um.«

Einerseits war das sehr schade, da ich jedes Mal Freunde verlor, oft auf Nimmerwiedersehen, und neue finden musste. Von einer Minute auf die andere verschwanden diejenigen, denen ich blind vertraute. Jeder Zellenwechsel bedeutete auch ein Sicherheitsrisiko, weil ich nicht wusste, auf was für Typen ich traf und ob womöglich ein Spitzel unter ihnen war.

Andererseits wurde die Monotonie durchbrochen. Ich lernte allein in der U-Haft um die zweihundert Menschen von allen Kontinenten kennen. Jeder hatte seine eigene Geschichte. Jeder fühlte sich gedemütigt und entrechtet. Wirklich beurteilen konnte ich das bei keinem. Doch viele Anschuldigungen hörten sich völlig absurd an, etwa im Falle eines Chinesen, der beschuldigt wurde, Mitglied eines Schmugglerrings zu sein. Sein Vergehen: Er hatte fünf iPads aus Hongkong nach China gebracht. Ich selbst hatte genug schlimme Erfahrungen gesammelt und war bestimmt nicht der Einzige, den die Polizei auf Basis konstruierter Vorwürfe wegsperrte, nachdem sie den Befehl von oben erhalten hatte.

Ich unterhielt mich gern mit den anderen Gefangenen – nicht nur zum Zeitvertreib. Manchem Gespräch verdankte ich neue Einsichten, ja, manchmal sogar so etwas wie Erleuchtung. Ich fing an, Menschen nicht mehr danach zu unterscheiden, ob sie mir für mein Business nützten oder nicht. Ich nahm sie so, wie sie waren. Woher jemand kam und welchen Gott er anbetete, war mir völlig egal. An meine Familie schrieb ich nach gut einem Jahr aus dem Untersuchungsgefängnis: »Ich lebe zusammen mit Hindus, Buddhisten, Christen, Weißen, Gelben, Schwarzen, Asiaten, Europäern, Arabern und Amerikanern – alles gemischt. Wenn man sich jeden Menschen genauer anguckt, sind alle gleich. Jeder ist nur Mensch.« Und was mich selbst anbelangte, stellte ich fest: »Weltliche Genüsse reizen mich nicht mehr so sehr, das Weltliche stirbt in mir. Und der Himmel öffnet sich. Wer ist nun gefangen? Wer sitzt im wahren Gefängnis? Es sind nicht die Gefängnismauern, die einem die Freiheit nehmen. Man selbst nimmt sich die Freiheit.«

Wenn ich mir die Geschichten der anderen anhörte, hatte ich nicht selten sogar ein gewisses Verständnis für das, was sie getan hatten, warum sie zum Beispiel Drogen geschmuggelt hatten. Thailänder, die mit ihren Familien den Elendsvierteln Bangkoks entkommen wollten. Nigerianer, die wollten, dass ihre Kinder nicht länger in Slums spielten, sondern zur Schule gehen konnten. Die Straftaten dieser Menschen rundum zu verdammen, fiel mir schwer. Gerade Afrikaner lernte ich als treue und verlässliche Freunde kennen. Ich hatte immer das Gefühl, sie würden ihr Leben für mich geben, wenn es darauf ankäme.

Manchen Häftling werde ich nie vergessen, auch wenn ich mit dem einen oder anderen nur wenige Wochen zusammen in einer Zelle war. Einer von diesen war der General, den ich im Dezember 2012 kennenlernte. Er war ein beeindruckender Mensch, der auf beeindruckende Weise in sich ruhte. Während der Zeit mit ihm war ich fast euphorisch. Meiner Mutter ließ ich heimlich folgende Botschaft zukommen: »Mir geht es sehr gut. Bin mit sehr netten Leuten zusammen. Speziell mit einem General der Armee. Braucht euch keine Sorgen zu machen.« Der Mann war wegen Bestechung zu 15 Jahren Freiheitsstrafe verurteilt worden und in Berufung gegangen. Solange das Verfahren lief, blieb der General in U-Haft. Drei Jahre hatte er schon abgesessen. Er sah sich als Opfer einer Intrige, mittels deren er in der Armee kaltgestellt werden sollte, und forderte Freispruch für sich.

Der General war spät Vater geworden, er hatte eine kleine Tochter, die er abgöttisch liebte. Oft drückte er Fotos von ihr an die Wange – ein für Chinesen sehr außergewöhnlicher öffentlicher Ausdruck von Gefühlen. Er sprach kein Englisch, was es nicht gerade einfacher machte, sich mit ihm zu unterhalten. Seine Mimik und seine Augen zeigten mir, dass er mich auch so verstand. Für ihn war es so etwas wie Ehrensache, sich um die anderen Häftlinge zu kümmern, sie aufzubauen, zu trösten. Manchmal wunderte ich mich, dass so ein Mensch beim Militär war. Wie hätte der jemanden töten können? Ich übernahm gern zusammen mit dem General die Nachtwache. Er vermittelte mir immer das Gefühl, dass mir in seiner Nähe nichts passieren könne, als hielte er seine schützende Hand über mich. Ich weiß, das hört sich seltsam an, aber ich empfand es so.

Die Begegnung mit dem General war vielleicht auch deshalb so intensiv, weil sie in eine Zeit fiel, in der ich mit nur neun weiteren Gefangenen in der Zelle lebte. Das waren fünf Ausländer und vier Chinesen, und zwar der General, ein Anwalt, der einen Richter bestochen hatte, ein Vize-Bürgermeister einer kleinen Stadt, der zu viel in die eigene Tasche gewirtschaftet hatte, und ein Beamter, der mit gefälschten Rechnungen Staatsknete eingestrichen hatte. Die anderen Ausländer außer mir waren zwei Nigerianer, zwei Palästinenser und ein Pakistani, der gefälschte Visa für China verkauft hatte. Einer der Palästinenser, ein junger Bursche um die 20, war am Flughafen von Shenzhen mit 250 Gramm Heroin im Magen erwischt worden. Er musste mit mindestens 15 Jahren Gefängnis rechnen, vielleicht sogar lebenslänglich. Ein Schicksal von vielen.

Die Wärter waren im Vergleich zu den Mitgefangenen unnahbare, gesichtslose Gestalten, die ihren Dienst wie Automaten verrichteten. Manchen von ihnen bin ich nie direkt begegnet. Ich hörte sie nur, wenn sie oben auf der Balustrade ihren Rundgang machten und zu uns runterschauten, ob wir schön artig waren. Die Strenge der Wachleute wirkte oft aufgesetzt. Je unsicherer einer war, desto schlimmer führte er sich auf. Einige wenige versuchten, freundlich zu sein, aber die meisten waren primitiv und überheblich. Bis auf wenige Ausnahmen verachtete ich die Wärter, ohne sie zu hassen.

Besonders unerträglich fand ich die Dummheit der Wachmänner. Sie faselten ununterbrochen von Recht und Ordnung, dienten aber einem System, das die Ordnung durch Unrecht bewahrte. Sie waren ganz und gar nützliche Idioten. Und die meisten von ihnen schienen ein Faible für den starken Mann zu haben. Wenn ich daran zurückdenke, wie viele Aufseher vor mir den Hitlergruß zeigten, kriege ich heute noch das Kotzen. Sie taten es – übrigens einmal sogar im Beisein meines Anwalts – nicht, um sich über mich oder Deutsche im Allgemeinen lustig zu machen, sondern aus Respekt vor einem der schlimmsten Massenmörder aller Zeiten. »Super Führer«, nannte ihn einmal ein Wärter.

Wenn Wärter oder Polizisten den rechten Arm zum Hitlergruß erhoben, nahm ich es einfach hin. Etwas zu sagen oder gar eine Diskussion anzufangen, wäre völlig sinnlos gewesen und hätte mir nichts als Ärger eingebracht, weil jedes Wort als Kritik am chinesischen System verstanden worden wäre. In der Zelle unterhielt ich mich darüber mit Chinesen, denen ich vertraute. Ein Häftling erklärte mir, worum es tatsächlich geht: »Für Chinesen spielt es keine Rolle, ob ein Mann gut oder schlecht ist, sondern ob er Macht hat oder nicht.« Das brachte diese irrationale Faszination vermutlich wirklich auf den Punkt. Wie wollte man sich sonst erklären, dass Chinas Revolutionsführer Mao Zedong ohne größere Widerstände seine irrsinnige Politik vorantreiben konnte, die 50 bis 100 Millionen Menschen das Leben kostete.

Damit die Macht der starken Männer in Peking nicht bedroht werden konnte, hatten sie über Jahrzehnte ein lückenloses Kontrollsystem installiert, das auch im Knast – oder gerade hier – einwandfrei funktionierte. Nur wer die Aufseher oder Wachleute schmierte, konnte sich dem entziehen. Die Wärter wurden Monat für Monat mit Hunderten, wenn nicht Tausenden Dollars bestochen und schmuggelten alles Mögliche in den Knast, meistens Lebensmittel und Kassiber.

Der Fraß, der täglich durch die winzige Klappe in die Zelle gereicht wurde, war grauenvoll. Wer genug Geld hatte, konnte sich für den Höchstbetrag von 100 Dollar etwas dazukaufen. Ab und an wurden die Regeln verschärft – völlig willkürlich. Eines Tages verbot die Gefängnisleitung, zusätzliches Essen zu kaufen. Für uns war das beschissen, aber die Wärter freuten sich maßlos, weil klar war, dass dadurch noch höhere Bestechungsgelder in ihre Taschen flossen.

Häftlinge, die Geld hatten, bestellten, was ihr Herz begehrte, und die Wachleute warfen es bei ihrem Rundgang auf der Balustrade durchs Gitter runter. Wir scherzten: »Alles Gute kommt von oben. Gott hat unsere Gebete erhört und Essbares vom Himmel regnen lassen.« Manchmal plumpste ein ganzes gekochtes oder gebratenes Hühnchen, direkt vom Markt, auf den Zellenboden. Aus diesem Grund wurde jeder reiche Chinese mit besten Kontakten in der Zelle willkommen geheißen. Von so jemandem profitierten alle im Loch. Derjenige, der bestach, gab den anderen gerne freiwillig etwas ab. Er schlug damit zwei Fliegen mit einer Klappe: Niemand versuchte, ihm das Essen wegzunehmen. Und er minimierte das Risiko, verpfiffen zu werden.

Solange Hühner oder Süßigkeiten in die Zellen geschmuggelt wurden, passierte nichts. Das war der Gefängnisleitung, die ja selbst auch bis ins Mark korrupt war, offensichtlich egal. Aber gnade ihm Gott, wenn ein Gefangener etwas in die Hände bekam, womit er die Sicherheit gefährden konnte. Einmal erlebte ich ein wahres Tohuwabohu. Ein Pakistaner war an ein Handy gelangt, was eigentlich ein Ding der Unmöglichkeit war. Es gab einen Riesenaufstand, die ganze Nacht lang stellten die Wärter alle Zellen auf den Kopf und versuchten herauszufinden, wie der Mann an das Smartphone gelangt war. Die Wachleute aufgeregt wie die Hühner zu erleben, war schon eine tolle Sache. Kaum waren die Wachleute aus unserer Zelle wieder draußen, habe ich mich schlappgelacht. Trotzdem ging die Geschichte nicht gut aus: Es kam heraus, dass das Handy ein Anwalt reingeschmuggelt hatte, der wenig später selbst im Untersuchungsgefängnis Nummer drei landete.

Deepak, ein damals 24-jähriger Inder, saß wegen versuchter Vergewaltigung in Untersuchungshaft. Er hatte eine junge Frau mit zu sich nach Hause genommen, die keinen Sex wollte. Er bedrängte sie im Fahrstuhl, wo eine Kamera das Geschehen aufnahm. Deepak hatte gestanden. Ihm drohten drei bis sieben Jahre Knast. Seine Familie hatte Geld gesammelt und den Richter bestochen. Der Fall bewegte mich damals so sehr, dass ich davon ausführlich in einem rausgeschmuggelten Brief an meine Mutter berichtete: »Gerade hat ihm (Deepak) sein Bruder gesagt, dass er dem Richter 500 000 Yuan (etwa 72 000 Dollar) gezahlt hat. Dafür hat er dann sechs Monate erhalten. Er kommt nächsten Monat nach Hause. Es passieren hier viele solcher Geschichten, die unglaublich, aber wahr sind. Das ist das wahre China. Die sperren einen ein, dann wird abkassiert. Das Opfer (der versuchten Vergewaltigung) hat dagegen nur 60 000 Yuan (rund 8600 Dollar) Entschädigung erhalten. Man fragt sich: Wer ist hier der Verbrecher?«

Unter den Wärtern gab es auch Sadisten. Ungefähr ein Jahr nach meiner Festnahme hatte ich wieder mal üblen Hautausschlag. Der Gefängnisarzt bekam ihn nicht in den Griff, ich reichte Beschwerde bei der Knastleitung ein. Am nächsten Morgen kam ein Aufseher und fragte: »Haben Sie sich über die ärztliche Versorgung beklagt?« Ich nickte. Daraufhin legte mich der Wachmann in schwere Hand- und Fußschellen, die durch eine Kette miteinander verbunden waren, sodass ich mich nicht einmal aufrichten konnte. In dieser gekrümmten Haltung wurde ich an den Bettpfosten gekettet – drei Tage sollte ich so verharren. Musste ich pissen oder kacken, brachten die anderen Gefangenen einen Topf und stellten ihn mir unter den nackten Arsch. Ich kannte das Prozedere von anderen Häftlingen, die bereits auf die gleiche Weise misshandelt worden waren.

Nach neun Stunden in gebückter Haltung wurde ich aus der Zelle geholt. Ich dachte: Jetzt machen sie mich fertig, das ist das Ende. Wie ein kranker Käfer watschelte ich gebückt durch die Flure. Die Eisen an meinen Füßen, von denen eins etwa zehn Kilo wog, scheuerten die kranke Haut nun auch noch wund, und die Gelenke schwollen an. Der Aufseher, der mich abgeholt hatte, öffnete die Tür zu einem Raum, in dem ich bis dahin noch nicht gewesen bin. Ich war überrascht, dort meinen Anwalt sitzen zu sehen. Der Aufseher kam mit hinein. Ich habe nie erfahren, wer Qianwu Yang den Tipp gegeben hatte, dass ich gefoltert wurde (und darf hier auch nicht darüber spekulieren). Er sagte in seiner typisch unaufgeregten Art: »Wenn Sie sich für Ihren Fehler entschuldigen, ist es vorbei. Dann kann man Ihnen Ihr falsches Handeln verzeihen und wird die Ketten abnehmen.« So wie er die Worte betonte, verstand ich schon, was er von der ganzen Sache hielt und was er mir zu tun empfehlen würde. Trotzdem erwiderte ich: »Auf keinen Fall, das mache ich nicht. Wofür soll ich mich entschuldigen?« Mein Anwalt meinte: »Ich verstehe Sie ja. Aber nun heißt es erst einmal, an Ihre Gesundheit zu denken. Denn drei Tage in Ketten sind eine lange Zeit. Das kann zu Schäden führen, die Sie nicht gebrauchen können.«

Mein Verteidiger überzeugte mich. Ich willigte ein. Der Aufseher brachte mich zurück in das Drecksloch. Die anderen 14 Gefangenen mussten sich wie beim Zählappell in einer Reihe auf die Schlafplattform setzen. Ich stand in der Zelle, Qianwu Yang neben mir. Ich sagte auf Englisch: »Ich entschuldige mich bei den Wachleuten und den Mithäftlingen, dass ich mich über die gesundheitliche Versorgung beschwert habe.« Ein Mitgefangener aus Malaysia übersetzte, der Aufseher nickte zufrieden und nahm mir die Fesseln ab.

Ein Wahnsinn! Die ärztliche Versorgung im Vorzimmer zur Hölle war erbärmlich und ich entschuldigte mich dafür, das offen angesprochen zu haben. Ich fühlte mich gedemütigt und schämte mich dafür, nachgegeben zu haben. Aber letztlich erwuchs daraus auch die Wut, die mich nur stärker machte und mich befähigte, zu überleben.

KAPITEL 14

»DAS GANZE HIER IST EIN PURES GESCHENK GOTTES«

Vom ersten Hafttag an war ich voller Groll. Nach der erzwungenen Entschuldigung wuchs meine Wut ins Unerträgliche. Und sie wurde fortlaufend aus den Misshandlungen und Erniedrigungen gespeist, die wir Tag für Tag erdulden mussten. Die Chinesen zwangen einen, ihr erbärmliches Spiel mitzuspielen, um man konnte nichts dagegen tun. Wir mussten ihre Umerziehungsmaßnahmen über uns ergehen lassen, dabei waren sie selbst die dreistesten Verbrecher weit und breit.

Die Wut drohte in Hass umzuschlagen und sich gegen Polizisten, Staatsanwälte, Richter und Häftlinge gleichermaßen zu wenden. Alle Chinesen über einen Kamm zu scheren und pauschal zu verurteilen, wäre aber zu einfach gewesen und hätte mich meinerseits zu einem Unmenschen gemacht. Mir war klar, ich wollte einen anderen Weg gehen und bei mir anfangen, wollte versuchen, mich von außen zu sehen und mich zu fragen, wie ich zu jemandem wurde, den man ins Gefängnis sperrte. Warum mir Geld, Glanz und Gloria so wichtig waren, wichtiger als alles andere auf der Welt. In Freiheit hatte ich so oft meine Hymne gesungen: »Lord I'm doing all I can – to be a better man.« Jetzt dachte ich, ich sollte es wirklich mal versuchen.

Dass ich im meinem vorherigen Leben – das wahrlich noch nicht lange hinter mir lag – um jeden Preis auffallen wollte, dass mir mein protziges Gehabe, der Luxus, die Prasserei nicht peinlich waren, darüber konnte ich jetzt im Knast nur den Kopf schütteln. Was war ich doch für ein Esel. Ich war dem Mammon hinterhergejagt und hatte nicht gemerkt, wie mir dabei Werte wie Liebe, Anstand,

Gerechtigkeit und Respekt abhandengekommen und völlig gleichgültig geworden waren.

Um zu dieser – eigentlich banalen – Erkenntnis zu gelangen, brauchte ich einige Monate. Der Absturz von Wolke sieben war das eine. Etwas ganz anderes war es, sie für immer ziehen zu lassen. Ich versuchte, so gut es ging, mein Schicksal anzunehmen – und darin auch eine Chance zu sehen, nämlich mich zu ändern. Einfach war das nicht. Wie alle Häftlinge hatte auch ich schwere Stunden und Tage, war der Verzweiflung nahe und hegte mitunter Selbstmordgedanken. Aber wie überall, so gilt auch im Knast: Wer nicht wagt, der nicht gewinnt.

Ich begann, mich mit Religion zu beschäftigen und hatte das Glück, ganz legal über das deutsche Konsulat und meinen Anwalt an Bücher zu kommen. Andere Häftlinge mussten dafür Wärter bestechen. Also las ich die Bibel, den Koran, Werke über Buddhismus und Hinduismus, Bücher von Mahatma Gandhi und dem schwedischen Mystiker Emanuel Swedenborg. Gandhi, Indiens großer pazifistischer Freiheitskämpfer, hielt Wut für ein machtvolles Instrument, das Gutes hervorbringen kann. Von ihm lernte ich, die aufgestaute Wut in positive Energie umzuwandeln. Und es zeigte Wirkung, ich wurde anders wahrgenommen, als weniger geltungssüchtig oder überheblich. Immer öfter hörte ich: »Robert, du hast dich echt gewandelt.«

Besonders beeindruckt hatten mich die Schriften Swedenborgs, der im 18. Jahrhundert gelebt und zum Beispiel Johann Wolfgang von Goethe beeinflusst hatte. Über die Lektüre des Mystikers fand ich zu Gott – nicht im Sinne einer bestimmten Religion, sondern eines überirdischen Wesens mit universellem Anspruch. Für Swedenborg sind Weisheit und Liebe Ausdruck der göttlichen Macht. Er schrieb: »Die göttliche Liebe gehört der göttlichen Weisheit an, und die göttliche Weisheit der göttlichen Liebe.« Swedenborgs Lehren gaben mir Halt. Mit ihrer Hilfe entwickelte ich in der Not des Knastes meine Überlebensstrategie.

Ich glaube fest an eine Macht im Universum, die Kraft spendet und Wunder bewirken kann. Diese Macht, ein höheres Wesen, passte rund um die Uhr auf mich auf. Es sprach zu mir, machte mir Hoffnung und kleine Geschenke. In den Briefen nach Hause schrieb ich seitenweise über meine Hinwendung zu Gott und meine neuen Erkenntnisse. »Das Ganze hier ist ein pures Geschenk Gottes. Es hätte nicht besser kommen können.« War das Selbstbetrug? Oder Schönrednerei? Keineswegs. Eher könnte man es Autosuggestion nennen. Der Glaube half mir, meinen Absturz als etwas Relatives zu begreifen und meinen Bedeutungsverlust zu akzeptieren. Er war letztlich das Einzige, was mir blieb. Nicht einmal die im Knast allmächtige Staatsmacht konnte mir den Glauben nehmen – nicht den an Gott und nicht den an mich selbst. So bewahrte ich mir meine Würde.

In den zehn Geboten erkannte ich die einzig maßgebliche Richtschnur. In einem Brief nach Hause riet ich, »sein Ego über Bord zu werfen und sich selbst und sein Schaffen infrage zu stellen«. Ich bemühte mich, selbst danach zu handeln und war oft erstaunt, wie sehr ich mich veränderte. »Der alte Robert ist tot«, konstatierte ich in dem Brief. »Gott spricht mit mir und zeigt mir, was ich richtig und was ich falsch mache, was ich verbessern muss.«

Der Wille zum Überleben gründete in meinem starken Glauben. Die chinesischen Wärter gaben uns Häftlingen jeden Tag aufs Neue das Gefühl, ein Stück Scheiße zu sein. Es war kein Wunder, dass sich etliche Gefangene aufgaben, langsam durchdrehten und allmählich nur noch wie seelenlose Wesen dahinvegetierten. Eine gesellschaftliche Kontrollinstanz, die dafür sorgte, dass soziale Normen eingehalten wurden, existierte hier nicht. Das Wachpersonal kümmerte sich um die exakte Einhaltung der Zeiten und darum, dass wir während der »Bildungszeit« nicht einschliefen. Aber wenn sich Häftlinge stritten, anpöbelten, nicht wuschen, rülpsten, furzten oder beim Kacken die Öffnung des Klos verfehlten, war das den Wärtern völlig schnuppe. Dass Menschen zu Tieren mutierten, ging ihnen nicht nur am Arsch vorbei. Sie schienen sogar genau das zu wollen.

Nur meinem Glauben hatte ich es zu verdanken, dass ich mich immer noch wie ein Mensch fühlte und nicht wie ein Tier. Das Leben mit 15 Mann in dem engen Raum führte unweigerlich zu regelmäßigen Konflikten. Wie für die anderen gab es auch für mich täglich reichlich Gründe, mich aufzuregen: über das grässliche Essen, die mangelnde Hygiene, die miserable ärztliche Versorgung, die Enge, die Ungerechtigkeit, auch über Mithäftlinge, die sich vor der Drecksarbeit in der Zelle drückten oder 20 Minuten über dem Klo hockten, ohne sich darum zu scheren, dass drei andere warteten. Oder die das Essen in sich reinstopften, als wäre es ihre Henkersmahlzeit. Vor allem nervte mich das ewige Gejammer, wie schlimm alles sei. Keine Frage: Das war es. Aber sich immer nur zu beklagen, half nicht, es besser zu ertragen. Selbstmitleid machte alles nur noch schlimmer, als es ohnehin war.

Für mich waren zum Beispiel Festtage eine willkommene Abwechslung, ich freute mich über sie, ganz gleich, ob es christliche, muslimische, taoistische, buddhistische oder hinduistische waren. Ich ließ mir erklären, was an den jeweiligen Tagen gefeiert wurde. Auf diese Weise gab es für mich fast das ganze Jahr Party. Gefeiert wurden das islamische Neujahr, das indische Neujahr, das russische Neujahr, das christliche Neujahr, das Neujahr nach dem thailändischen Mondkalender und natürlich das chinesische Neujahr. 2012 richtete die Gefängnisleitung zum chinesischen Neujahrsfest eine Feier im Innenhof aus. Ich wurde dazu bestimmt, gemeinsam mit einer Engländerin, die fließend Chinesisch konnte, die Veranstaltung zu moderieren: Die Britin übernahm den chinesischen, ich den englischen Part. Zur Feier des Tages durfte ich einen Anzug und richtige Straßenschuhe tragen statt der üblichen Knastlatschen. Etliche Aufseher, darunter hochrangige Offiziere, aber auch einige Häftlinge schauten im Hof dem Spektakel zu. Für die übrigen Gefangenen wurde die kleine Show, an der mehrere Gefangene mitwirkten, live in die Zellen übertragen. Unter anderem sang ein Häftling ein Lied, ein anderer jonglierte und ein dritter führte ein paar Zaubertricks vor. Es war großartig, die Zelle zu verlassen und neben einer fremden Frau zu stehen – das einzige Mal innerhalb der Gefängnismauern in all den Jahren. Als ich in die Zelle zurückkam, zogen mich die anderen auf: »Robert, du musst ins Fernsehen.«

Ich konnte mich ins Religiöse regelrecht versenken und erlebte sogar Trancezustände. Ein litauischer Gefangener beobachtete mich einmal nachts bei etwas, das die Wissenschaft »luziden Traum« nennt. Er glaubte fälschlicherweise, ich hätte einen epileptischen Anfall gehabt. Ich schlief nicht, war aber auch noch nicht wach. Ich erlebte einen Traum bei vollem Bewusstsein. Nach Hause schrieb ich: »Swedenborg hatte ähnliche Erlebnisse. Das müssen Reisen in die andere Welt sein.«

Ich bemühte mich, selbstlos, gütig und freundlich zu anderen zu sein. Ich teilte gern mit den Leuten in der Zelle, mit meinen Freunden sowieso. Einmal kaufte ich für meinen nigerianischen Freund Jerry Essen und Süßigkeiten. Im Gegensatz zu ihm hatte ich genug Geld. Und was machte Jerry? Er gab die Waren an seine Landsleute weiter. Vielleicht ahnten sie, dass sie von mir waren. Aber ich ließ Jerry den Stolz und die Ehre, als Wohltäter seinen Landsleuten eine Freude gemacht zu haben.

Außer den Glauben hatte ich nichts, woran ich mich festhalten konnte. Meiner Mutter schilderte ich die Misshandlung durch den Wärter, der mich wie einen Sklaven in Ketten gelegt hatte. »Die 13 Monate, in denen ich misshandelt, gedemütigt, erpresst und bedroht wurde, haben einen anderen Menschen aus mir gemacht. Mein Herz und mein Charakter sind jetzt aus Stahl geformt. Es gibt nichts mehr, was mir noch Angst bereiten könnte. Denn ich habe die Hölle gesehen und erlebt. Ich habe dem Teufel persönlich in die Augen geguckt. Das war der Tag, an dem mich der Beamte aufs Schlimmste erniedrigt hatte.«

Dabei wusste ich damals noch gar nicht, dass das Gefängnis von Shenzhen nur das Vorzimmer zur Hölle war. Und deshalb war es gut, dass ich wusste, dass Gott bei mir war. Er war der Einzige, der nie von meiner Seite wich – und über den die Chinesen keinerlei Macht hatten.

KAPITEL 15

FAMILIENBESUCH

Meine Mutter verbrachte gerade glückliche Tage auf ihrer Lieblingsinsel Wangerooge. Sie freute sich auf die Hochzeit meiner Schwester, die in der Woche darauf stattfinden sollte. Mum hatte die ganze Hochzeitsfeier geplant und vorbereitet, so wie es sich Melina gewünscht hatte. Wochenlang hatte sie an jedem Detail gefeilt, bis in ihren Augen alles perfekt war. Nur bei der Frage des passenden Blumenschmucks hatte meine Mutter noch keine Entscheidung getroffen. Bei einem Strandspaziergang wollte sie sich die verschiedenen Varianten noch mal durch den Kopf gehen lassen.

Als sie über den feinen Sand schlenderte, klingelte ihr Handy. Es war mein Bruder: »Mama, das Auswärtige Amt hat eben angerufen. Robert ist festgenommen worden.« Für meine Mutter stürzte eine Welt ein, die Nachricht traf sie wie ein Schlag. Im Gefängnis? Wie konnte das sein?

Die Stunden unmittelbar nach dem Anruf müssen der blanke Horror für sie gewesen sein. Mum war mutterseelenallein auf Wangerooge. Der Mann, den ich nie als meinen Stiefvater akzeptiert hatte, war in Nordrhein-Westfalen geblieben und nicht bereit, umgehend zu ihr zu eilen, um sie zu unterstützen. Erst zwei Tage später traf er auf der Insel ein. Da war meine Mutter schon beim Arzt gewesen, weil sie Atemnot bekommen hatte und andere Paniksymptome zeigte. Ein bisschen halfen ihr Gespräche mit der Inselpsychologin, aber insgesamt machte sich Verzweiflung in ihr breit.

So schwer es für meine Mutter auch war, sie musste sich meiner Schwester zuliebe zusammenreißen. Sie tat alles dafür, dass Melina und ihr Schwiegersohn einen unvergesslichen Tag erlebten. Die Gäste sollten nichts vom Kummer der Familie mitbekommen. Sogar den Blumenschmuck hat meine Mutter noch organisiert.

Aber natürlich lag über dem Fest ein pechschwarzer Schatten. In Gedanken war meine Familie bei mir. Und ich bei ihr. Ich wäre so gerne dabei gewesen, als mein Schwesterherz ihr Jawort gab. Ich hätte ihr Trauzeuge sein sollen. Diese Rolle übernahm mein Bruder.

Wieder eine Woche später verließ meine Mutter Wangerooge. Sie hatte schlimme Kniebeschwerden und ließ sich operieren. Den OP-Termin hatte sie auf den 12. September gelegt, meinen Geburtstag. Die ganze Zeit über war es meiner Familie nicht möglich, in Erfahrung zu bringen, was mir vorgeworfen wurde, wofür ich festgenommen worden war. Das für Shenzhen zuständige deutsche Generalkonsulat hatte ebenfalls keine näheren Informationen, meinem Anwalt wurde Akteneinsicht verwehrt. Die quälende Ungewissheit war für alle extrem belastend und ganz besonders für meine Mutter. Erst sehr viel später erfuhr ich vom ganzen Ausmaß ihrer Verzweiflung. Es ging ihr monatelang richtig schlecht, psychisch und physisch baute sie stark ab und war irgendwann total ausgelaugt, ein Schatten ihrer selbst. Sie hatte zwischenzeitlich nicht mehr die Kraft zum Einkaufen oder Kochen.

Meine Mutter wollte mich unbedingt besuchen kommen, doch das Auswärtige Amt in Berlin warnte sie eindringlich davor. Das Ministerium schloss die Möglichkeit, dass sie ebenfalls verhaftet wurde, nicht aus. Meine Mum folgte der Empfehlung – bis sie es einfach nicht mehr aushielt.

Fünf Tage vor Heiligabend 2011 flogen meine Mutter und mein Bruder nach China. Zum Glück war Max mit dabei. Allein hätte sie es nicht geschafft. Die beiden landeten in Hongkong. Ein deutscher Freund, der in China lebte, holte sie dort ab. Er bezahlte die Flugtickets und das Hotel für sie und half, wo er nur konnte. Der Freund übergab ihnen zwei Plastiktüten mit den Habseligkeiten aus meiner Wohnung, die die Polizei sich nicht unter den Nagel gerissen hatte – einen Rennfahrer-Overall aus meiner Le-Mans-Zeit und anderen wertlosen Krempel.

Meine Mutter hatte mich bis dato einmal in China besucht, als es mit dem Schmuckgeschäft gerade richtig losging. Im April 2007 hatte ich sie und meine Geschwister eingeladen, um in meiner neuen

Heimat ihren 50. Geburtstag zu feiern. Natürlich ließ ich die Gelegenheit nicht ungenutzt, ihr zu zeigen, was für ein toller Hecht ich geworden war. Damals verdiente ich schon sehr gut und wollte meiner Familie etwas bieten. Meine Mutter war aus dem Staunen nicht mehr herausgekommen. Ich weiß noch, wie sie über die Vielfalt an toten und lebendigen Tieren, die auf den Märkten angeboten wurden, staunte. Besonders fasziniert war sie von Krokodilen in Tiefkühltruhen. »Eine andere Welt, eine komplett andere Welt«, wiederholte sie ein ums andere Mal. An ihrem Geburtstag schenkte ich ihr Seide, die ich in Shanghai besorgt hatte, und brachte ihr mit Freunden ein Geburtstagsständchen dar: »Happy Birthday« …

Die Umstände, unter denen unser Wiedersehen in China stattfand, hätten kaum schlimmer sein können. Das deutsche Konsulat in Guangzhou trichterte meiner Mutter ein, sich nicht an die Medien zu richten, um keinen Druck auf die Chinesen auszuüben. Das könne voll nach hinten losgehen und die Staatsorgane nur unnötig gegen sie einnehmen. Sie hielt sich daran. Ein hochrangiger Diplomat gab ihr eine Telefonnummer für Notfälle – ein Beleg dafür, dass das Konsulat den Chinesen zutraute, sie oder meinen Bruder ebenfalls einzubuchten. Mein Anwalt wich meiner Mutter und Max nicht von der Seite und besorgte ihnen ein Hotel, in dem sie sich einigermaßen sicher fühlen konnten.

Am Tag nach ihrer Ankunft ließen sich die beiden von einem Taxi zur Untersuchungshaftanstalt bringen. Das Tor erinnerte sie an den Triumphbogen an den Champs-Élysées in Paris, wie sie mir später erzählte. Sie registrierte die exotischen Vögel auf den Dächern und die Sauberkeit. »Wie im Sanatorium«, berichtete sie später daheim. Das war natürlich reine Show für Gäste, um ihnen einen positiven Eindruck zu vermitteln. In Wahrheit waren da verlogene Saubermänner am Werk, nach dem Motto: außen hui, innen pfui. Sehen durften mich meine Mutter und mein Bruder bei dieser Gelegenheit nicht. Sie wurden weggeschickt und auf einen anderen Tag vertröstet.

Das Gefängnis war ans Ende eines Tals gebaut. Die Straße, die zur Haftanstalt führte, stieg danach steil bergan. Meine Mutter hatte den

Einfall, sie hinaufzulaufen. Als sie sich nach einer Zeit umdrehte, blickte sie auf die Käfige, in denen die Häftlinge hausten. Es überkam sie, und ohne zu wissen, ob ich ihre Worte hören konnte, rief sie mit aller Kraft: »Robert! Mama und Maximilian sind hier! Robert! Robert! Hörst du mich? Mama ist da!« Sie schrie sich die Angst aus dem Leib.

Meine Mutter und mein Bruder hatten den weiten Weg auf sich genommen – aber die Chinesen ließen sie zappeln. Am dritten Tag fuhren sie zusammen mit meinem Anwalt zu einem Polizeirevier, gut 15 Autominuten vom Untersuchungsgefängnis entfernt. Dort waren auch deutsche Diplomaten anwesend. Mum hatte haufenweise Beruhigungspillen geschluckt. Ungefähr drei Stunden befragten Polizisten meine Mutter und Max. Auch hierbei trieben die Chinesen ihr übles Spiel. Meine Mutter erzählte später, dass ihr erklärt wurde: »Wenn Sie nicht alles sagen, was Sie wissen, wird Ihr Sohn zu lebenslänglich verurteilt, wenn er nicht die Todesstrafe erhält.« Der Anwalt hatte meine Mutter und meinen Bruder darauf vorbereitet, dass die Ermittler psychischen Druck ausüben könnten. Sie blieb trotz der Angst um mich stark und weigerte sich, das Protokoll, das sie selbst schreiben musste, mit einem Fingerabdruck zu unterzeichnen. Die Ermittler begnügten sich letztlich mit ihrer Unterschrift.

Zwei Zimmer weiter saß ich auf einem Eisenhocker. Meine Hände waren in Handschellen gelegt, die an einem Tisch vor mir und dem Hocker angekettet wurden. Ein Gitter teilte den Raum: eine Seite für den Häftling, die andere für die Besucher. Meine Mutter wäre vor Aufregung fast an der Sprechluke vorbeigelaufen, hinter der ich wartete. Ich musste sie anrufen: »Hi Mum.« Es zerriss uns, dass wir uns einerseits sehen konnten – aber nicht berühren durften. Für sie muss es entsetzlich gewesen sein, mich in Gefängisklamotten und Handschellen zu sehen und nichts dagegen tun zu können.

Auch für mich war die Situation extrem verstörend. Mehr als ein halbes Jahr hatte ich in einem Loch verbracht, ohne jeden Kontakt nach Hause. Und nun gönnten mir die Chinesen ganze 30 Minuten mit meiner Familie – ohne eine Umarmung, einen Kuss, ein Streicheln der Hände oder Tätscheln der Wange. Ich fühlte mich total abgestumpft, keinerlei Wiedersehensfreude kam auf. Das überforderte mich zusätzlich. Ich musste mich sehr zusammenreißen, um stark zu bleiben. Es reichte, dass meine Mutter litt.

Besuch zu haben, war gut, aber eben auch immer problematisch. Später in der Hölle von Dongguan wollte ich meine Familie nicht mehr sehen.

Ich hatte mir vorgenommen, oberflächliches »Wie geht's dir«-Geplauder so kurz wie möglich zu halten. Das klingt sehr hart, aber es wäre für uns drei extrem belastend und auch frustrierend gewesen. Ohnehin hätte ich nicht die ganze Wahrheit erzählt, nicht mal die halbe. Ich wollte vor allem über ein Thema reden: die Möglichkeit, einen Ermittler, Staatsanwalt oder Richter zu bestechen. Da die Wahrscheinlichkeit, dass wir abgehört wurden, bei 100 Prozent lag, redete ich sehr schnell und in Metaphern. Mum und Max verstanden, was ich meinte.

Nach ihrer Heimkehr berieten sie, ob sie dahingehend etwas unternehmen sollten. Sie entschieden sich dagegen, ich akzeptierte das – auch unter dem Eindruck von Qianwu Yangs Ratschlag. Mein Verteidiger war von meiner Unschuld überzeugt. Sein Leitspruch lautete: »Wenn du willst, dass das Gesetz funktioniert, musst du daran glauben.« Den Satz sagte er immer und immer wieder. Er sagte ihn nicht nur, um mich aufzumuntern, auch um sich selbst immer wieder daran zu erinnern, um die Hoffnung nicht zu verlieren. Qianwu Yang glaubte aufrichtig an den Sieg der Rechtstaatlichkeit in China – ja, irgendwann mal. Vielleicht. Ich erlebte das Gegenteil davon.

Zum Abschied las ich meiner Mutter eine Stelle aus dem Brief des Jakobus vor: »Selig der Mann, der in der Versuchung standhält. Denn wenn er sich bewährt, wird er den Kranz des Lebens erhalten, der denen verheißen ist, die Gott lieben.« Sie verstand es. Je härter die Herausforderung, desto größer die Belohnung von Gott. Das wurde zu meinem Lebensmotto.

Nach dem Wiedersehen mit der Familie sahen die Ermittler ihre Chance auf ein Geständnis gekommen. Sie hofften, dass ich durch den Besuch weich geworden wäre und bereit, ihnen Angelina ans Messer zu liefern. Ich wurde bis tief in die Nacht verhört. Erst lange nach Mitternacht kehrte ich in das Loch zurück. Alle schliefen. Ich lag noch lange wach und grübelte.

Meine Mutter und Max kehrten aufgewühlt ins Hotel zurück. Für sie war es eine Gefühlsachterbahn zwischen Traurigkeit und Zuversicht. Immerhin wussten sie nun, dass ich kämpfte und mich stark fühlte. Am nächsten Tag wollten sie sich ein wenig Ablenkung gönnen und sich Hongkong anschauen. Das Konsulat warnte nachdrücklich davor. Die Botschaftsangehörigen, die natürlich kapiert hatten, dass wir über Bestechung sprachen, hatten Sorge, dass die beiden vorsorglich festgenommen werden konnten. Einer von ihnen sagte zu meiner Mutter beim Abschied, er staune über den Mut ihres Sohnes, denn andere Inhaftierte legten irgendwann einfach Geständnisse ab – falsche oder echte –, um möglichst schnell entlassen zu werden. Es tat ihr gut, das zu hören.

Der Flieger zurück nach Deutschland war fast leer – kein Wunder, es war Heiligabend. Am Flughafen wurden die beiden von meiner Schwester empfangen. Sie waren völlig aufgelöst. Meine Schwester war heilfroh, dass sie überhaupt wieder zu Hause waren. Frohe Weihnachten sahen mit Sicherheit anders aus als in jenem Jahr bei den Rothers, in dem nur wenig gesprochen und viel geweint wurde. Meine Mutter raffte sich sogar noch auf, in die Kirche zu gehen, hielt es dort aber nicht lange aus.

Seit dem fatalen Anruf meines Bruders, der sie beim Spazierengehen am Strand erreicht hatte, war meine Mutter nicht mehr sie selbst, sondern ein seelisches Wrack. Nun, nach dem Besuch in China, erwischte es auch Maximilian. Nachdem mich mein Bruder in den Häftlingsklamotten gesehen und Einblicke in das Innenleben des unerbittlichen Unrechtsstaates erhalten hatte, begriff er die Aussichtslosigkeit meiner Lage. Unser Wiedersehen setzte ihm emotional extrem zu. Er verzweifelte und verlor jede Hoffnung. Unmittelbar nach meiner Festnahme konnte Max gar nicht fassen, was passiert war, konnte das Unbegreifbare nicht begreifen, geschweige denn irgendwie verarbeiten. Wochenlang lebte er in dem dumpfen Gefühl, durch Nebel zu laufen. Er wusste nicht mehr, wo es langgeht, verlor die Orientierung und taumelte. Aber er fiel nicht um und hielt sich tapfer.

Nach dem Besuch in Shenzhen jedoch gelang ihm das nicht mehr. Meine Mutter bekam mehrmals mit, wie er danach nachts im Schlaf schrie. Ihn quälten Albträume. Max kam immer mehr aus der Spur. Fast hätte er sein Studium abgebrochen. Gott sei Dank verstand er irgendwann, dass er in dieser Verfassung meiner Mutter keine Stütze, sondern eine zusätzliche Belastung für sie war. Glücklicherweise fing er sich wieder, aber erst nach Monaten ging es ihm wieder besser.

Später, nach meiner Entlassung, als ich wieder in Deutschland war, erzählte mir Maximilian, dass der Schock für ihn deshalb so groß gewesen sei, weil er nach der Dortmunder Meisterschaftsfeier zum ersten Mal das Gefühl gehabt habe, mit mir, seinem älteren Bruder, endlich auf Augenhöhe zu sein. Als ich nach China auswanderte, war mein Bruder noch ein Junge. Doch als ich ihn bei der Fußball-Party im Mai 2011 wiedersah, war er ein Erwachsener, der genauso viel Lust auf Party hatte wie ich. Max fühlte sich mir so nah wie nie zuvor in seinem Leben. Er freute sich, endlich einen Bruder zu haben, der ihn wahrnahm und für ihn da war. Und nur wenige Tage später landete ich im Gefängnis.

Meine Mutter war ausgelaugt und kraftlos. Selbst über die Schwangerschaft meiner Schwester konnte sie sich nicht richtig freuen. Glücklicherweise änderte sich das, als der kleine Moritz auf die Welt kam. Die Geburt meines Neffen war ein großes Glück für die Familie. Auch für mich – eines der wenigen Male, wo ich im Gefängnis Emotionen öffentlich zeigte. Nachdem ich erfahren hatte, dass ich Onkel geworden war, haute es mich um. Vor Freude schmiss ich eine Runde Essen. Es gelang mir, für jeden in der Zelle eine große Portion Fisch zu organisieren. Während des Galadinners war es so ruhig wie nie zuvor in unserem Drecksloch. Alle Häftlinge fühlten sich 30 Minuten lang wie die Könige. »Jeder hat meinen Neffen in den höchsten Tönen gepriesen und ihm alles erdenklich Gute gewünscht«, schrieb ich meiner Schwester.

Bei der Taufe meines Neffen las Max ein Gedicht vor, das ich für den Jungen geschrieben hatte. Meine Schwester weinte bitterlich. Während meiner Zeit im Gefängnis wurde ich dreimal Onkel. Nach Moritz bekam Melina noch zwei Töchter: Lilie und Emma. Als die

Mädchen auf die Welt kamen, schmorte ich schon in der Hölle von Dongguan. Ich freute mich über die Nachricht von der Geburt meiner Nichten, aber still, ohne zu feiern. Wie sagte Scarlett O'Hara doch so schön: »Morgen ist auch noch ein Tag!« Recht hatte sie.

Meine Mutter baute immer weiter ab. Sie hatte wahnsinnige Angst um mich. Tagsüber konnte sie nicht abschalten, nachts hatte sie Albträume, in denen sie mich schreien hörte. Manchmal rief Mum im Auswärtigen Amt an, um von ihren Träumen zu erzählen und die Ministeriumsmitarbeiter zu bitten, sich im Gefängnis nach mir zu erkundigen. Die erfüllten ihr in der Regel den Wunsch. Meine Mutter kämpfte daheim für mich. Sie schrieb einen Brief an den damaligen Bundespräsidenten Joachim Gauck, in dem sie ihm erklärte, wie es ihrem Sohn im chinesischen Gefängnis erging und dass er nicht einmal ein Kopfkissen und eine Decke zum Schlafen bekomme. In der Antwort aus Schloss Bellevue stand, dass man das zuständige Konsulat darüber informiert habe. Tatsächlich bekam ich einige Zeit später Kissen und Decke.

Mein Neffe Moritz hat übrigens am 19. Dezember Geburtstag – der Tag meiner Entlassung. So ist er eben, der Lauf der Dinge.

KAPITEL 16

DEN SELBSTMORD VOR AUGEN

Sich umzubringen, erfordert Mut – und setzt ein hohes Maß an Verzweiflung voraus. Die Chinesen hatten mich so weit. Zwei Jahre und drei Monate nach meiner Inhaftierung wollte ich sterben. Tatsächlich, ich hatte mich entschieden, mich umzubringen. Ich sah darin den einzigen Ausweg, zwar liegend, aber erhobenen Hauptes aus diesem Drecksloch zu kommen. Von einem mexikanischen Revolutionsführer stammt der Spruch: »Besser aufrecht sterben als ein Leben lang auf den Knien leben.« Wie recht er doch hatte.

»Hallo Mum, ich sehe hier keine Hoffnung mehr. Die machen, was sie wollen. Du gehst jetzt an die Medien. Wenn der Fall bis zum 12. September 2013, meinem Geburtstag, nicht in der Öffentlichkeit ist, dann bin ich tot. Ich werde mir das Leben an meinem Geburtstag nehmen, wenn das nicht in den Medien ist. Du solltest wissen, dass ich keinen Spaß mache. Jetzt musst du nach vorne gehen, ansonsten kann nur mein Tod helfen. Denn dann müssen Fragen beantwortet werden. Ich habe die Schnauze voll. Ich habe keine Angst vor dem Tod!!! Ich habe das mit Gott besprochen. Mein Tod kann das Leben von vielen unschuldigen Menschen ändern.«

Das steht in einem Brief, den ich im August 2013 meiner Mutter zukommen ließ. Mein Prozess lief bereits seit einem halben Jahr. Den Glauben an das chinesische Rechtssystem hatte ich da lange verloren. Die Mitarbeiter vom deutschen Konsulat empfahlen nach wie vor, die Presse nicht einzuschalten, um die Chinesen nicht zu verärgern. Das interessierte mich nicht mehr. Meine Verurteilung war längst beschlossene Sache, die Verhandlung eine einzige Farce. Ich hatte längst geschnallt, dass den Kommunisten – wenn überhaupt – nur mit den Mitteln beizukommen war, die sie am meisten hassten. Und dazu gehörten in der Öffentlichkeit gestellte kritische Fragen.

Mit dem Brief war es mir absolut ernst. Ich war mir völlig im Klaren darüber, dass er meiner Mutter, die ohnehin mit den Nerven am Ende war, den Rest geben würde. Es war reine Erpressung. Der Gedanke, ihr Sohn könne sich das Leben nehmen, muss wie ein Stich ins Herz gewesen sein. Aber ich war verzweifelt, war bereit, über Leichen zu gehen. Warum länger auf die Beamten des Auswärtigen Amtes hören, die sich, nach meiner Sicht der Dinge, vor Angst, die Chinesen zu vergrätzen, in die Hose machten? Hier sah ich meine einzige Chance: mithilfe der Medien Peking zur Weißglut zu treiben. Ich wollte, dass über meinen Fall berichtet wurde, und wenn nicht, würde es eben eine Meldung über einen Deutschen geben, der sich im chinesischen Knast umgebracht hatte. Letzteres wäre für die Chinesen der GAU gewesen, so dachte ich.

Die Nachtwache in den Zellen war unter anderem deswegen eingerichtet worden, um zu verhindern, dass wir uns selbst etwas antaten. Davor, dass insbesondere Ausländer in einem chinesischen Gefängnis zu Tode kamen, hatte der Machtapparat so viel Schiss wie die Kommunisten vor der Demokratiebewegung. Unliebsame Nachfragen der Regierungen in Peking hätten die Folge sein können. Die Gefahr, einer empörten Weltöffentlichkeit Auskunft über die katastrophalen Zustände in ihren Gefängnissen geben zu müssen, war der Grund, warum Ausländer einen Tick besser versorgt wurden als die chinesischen Häftlinge.

Es hat in meiner Zeit Selbstmordversuche gegeben, zumindest hörte ich von ihnen. Es soll Häftlinge gegeben haben, die durchdrehten und die Wärter angriffen, in der Hoffnung, getötet zu werden. Ein nigerianischer Häftling sagte einmal zu mir: »Ich glaube, in einem Sarg ist es gemütlicher als in diesem Drecksloch.« Die totale Willkür der Wärter, Polizisten, Staatsanwälte und Richter zermürbte einen völlig. Erst wartete und wartete ich darauf, dass der Prozess endlich beginnen würde, und dann auf mein Urteil, um endlich Klarheit zu haben, wie es mit mir weiterging. Ich dachte, wenn die Medien über mich berichteten, würde sich zumindest irgendwer außer meiner Familie für mein Schicksal interessieren. Daraus hätte ich neue Hoffnung schöpfen können.

Ich hatte alles genau geplant. Die letzte Nachtwache von fünf bis sieben Uhr morgens wollte ich übernehmen und mir dann, während die anderen fest schliefen, die Pulsadern aufschneiden. Ich hatte vor, so zu tun, als hätte ich schreckliche Bauchschmerzen, und so die Wärter an den Monitoren täuschen. Das Klo war nur von einer Kamera einsehbar, die Sicht durch das engmaschige Gitter etwas eingeschränkt. Dem Häftling, der mit mir die Nachtwache halten würde – es waren immer zwei –, wollte ich sagen, er soll mich in Ruhe kacken lassen. Die grünen Plastiktassen, die man uns zur Verfügung stellte, waren oben mit einer Schutzkappe zu verschließen. Dieser Verschluss hatte sehr scharfe Ränder, man konnte sich daran schneiden. Damit wollte ich mir die Hauptschlagader längs aufschlitzen. Ende Gelände.

Natürlich war es so, wie ich vermutet hatte: Meine Drohung, mich umzubringen, erschütterte meine Mutter zutiefst. Sie war völlig aufgelöst. Aber immerhin bewirkte der Brief genau das, was ich erhofft hatte. Mum wurde nun sehr, sehr mutig. Endlich setzte sie sich über die Bedenken des Auswärtigen Amtes hinweg und ging an die Öffentlichkeit. Sie schrieb an die Bundeskanzlerin Angela Merkel, den – inzwischen verstorbenen – Außenminister Guido Westerwelle und den damaligen Bundespräsidenten Joachim Gauck. Die Antwortschreiben waren höflich im Ton, aber inhaltlich belanglos. Es waren vor allem Zeitungen aus Nordrhein-Westfalen, die über mein Schicksal berichteten. Meine Mutter kämpfte wie eine Tigerin, sie wollte größtmöglichen Druck erzeugen und schoss dabei hier und da übers Ziel hinaus, etwas übertrieb sie bei der Schilderung der an mir begangenen Misshandlungen, und sie rückte Angelina in ein schlechtes Licht, um von mir abzulenken. Keine Frage: Das war aus ihrer Sicht vollkommen verständlich – wenn am Ende auch nicht hilfreich.

Mitte November 2013 meldete die *Bild*-Zeitung: »Robert Rother (31) ist wegen Betruges angeklagt – aber Beweise fehlen. Banker aus

Unna seit zwei Jahren im China-Knast.« Die *Westfälische Rundschau* schrieb: »2011 wurde er in einer Bar in China festgenommen. Eine Mitarbeiterin habe eine Unterschrift gefälscht. Seitdem wartet er auf seinen Prozess. Seine Mutter kämpft für ihn.« Mum wurde mit den Worten zitiert: »Was genau ihm die chinesische Justiz vorwirft, ist bis heute nicht klar. Alle Anhörungen wurden vorzeitig abgebrochen. Robert hat keine Chance, sich zu verteidigen.« Nun, das stimmte.

Die Menschenrechtsorganisation »Aktion der Christen für die Abschaffung der Folter« (ACAT) wurde auf meinen Fall aufmerksam und engagierte sich über Jahre für mich. Sie forderte die Bundesregierung auf, »ihren Einfluss geltend zu machen, damit Robert Rother sofort aus der Haft entlassen wird, wenn es keine konkreten Anschuldigungen gegen ihn gibt«. Aber die deutsche Regierung konnte nichts ausrichten – falls sie es denn überhaupt versucht haben sollte.

Wachgerüttelt von ACAT setzten sich auch Parlamentarier in Berlin und Nordrhein-Westfalen für mich ein. Anfang 2014 schrieb die SPD-Politikerin Sabine Bätzing-Lichtenthäler an den chinesischen Botschafter und bat um Auskunft. Seine Antwort war bezeichnend. Der Mann hatte keine Ahnung vom chinesischen Rechtssystem und wie es in Haftanstalten seines Heimatlandes zuging. Er teilte Frau Bätzing-Lichtenthäler mit: »Seine Rechte an körperlicher Gesundheit, Religion und Ausbildung sind ausreichend anerkannt und gewährleistet.« Von »massiven gesundheitlichen Beeinträchtigungen« könne nicht die Rede sein. »Nach dem chinesischen Gesetz sind Misshandlung und Folterungen streng verboten. Jede Kriminalität wird rechtmäßig verfolgt, soweit sie klar ermittelt ist.« Das Verfahren und der Prozess »liefen streng nach dem Gesetz«, das Gericht werde »gerecht entscheiden«, erklärte der gute Mann. Das war blanker Zynismus, reine Propaganda für eine Diktatur, die nach außen gut dastehen wollte, aber im Kern völlig vergiftet und verrottet ist.

ACAT gab nicht auf. Im Januar 2014 – als das Urteil gegen mich gerade gefällt war – wandte sich die Organisation an den damaligen Außenminister Frank-Walter Steinmeier und bat ihn um Auskunft, was das Auswärtige Amt und die Botschaft in Peking unternommen hätten, »damit Herr Rother als deutscher Staatsbürger in menschenrechtlich korrekter Weise behandelt wird«.

Steinmeier bezog nicht eindeutig Stellung und gab nur ausweichend Auskunft. Eine Mitarbeiterin verwies in ihrem Antwortschreiben darauf, dass ich konsularisch betreut werde, deutsche Diplomaten vor Ort und Beamte des Außenministeriums mit meiner Familie in Kontakt stünden. Ansonsten: nichts. »Ich bitte um Verständnis, dass ich aus Gründen des Datenschutzes und des Persönlichkeitsrechts keine näheren Angaben zu diesem Vorgang machen kann. Detaillierte Informationen können Familienangehörige oder Personen geben, die von dem Inhaftierten ausdrücklich benannt wurden.«

Den Brief bekam ich natürlich erst nach meiner Entlassung zu Gesicht. ACAT hatte wissen wollen, ob in meinem Verfahren die Menschenrechte eingehalten worden seien. Eine Antwort mit dem Verweis auf den Datenschutz und meine Persönlichkeitsrechte zu verweigern, war in meinen Augen armselig, die vermeintlichen Gründe nur vorgeschoben. Die Frage der Organisation bezog sich nicht auf meinen Fall, sondern war allgemein gestellt. Das passte zu dem Eindruck, den ich in der Hölle von Dongguan mehr und mehr gewann: dass der Regierung Merkel die deutschen Wirtschaftsinteressen wichtiger waren als die Menschenrechte.

Ende August 2013 hatte meine Mutter dem Konsulat angekündigt, mit meinem Fall an die Öffentlichkeit zu gehen. Allein daraus schöpfte ich neue Hoffnung und neue Kraft – und verschwendete keinen Gedanken mehr an Selbstmord. Nach Hause schickte ich einen Kassiber: »Ich bin nicht der Typ, der zusieht, wie er zum Schlachthaus geführt wird und dabei die Klappe hält. Ihr solltet mich kennen. Ich habe keine Angst. Von daher: Kontaktiert den *Spiegel*.« Naiv, wie ich war, glaubte ich: »Die Kanzlerin kann das nicht ignorieren. Die Botschaft – auch wenn sie einen guten Job macht – will natürlich keine Unruhe durch die Medien. Ist verständlich, aber letztendlich müssen sie der Kanzlerin folgen. Diese wiederum muss auf die Stimme des Volkes hören. Da kommt nichts besser als ›Deutscher aus dem Knast in China gerettet‹. Das Ganze darf aber nicht übertrieben werden.

Einmal ›aufblasen‹, damit China aufwacht. Dann verhandelt mein Anwalt.«

Ich hoffte in meiner Not wirklich, dass es so kommen könnte. Aber natürlich war den Chinesen das Medienecho aus Deutschland, das ohnehin mager ausfiel und bald nicht mehr zu hören war, völlig egal. Die Bundesregierung aufrütteln, damit sie ihren Schmusekurs gegenüber Peking beendet? Eine in ihrer Abwegigkeit großartige Vorstellung. Eher fiel in China ein Sack Reis um.

Am 12. September 2013, meinem Geburtstag, besuchte mich meine Mutter. Sie kam in Begleitung einer Dame vom Konsulat, die sich mit Mum sehr gut verstand, wohl auch deshalb, weil sie selbst Kinder hatte. Sie sagte nach Erinnerung meiner Mutter: »Herr Rother, Ihr Hilferuf und die Situation danach war für Ihre Eltern und für Ihre Familie unerträglich. Das kann man als Mutter einfach nicht aushalten, wenn man einen solchen Hilferuf bekommt.« Ich erwiderte wütend: »Ihr lebt in Sicherheit, ich habe jeden Tag Angst und bin diesem Unrechtsstaat hilflos ausgeliefert. Ich muss hier raus. Sonst drehe ich durch. Ich musste den Brief schreiben.« Stille. Alle hielten inne, bis meine Mutter sagte: »Robert, du darfst dir nichts antun, du musst weiterkämpfen. Wir brauchen dich, du brauchst uns. Wir werden noch ein glückliches Leben haben.«

Ein glückliches Leben? Glaubte sie wirklich daran? Sie, die jeden Tag für mich betete: »Lieber Gott, bitte gib meinem Sohn Kraft. Robert darf nicht aufgeben.« Ich sagte: »Mum, ich werde kämpfen. Aber wenn ich merke, ich kann nicht mehr, ich halte es nicht mehr aus, werde ich dem ein Ende bereiten. Dann muss ich es tun. Jedenfalls werde ich kein Geständnis unterschreiben für etwas, das ich nicht getan habe.«

Meine Mutter behielt mit allem recht. An Selbstmord dachte ich nicht mehr, sondern nur noch an ein glückliches Leben nach dem, was noch kommen sollte.

KAPITEL 17

KRANKENHAUS

Es war eigentlich ein Wunder, dass nicht alle paar Tage ein Häftling starb – ohne sich das Leben zu nehmen. Der Fraß, das dreckige Trinkwasser und die katastrophalen hygienischen Bedingungen waren einem langen Leben nicht unbedingt zuträglich. Die Gefangenen litten insbesondere an Magen-, Darm- und Hautkrankheiten. Die medizinische Versorgung war dabei miserabel und lag deutlich unter dem chinesischen Standard, unter dem westlichen sowieso. Bei den Ärzten fragte ich mich ohnehin, ob sie wirklich Medizin oder nicht eher schwarze Magie studiert hatten. Ich bezweifelte auch die Wirksamkeit der Tabletten, die sie verschrieben. Die Chinesen sparten eben an uns Häftlingen und zeigten uns damit, was wir ihnen wert waren.

Am besten kippte man um, wenn man krank war, dann war die Chance am größten, von den Wärtern wahrgenommen zu werden. Sie hatten einerseits wohl Angst, ein Ausländer könnte in ihrem Gefängnis sterben, andererseits legten sie einen ungeheuren Ehrgeiz an den Tag, wenn es darum ging, Simulanten zu enttarnen. Ein schmaler Grat. Wer Glück hatte, kam ins Spital des nahen Polizeipräsidiums. Dort arbeitete nach meinem Eindruck versierteres Fachpersonal. An einem Abend Anfang Oktober 2013 – mein Prozess schleppte sich nun schon seit acht Monaten dahin – ging es mir hundsmiserabel. Mir war speiübel, obendrein bekam ich eine Hautallergie mit ätzendem Juckreiz. Überall bildeten sich Blasen und Bläschen am Körper, die Haut färbte sich tiefrot und meine Hände und Finger schwollen an. Es begann eines Morgens und wurde immer schlimmer. Am Abend sah ich bereits aus wie eine Kreuzung aus Frosch und Qualle. Da schon »Schlafenszeit« war, drückte ich den Alarmknopf für Notfälle.

Ein Aufseher erschien. Als Erstes gab er mir deutlich zu verstehen, dass er nur sehr ungern in seiner Nachtruhe gestört wurde. Mit Zeichensprache und einigen Brocken Chinesisch versuchte ich ihm verständlich zu machen, dass es mir sehr schlecht gehe. Er blieb misstrauisch, bis ich ihm meinen scharlachroten Bauch zeigte. Das überzeugte ihn schließlich und er holte den diensthabenden Gefängnisarzt. Der veranlasste, dass zwei Mithäftlinge mich in die Mitte nahmen und mich zum Zimmer des Arztes schleppten. Ich war nicht mehr in der Lage, selbst zu gehen., dass ihm verklickerte, dass Der Doc untersuchte mich – sein Gesichtsausdruck verriet mir, dass mein Zustand sehr ernst war. Ich hatte einen Blutdruck von 200.

Der Arzt erklärte mich für einen akuten Notfall und sorgte dafür, dass ich ins nahe Polizeikrankenhaus gefahren wurde, das fünf Autominuten vom Untersuchungsgefängnis entfernt war. Mir ging es so elend, dass die Beamten, die mich begleiteten, darauf verzichteten, mir Handschellen anzulegen (womit sie vermutlich gegen die Dienstvorschriften verstießen). Im Spital bekam ich ein blutdrucksenkendes Mittel oder weiß der Geier was gespritzt. Zudem schloss man mich an ein Sauerstoffgerät an.

In der Krankenstation gab es, soweit ich das überblickte, sechs Zimmer mit jeweils sechs Betten. In den Krankenzimmern waren wie im Knast Kameras installiert. In den Wänden zum Gang waren große, durchsichtige Plastikscheiben eingesetzt, sodass die Wachleute die Patienten jederzeit im Blick hatten. Alle Zimmer waren komplett gesichert und wurden rund um die Uhr nur mit künstlichem Licht erhellt. Nie wurde ein Fenster geöffnet.

Insgesamt war ich sechs Monate auf der Krankenstation. Das Schönste war: Jeder Häftling hatte für sich ganz allein eine Pritsche und anständiges Bettzeug. Es gab sogar Matratzen. Manche Patienten waren mit Hand- und Fußfesseln an das Bett geschnallt.

Die Ärzte konnten nicht herausfinden, was mir fehlte. Sie hatten keine Ahnung, warum mein Blutdruck verrücktspielte. Er ging ohne ersichtlichen Grund hoch und dann wieder in den Keller. Hoch. Runter. Hoch. Runter. Die Hauterkrankung hielt wochenlang an, die chinesische Arznei zeigte keinerlei Wirkung. Sowohl die

Blutdruckschwankungen als auch die Hauterkrankung besserten sich erst deutlich, nachdem mir das Konsulat Medikamente aus Deutschland gebracht hatte, die meine Mutter zu Hause besorgt hatte. Überhaupt taten die Diplomaten alles, damit die Chinesen mich als Kranken anständig behandelten.

Wenige Tage nach der Urteilsverkündung wurde ich als geheilt entlassen. In der Zelle begrüßten mich meine Mithäftlinge mit großen Hallo und klopften mir auf die Schulter. »Nur acht Jahre, du bist ein Glückspilz.« Ich dachte nur: »What the fuck!« Mir war nicht bewusst, dass acht Jahre für chinesische Verhältnisse, zumal bei den mir zur Last gelegten Taten, ein vergleichsweise mildes Strafmaß waren. Das begriff ich erst, als selbst einige Wärter zu mir kamen, die in den Zeitungen über Berichte über meinen Fall gelesen hatten. »Du bist ja ein Held, irre, was du da abgezogen hast«, sagte ein Aufseher – und mit dieser Meinung war er wahrlich nicht allein.

Ein Wärter gab mir in einem unbeobachteten Moment zu verstehen, dass er in mir keinen Kriminellen sehe. Mit den Geschäften, die ich abgewickelt hatte, hatte er keine Probleme. »Ist eben scheiße gelaufen. Dafür hast du ausgesorgt.« Schön wäre es gewesen. Die Ermittlungsbehörden hatten meine Konten konfisziert und die Polizei mein ganzes Bargeld an sich genommen. Verbrecher, das waren in den Augen der meisten Chinesen Drogendealer, Vergewaltiger, Mörder. Korruption oder »Vertragsbetrug«, wie es so schön in meinem Urteil hieß, galten mehr als Kavaliersdelikt. Bestechung und Vetternwirtschaft war ja Alltag in China.

Noch am selben Abend passierte es. Ich tat das, was wir duschen nannten. Ich goss mir warmes Wasser über den Kopf und seifte mich ab. Plötzlich wurde mir heiß und kotzübel und kurz danach fiel ich beim Zählappell vom Rand der Schlafplattform. Ein Arzt kam herbei und maß den Blutdruck: wieder 200. Auf einer Trage schaffte man mich aus der Zelle, wieder ins Spital der Polizeistation. Eine Krankenschwester brachte mir eine Tüte mit Äpfeln und Keksen – eine wunderbare Geste.

Einem ganz schlauen Gefängniswärter, der in der Hierarchie ziemlich weit oben stand, war aufgefallen, dass ich bisher keine

Herzprobleme und nun, aus heiterem Himmel, Bluthochdruck hatte. Woher das wohl kommen mochte? Verrückterweise verdächtigte der Typ meinen Anwalt und mich, irgendwas zu tricksen. Qianwu Yang wurde dazu befragt und, wenn er mich nun besuchen kam, von Kopf bis Fuß durchsucht, ob er mir nicht irgendwelche Blutdruck steigernden Pillen oder Kräuter mitbrachte. Jeder Mithäftling aus meiner Zelle wurde verhört. Hatten sie vielleicht gesehen, wie ich irgendwelches Zeug einnahm, um auf die wunderbare Krankenstation zu dürfen?

Immerhin erlebte ich dadurch eine Sternstunde der Menschlichkeit. Der Chefarzt zeigte Mut und erklärte dem Wachmann, der von seiner Theorie nicht lassen wollte, in ungewohnter Schärfe, wie es um mich stand: »Das kann auch vom Stress kommen. Und wenn Sie den Mann weiter unter Druck setzen, kann noch viel mehr passieren.« Der Wärter stellte seine Nachforschungen wegen Simulationsverdachts daraufhin ein.

Die Warterei wollte kein Ende nehmen. Zwar kannte ich jetzt mein Urteil, doch nun stand die Berufung an. Wie sie ausging, war zwar klar, aber ich wollte endlich wissen, in welchen Knast ich musste. Vor der Berufungsentscheidung erschien überraschenderweise ein junger Richter im Krankenhaus. Wärter brachten mich in Handschellen in einen Verhörraum und ketteten eine Hand an das Gitter, das das Zimmer teilte, obwohl der Richter auf der anderen Seite hinter der Barriere hockte. Wie albern, dachte ich, wie demütigend. Als sei ich der Terminator.

Der Richter eröffnete das Gespräch auf Chinesisch mit der Frage: »Gestehen Sie, was Sie getan haben?« Die Dolmetscherin übersetzte in holprigem Deutsch. Mir war inzwischen alles egal, ich war so angefressen von dem ganzen Affentheater in dieser sogenannten Volksrepublik, dass es aus mir herausplatzte: »Stopp mal, stellen Sie sich erst einmal vor.« Der Richter zeigte mir, wenn auch widerstrebend, seinen Ausweis. Dann aber brüllte er mich an: »Gestehen Sie, dass Sie ein Verbrechen begangen haben?!« Ich antwortete: »Nein, ich gestehe gar nichts, ich bin nicht schuldig.« Danach musste ich Fragen beantworten, die ich alle schon x-mal zuvor beantwortet hatte.

Nach ungefähr fünf Stunden sagte ich, dass ich mich unwohl fühlte. Man musste mir das wohl auch angesehen haben. Denn eine Krankenschwester eilte herbei und kontrollierte meinen Blutdruck, der schon wieder extrem hoch war. Ein Arzt beendete die Befragung. Als ich wieder im Bett lag, kam der Richter zu mir rein und hielt mir ein von seiner Assistentin erstelltes Protokoll über das Verhör unter die Nase. »Das unterschreibe ich nicht«, sagte ich. Fluchend verließ er den Raum. Ein chinesischer Patient übersetzte mir, was der Richter in seinem Zorn gesagt hatte: »Wegen Ihnen habe ich meine Zeit vertrödelt.« Das Berufungsurteil brachte für mich keine Verbesserung.

Über Wochen lag im Nachbarbett ein wegen Korruption verurteilter Chinese, der auf die 70 zuging. Er war ein Meister der alten Kampfsportart Tai-Chi-Chuan, das Schattenboxen, sowie des Qigong, die weltweit populäre auf Atem, Bewegung und Imagination gestützte traditionelle Heil- und Selbstheilmethode der Chinesen. Der Mann zeigte mir, wie man mithilfe meditativer Übungen zu innerer Ruhe gelangte. Das, was er mir an Wissen vermittelte, ergänzte das, was ich schon als Kind über Atemtechnik gelernt hatte, um die Krupphustenanfälle zu überstehen, und was ich bei Mahatma Gandhi über die Verarbeitung von Wut gelesen hatte. Gemeinsam meditierten wir. Der Mann sprach kein Wort Englisch. Musste er auch nicht. Seine Blicke sagten mehr als tausend Worte. Tatsächlich bekam ich nach einiger Zeit die Hauterkrankung und die Blutdruckprobleme in den Griff. Eine Diagnose wurde nie gestellt. Heute denke ich fast, dass der Bluthochdruck daher rührte, dass meine Wut mein Blut so in Wallung gebracht hat.

Im hintersten Raum der Krankenstation war das Gruselkabinett. Dort warteten die zum Tode Verurteilten auf ihre Hinrichtung. Soweit ich es mitbekam, waren sie die ganze Zeit ans Bett gekettet und fest angeschnallt. Sie wirkten alle wie auf Droge, ich schätze mal, dass sie Beruhigungsmittel bekamen. Und ich vermute, dass sie keine Ahnung hatten, an welchem Tag das Todesurteil an ihnen vollstreckt werden würde. Und offenbar auch nicht, wie.

Sie wurden von den anderen Patienten abgeschottet. Man sah die Todeskandidaten durch die Plastikscheibe, wenn sie früh morgens auf ihren Pritschen den Flur entlanggerollt wurden. Mir fiel auf, dass bei allen die Kiefer unnatürlich schief herabfielen. Ich denke, sie waren ausgerenkt worden. Eine Erklärung dafür hatte ich nicht. Im Gefängnis hieß es, die Henker würden das machen, damit die Männer nicht schrien. Sie sahen aus wie Zombies in einem Horrorfilm, gruselig und dennoch herzerschütternd: Menschen auf dem Weg zum Schafott. Sie waren noch nicht tot, aber dem Tod geweiht, als sie auf der Bahre dem Schattenreich entgegenrollten.

Ergab es Sinn, Sedierten auch noch die Kiefer auszurenken? Ich fragte bei der Internationalen Gesellschaft für Menschenrechte nach, die mir – vielen Dank dafür – ausführlich antwortete. Aus offiziellen Quellen hat die IGFM bisher keine Hinweise auf eine medikamentöse Vorbereitung für die Hinrichtung erhalten. Man hält es aber für vorstellbar, dass die Gefangenen vor der Exekution buchstäblich mundtot gemacht wurden.

Offenbar handelte es sich nicht um eine Narkose wie bei einer Operation, sondern tatsächlich um eine Sedierung, die deutlich weniger Geld kostete. Eine einfache Spritze reicht, jemanden außer Gefecht zu setzen. Im Gegensatz zur Narkose muss ein Mensch während einer Sedierung nicht künstlich beatmet werden. Laienhaft ausgedrückt: Der Patient ist nicht völlig weggetreten wie unter der Narkose. Schmerzen sind in diesem Zustand weniger oder nicht wahrnehmbar.

Eine Giftspritze reicht und schon liegt ein Hingerichteter als Organspender auf dem Seziertisch. Die Internationale Gesellschaft für Menschenrechte prangert seit Jahren »organisierten Organraub« in China an. Sie spricht von jährlich Tausenden oder gar Zehntausenden dubiosen Fällen. Als Opfer nennt sie insbesondere Uiguren, Tibeter, Christen und in erster Linie Anhänger der Meditationsschule Falun Gong.

Ungefähr dreimal die Woche zog die gruselige Parade der Todgeweihten auf ihren Pritschen an mir vorüber. Mal waren es drei, mal nur einer. Jedes Mal die schräg stehenden Kiefer. Ein Anblick, den ich nicht vergessen kann. Dem Augenschein nach waren es nur

Chinesen. Ich kannte niemanden von ihnen. Aber ich lernte in der Untersuchungshaft drei Menschen kennen, die hingerichtet werden sollten und wohl auch wurden.

Da war Sam von den Philippinen, der mit mehreren Kilo Crystal Meth geschnappt worden war. Urteil: Todesstrafe. Irgendwann verschwand er. Da war Gan, der Vietnamese, der mir Schach beibrachte. Ihn hatte die Polizei beim Schmuggeln von zehn Kilo aller möglichen Drogen gefasst. Urteil: Todesstrafe. Irgendwann verschwand er. Gan hinterließ Frau und Kind.

Und da war Jack, ein aus Hongkong stammender, bei allen sehr beliebter Kanadier. Auch er war zum Tode verurteilt worden, nachdem man ihn beschuldigt hatte, Crystal Meth hergestellt und vertrieben zu haben. Seit fast sieben Jahren saß Jack in Untersuchungshaft und wartete auf die Entscheidung, ob sein Todesurteil noch in lebenslänglich geändert würde. Schließlich wurde sein Antrag auf Strafmilderung final abgelehnt. Er hatte seine Unschuld stets beteuert.

Eines Abends – tags zuvor hatte Jack noch Besuch von seiner Familie – kam ein Wärter in die Zelle und sagte in ruhigem Ton: »Jack, komm raus, du ziehst jetzt um.« Den Satz kannte jeder von uns, wenn mal wieder »Zellenwechsel« angesagt war. Jack wollte seine Plastikbox mit den persönlichen Dingen unter dem Bett hervorkramen. Der Aufseher meinte ohne jede Regung in der Stimme: »Die brauchst du nicht mehr.« Da wusste jeder in der Kloake Bescheid, dass es nun passieren würde. Niemand brachte ein Wort hervor. Alle schauten Jack still nach.

Jack kam in Einzelhaft und wurde dort angekettet, damit er sich nicht den Kopf an der Wand zertrümmerte. Wann jemand zu sterben hatte, wollten die Chinesen schließlich ganz allein bestimmen. Am Morgen hörten wir Schritte. Einer der Mitgefangenen konnte durch die Sehschlitze in der Zellentür erkennen, wie Jack den Gang hinunterlief. Wohin sie ihn brachten, wussten wir nicht. Aber alle dachten das Gleiche. Ein trauriger Ort wurde noch trauriger. Wieder herrschte brutales Schweigen.

Mit Sam und Gan hatte ich nie viel zu tun. Aber mit dem liebenswürdigen und freundlichen Jack war ich eng befreundet. Ihn zu verlieren, traf mich schwer. Es gehörte mit zum Übelsten, was ich in den sieben Jahren und sieben Monaten im Gefängnis erlebte. Dass ein Mensch starb, weil er krank oder alt war – das war der Lauf der Dinge. Es sprengte aber meine Vorstellungskraft, dass ein Freund sterben musste, nicht weil er Krebs hatte oder alt und gebrechlich war, sondern weil ihn ein Richter dazu verurteilt hatte. Gut möglich, dass Jack unschuldig war, wie er es immer beteuerte. Gut möglich, dass er Schuld auf sich geladen hatte. Aber ihm das Leben zu nehmen, weil er Drogen vertickt hatte – das empfand ich als grausam und inhuman.

Jack und die Kreaturen mit den ausgerenkten Kiefern bleiben unvergessen. Ihr Geist lebt weiter in den verrotteten Gemäuern des Gefängnisses. Im Spital grübelte ich darüber nach, warum Menschen Menschen töten und warum sich das wohl niemals ändern wird. Ein Arzt im Polizeispital sagte einmal zu mir: »Denk nicht so viel nach, trink mehr Wasser.« Das erzählte ich später den anderen Häftlingen in der Zelle. Der Spruch wurde zum Running Gag. Immer wenn etwas nicht lief wie erhofft, jemand sehnsüchtig an seine Familie dachte oder Heimweh hatte, sagte ein anderer: »Grüble nicht, trink Wasser.« In diesem Sinne: Prost, China!

KAPITEL 18

MEIN GRENZDEBILES LÄCHELN

Neben meinem Glauben an Gott war mir noch etwas geblieben: mein Stolz. Den hatten mir die Chinesen ebenfalls noch nicht rauben können. Ich nahm mir fest vor, den Gerichtssaal nach der Urteilsverkündung lächelnd zu verlassen. Ich wollte damit der Öffentlichkeit zeigen, dass ich den Prozess für eine Farce hielt. Ich lächelte und lächelte, bis ich aus dem Blickfeld der Reporter und Fotografen verschwand. So entstand das Bild, das tags darauf in vielen Zeitungen erschien. Darauf grinse ich, als wäre ich grenzdebil, ein Irrer, der nicht begriffen hatte, soeben für »Vertragsbetrug in hohem Maße« zu acht Jahren Knast verurteilt worden zu sein.

Nach der Urteilsverkündung in Shenzhen 2013

Acht Jahre. Eine verdammt lange Zeit. Mit einem Freispruch, den mein Verteidiger forderte, hatte ich nicht gerechnet. Eher wäre es zur Wiedervereinigung zwischen Nord- und Südkorea gekommen. Mir war bekannt, dass die Verurteilungsquote in chinesischen

Strafprozessen bei 99,9 Prozent lag. Die Chance, das Gericht als freier Mann zu verlassen, tendierte also gegen null. Schon nach einer Woche in Untersuchungshaft hatte ich das Gefühl, dass mich die Chinesen unbedingt drankriegen wollten. Aber nach diesem aberwitzigen Prozess acht Jahre aufgebrummt zu bekommen, das empfand ich trotzdem als verdammt hart.

Aber was sollte erst Angelina sagen? Sie erhielt lebenslänglich. Außerdem wurde ihr gesamtes Vermögen beschlagnahmt und die Staatsbürgerrechte wurden ihr für den Rest ihres Lebens aberkannt. Auch ihr Anwalt hatte auf Freispruch plädiert.

Den ersten Verhandlungstag hatte das Gericht für den 24. Dezember 2012 angesetzt. Irgendwer musste dann doch noch mitbekommen haben, dass das Datum für einen Staatsbürger eines christlichen Landes eher unpassend war. Schließlich wurde der Prozess am 31. Januar 2013 eröffnet. Da hatte ich schon ein Jahr und acht Monate in Untersuchungshaft verbracht.

Am Abend vor Prozessbeginn fühlte ich mich okay. Aber am Morgen vor dem Abtransport war ich sehr angespannt. Die Ungewissheit, wie die Verhandlung ablaufen würde, zerrte an meinen Nerven. Vor allem drehten sich meine Gedanken darum, wie es sein würde, Angelina nach so langer Zeit wiederzusehen. Wie würde sie auf mich reagieren?

Kurz nach dem Frühstück holten mich Polizisten aus der Zelle. Die anderen Häftlinge verabschiedeten mich mit guten Wünschen der Marke: Lass dich nicht unterkriegen! Ich stieg in einen Kleinbus, erst hier wurden mir Handschellen angelegt. Die Sicherheitsvorkehrungen schienen mir an diesem Morgen recht lax zu sein. Mir schoss der Gedanke durch den Kopf, wie es wäre, jetzt abzuhauen. Was ich natürlich sein ließ. Ein Westeuropäer in leuchtend roten Gefängnisklamotten – ich wäre keine hundert Meter weit gekommen. Die Polizei hätte nur den verwunderten Blicken der Leute folgen müssen, die mir gerade Platz gemacht hatten. Ein aberwitziges Gedankenspiel zum Zeitvertreib.

Dann aber war Schluss mit lustig. Das Fahrzeug traf im Hof des Mittleren Volksgerichtes ein, wie die Institution offiziell hieß.

Durch einen speziellen Eingang brachten mich die Beamten in einen Trakt mit fünf Zellen. Man sperrte mich gleich in die erste, rund neun Quadratmeter groß und mit stinkendem Plumpsklo ohne Sichtschutz. Hier warteten mehrere Häftlinge auf ihr Urteil, die gute Fee, den Tod oder sonst was. Der Raum war unvorstellbar versifft. Dagegen machten selbst die Kloaken im Untersuchungsgefängnis einen gepflegten Eindruck.

Schließlich führte mich das Wachpersonal zum Gerichtssaal. Am Eingang warteten mindestens 100 Journalisten, Kameraleute und Fotografen. Am nächsten Tag waren die Zeitungen und Internetportale voll mit Berichten über das deutsch-chinesische Gaunerpaar. Wir wurden den Lesern wahlweise als die Schöne und das Biest aus Europa oder als die pazifistischen Bonnie und Clyde des Kapitalmarktes verkauft.

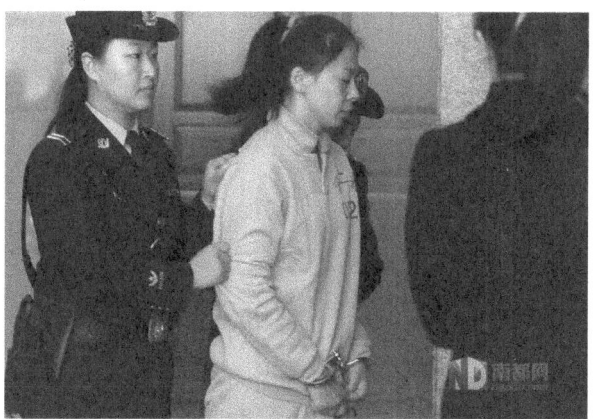

Angelina (Zheng Li) auf dem Weg zum Gericht

Die Polizisten brachten mich in einen kleinen Raum neben dem Verhandlungssaal. Ich wünschte, das Spektakel möge endlich beginnen. Die Tür ging auf, Angelina kam herein. Ich erschrak. Sie sah leichenblass aus, als hätte ihr ein Vampir gerade haufenweise Blut aus ihren Adern gesaugt. Von der Schönheit, die ich ein paar Jahre zuvor kennengelernt hatte, war ein Häufchen Elend übriggeblieben. Angelina starrte unentwegt auf den Boden, sie vermied es, mich anzusehen, obwohl ich nur einen Meter entfernt war. Vergeblich versuchte ich, Blickkontakt herzustellen, sie stierte konsequent auf den Boden. Verdammt, sie war sauer. Dieses Gefühl machte mich genauso fertig wie die anstehende Urteilsverkündung.

Begleitet von Polizisten betraten wir den Verhandlungssaal, der ebenso heruntergekommen war wie das gesamte Gerichtsgebäude. Regnete es, tropfte es von der Decke herab. Pfiff der Wind, zog es drinnen. Wenn dann noch das Dach klapperte, während der Richter still vor sich hindöste oder in den Akten blätterte und es ansonsten im Saal mucksmäuschenstill war, kam Geisterhausatmosphäre auf. Das passte wunderbar zu dieser Horrorveranstaltung.

Die Zuschauerbänke waren an Tag eins eng gefüllt. Ich freute mich, dass auch meine Mutter da war, ebenso wie Mitarbeiter des Konsulats und einige Abgesandte des einen oder anderen früheren Geschäftspartners, die sicherlich von ihren Chefs den Auftrag erhalten hatten, genau hinzuhören, was über sie und unsere Deals bekannt wurde – und was nicht.

Angelina und ich wurden in Holzboxen geführt, sie in die rechte, ich in die linke. Die drei Richter thronten auf einem erhöhten Podium. Links daneben saß der Staatsanwalt. Mein Verteidiger nahm direkt vor mir Platz. Gleich nach der Sitzungseröffnung beantragten Qianwu Yang und sein Kollege, der Angelina vertrat, uns die Handschellen abzunehmen. Das Gericht entsprach der Bitte. Der Prozess wurde auf Chinesisch geführt. Für mich wurde alles ins Englische übersetzt. Die Dolmetscher kannten die Fachbegriffe aus der Finanzwelt nicht. Angelina und mein Anwalt grätschten jedes Mal dazwischen, wenn etwas falsch ins Englische übersetzt wurde.

In den nächsten vier Stunden wurden die Anklageschriften verlesen, erst auf Chinesisch, danach auf Englisch. Sonst passierte nichts weiter. Der erste von insgesamt acht Verhandlungstagen war beendet. Angelina und ich wurden zurück in die Haftanstalten gebracht – sie in ihre, ich in meine –, ohne dass wir ein Wort gewechselt hätten. Auch im Gerichtssaal hatte sie den Blickkontakt mit mir konsequent vermieden. Mich quälte es, nicht zu wissen, was mit ihr los war. Schämte sie sich, mir unter diesen Umständen wiederzubegegnen?

Zurück in der Zelle, wollten meine Mithäftlinge natürlich wissen, wie die Verhandlung gelaufen sei. »Langweilig, nichts passiert.« Klar, das war Show, um zu demonstrieren, dass ich den Prozess nicht ernst nahm.

Am Nachmittag durfte mich meine Mutter im Gefängnis besuchen, dessen Eingangstor sie ein Jahr zuvor an den Pariser Triumphbogen erinnert hatte. Einerseits war es unglaublich schön, sie zu sehen, andererseits hart, sie so von Kummer gezeichnet zu erleben. Die Reisen von Deutschland nach China, um für ein paar Stunden beim Prozess dabei zu sein, die Angst vor dem Ungewissen, die Finanzierung der Flüge und des Anwalts – all das war eine unglaubliche Belastung für sie. Mum ließ keinen Verhandlungstag aus und stärkte mir allein durch ihre Anwesenheit den Rücken. Sie leistete Übermenschliches und verdiente sich den Friedensnobelpreis sowie alle Tapferkeitsmedaillen dieser Welt. Um sie aufzurichten, sagte ich ihr bei jedem Abschied: »Sorge dich nicht, es geht mir bestens.« Natürlich glaubte sie mir nicht

Ich ließ den Prozess über mich ergehen und versuchte, die Verhandlungen so gut es ging zu ignorieren. Ich sagte mir: Lass den Richter doch labern. Die Hoffnung auf einen fairen Prozess hatte ich längst aufgegeben, das Reden überließ ich komplett meinem Anwalt. Als ich meine Mutter einmal, es war Ende April 2013, auf den Fluren des Gerichtsgebäudes sprechen konnte, fragte ich sie nach dem Ausgang des Hinspiels des Champions-League-Halbfinales zwischen Borussia Dortmund und Real Madrid. Sie antwortete: »Vier zu eins für Dortmund.« Super! Ich war ganz aus dem Häuschen. Als wäre diese Information für mich wichtiger als der Verlauf und das Ergebnis des Prozesses. Eine reine Übersprungshandlung.

Just an dem Tag unterbrach der vorsitzende Richter den Prozess für vier Wochen und forderte die Ermittlungsbehörden und die Staatsanwaltschaft auf, mehr Beweise vorzulegen. Nach den vier Wochen passierte nichts. Aus dem einen Monat wurden fünf. Erst am

9. September wurden die Verhandlungen fortgesetzt. Neue Beweise? Fehlanzeige. An der Aktenlage hatte sich nichts geändert.

Die Anklage lautete auf »Vertragsbetrug in hohem Maße« mit einem Schadensvolumen von insgesamt 53 Millionen Dollar und acht Geschädigten: Staatsunternehmen, große Privatinvestoren und der Taiwanese Deng Wengcong (der später wegen Veruntreuung selbst im Knast landete). Wie die Ermittler auf die Schadenssumme kamen, konnte ich nie nachvollziehen. Das Geld müsste ja irgendwohin geflossen sein, es konnte sich schließlich nicht in Luft aufgelöst haben. Ich hatte es jedenfalls nicht, hatte auch keine geheimen Konten in der Schweiz.

Vorgeworfen wurde Angelina und mir, mit einem Schneeballsystem Geschäftspartner abgezockt zu haben. Meine Komplizin habe mich in der High Society als Sohn aus schwerreichem Hause angepriesen, als deutschen Sprössling der Familie Rothschild. Wir hätten Kunden mit kleinen Deals angelockt, um ihr Vertrauen zu erschleichen. Dann hätten die Betrugsopfer aufgrund unserer unhaltbaren Renditeversprechen hohe Geldbeträge überwiesen und Diamanten zur Verfügung gestellt. Von der Kohle hätten wir Millionen unterschlagen und Zinsen mit dem Geld neuer Kunden bezahlt. Im Berufungsverfahren wurden aus den acht Opfern sechs. Dadurch sank die veranschlagte Schadenssumme auf ungefähr 44 Millionen Dollar. Angelina wurde für den kompletten Betrag zur Verantwortung gezogen – daher die lebenslange Gefängnisstrafe –, ich als ihr Kompagnon für 21,3 Millionen Dollar, also knapp die Hälfte des angeblichen Gesamtschadens.

Ein Schneeballsystem mit sechs Opfern – wie konnte das funktionieren? Wir hatten einige wenige sehr reiche Kunden, keine Kleinanleger. Es handelte sich um Regierungsbeamte, versierte Broker, clevere Vermögensverwalter mit langjähriger Erfahrung und Topmanager, deren Unternehmen Risikoabteilungen hatten. Die ließen sich also alle von einem nicht mal 30-Jährigen, der so gut wie kein Chinesisch sprach, ausnehmen wie eine Weihnachtsgans. Interessant war auch, dass die Polizei nicht einen einzigen mutmaßlichen Komplizen unseres Imperiums dingfest machen konnte.

Ich war naiv, aber nicht bescheuert. Wir hatten unsere Geschäftspartner nicht betrogen und bei niemandem darum gebettelt, sein Geld oder Schwarzgeld legal oder illegal im Ausland anlegen zu dürfen. Die Reichen rannten uns die Bude ein, in der Hoffnung, bald zu den Superreichen zu gehören. Darunter waren Beamte, also Staatsdiener, die sich Millionen bei uns zu horrenden Zinsen pumpten, weil ihnen korrupte Politiker landwirtschaftliche Nutzflächen zuschanzten, die später als Bauland ausgewiesen wurden und beim Verkauf hundert- oder tausendfachen Gewinn erzielten.

Ja, es war ein Ritt auf der Rasierklinge, das war mir die ganze Zeit klar. Ich spielte mit dem Feuer und verbrannte mir die Pfoten. Ich hatte mich wie der Kaiser von China gefühlt, dem die Welt zu Füßen lag, hinterfragte nicht das, was wir taten, bewegte mich in einer Grauzone ohne Schattierungen, sodass ich irgendwann nicht mehr zwischen Gut und Böse, Recht und Unrecht unterscheiden konnte. Es war so geil, ganz oben zu sein, sagen zu können: Alter, du hast es geschafft! Du gehörst zur High Society! Das machte mich blind und größenwahnsinnig. Aber ein Schneeballsystem? Nein, das war es ganz sicher nicht.

Seitdem ich wieder in Deutschland bin, scheint bei Gesprächen mit Freunden, Bekannten und Fremden immer wieder Skepsis durch: Da muss doch was dran gewesen sein, dass du in den Knast gegangen bist, das war vielleicht nicht ganz unberechtigt. Schon dem *Spiegel*, der im Februar 2019 eine vierseitige Story über mich veröffentlichte, hatte ich gesagt, dass nicht alles legal war, was Angelina und ich ab- und durchgezogen hatten und dass ich mich auch festgenommen hätte, wäre ich der Ermittler in meinem Fall gewesen. Der Geldschmuggel über die Grenze, die Wucherzinsen, die Beamtenbestechung und der Insiderhandel – alles nicht rechtens. Doch dafür wurden wir dann ja gar nicht zur Rechenschaft gezogen.

Was ich mir vor allem gewünscht hatte, waren ein faires Ermittlungsverfahren, ein fairer Prozess und ein faires Urteil nach dem Rechtsgrundsatz: im Zweifel für den Angeklagten. Stattdessen erlebte ich einen Schauprozess, nach dem mich die Chinesen im Gefängnis unter Zustände vergammeln ließen, die man sich in der westlichen Welt nicht einmal vorstellen kann.

Während meiner Arbeit an *Drachenjahre* googelte ich den Begriff »Schneeballsystem«. Ich stieß auf den Prozess gegen Exmitarbeiter der deutschen Immobilienfirma S&K. Die Anklageschrift umfasste 3150 Seiten. In meinen Fall waren es 70 Seiten. Der Prozess am Landgericht Frankfurt am Main ging im März 2017 nach 110 Verhandlungstagen mit Haftstrafen bis zu achteinhalb Jahren zu Ende. Der gegen Angelina und mich dauerte neun Verhandlungstage. Um das S&K-Verfahren abzukürzen, handelten die Parteien einen Deal aus: Der Vorwurf des schweren bandenmäßigen Betruges wurde fallen gelassen, der Schuldspruch lautete allein auf Untreue. Ursprünglich war die Staatsanwaltschaft von einem Schneeballsystem mit rund 11 000 geschädigten Anlegern ausgegangen, die in gut einem Jahrzehnt um mindestens 240 Millionen Euro geprellt worden sein sollen. In Folge des Deals reduzierte sich die Schadenssumme auf 90 Millionen Euro. Angelina und ich sollten in drei Jahren 44 Millionen Dollar zur Seite geschafft haben. Die S&K-Revision dauerte knapp zweieinhalb Jahre, meine Berufung wenige Wochen. Im Zuge des S&K-Skandals war insgesamt gegen 140 Verdächtige ermittelt worden. In meinem Fall nur gegen meine Exfreundin und mich.

Ebenso wie ich beteuerte Angelina immer wieder ihre Unschuld im Sinne der Anklage. Im Prozess wurde kein einziger Zeuge gehört, das Urteil stützte sich allein auf die fragwürdigen Ermittlungsergebnisse der Polizei. Wenn mein Verteidiger die Qualität der Polizeiarbeit anzweifelte und kritische Fragen zu den Ermittlungen stellte, mimte der vorsitzende Richter den rechtschaffenen Staatsdiener und brüllte, dass die Zuhörer im Saal zusammenzuckten. Er verwahre sich gegen »Unterstellungen«, Polizei und Staatsanwaltschaft würden ihr Handwerk nicht beherrschen. Mein Anwalt Qianwu Yang erstritt die Herausgabe meines Laptops, den die Polizei beschlagnahmt hatte. Die Ausreden waren haarsträubend, etwa die, dass die Ermittler das Apple-Gerät selbst noch nicht ausgewertet hätten, weil sie es nicht aufladen könnten, da es ihnen an einem Ladegerät fehle.

Das war mehr als schräg. Nach Durchsicht aller Mails kam er zu dem Ergebnis, dass das Postfach keinen einzigen Beleg eines Kontaktes zwischen mir und den angeblich geschädigten Geschäftspartnern enthielt. Er stellte die Frage: »Wie kann er in ein Schneeballsystem involviert sein, ohne mit den Leuten kommuniziert zu haben?« Sie blieb unbeantwortet.

In den Dokumenten, die dem Gericht vorlagen, fand sich kein einziger Beleg dafür, trotzdem beharrte der Staatsanwalt auf seiner Behauptung, ich hätte mich als Mitglied der Familie Rothschild ausgegeben. Tatsächlich war ich einmal im Büro der Rothschilds in Hongkong gewesen. Dabei ging es um die seriöseste Sache, die ich je in China unternehmen wollte. Keine Fake-Markentasche, kein zwielichtiges Ding, keine Insiderinformationen, keine Kasinochips. Gemeinsam mit chinesischen Partnern, die an der Börse tätig waren, wollte ich einen Wein-Fonds für Asien auflegen. Ich besuchte im Bordeaux-Gebiet mehrere Topwinzer und sprach auch mit Rothschild-Vertretern über die Idee. Aus dem Fonds wurde nichts, da das Interesse der Weinhersteller zu gering war. In der Urteilsverkündung sagte der Richter, es spiele keine Rolle, ob ich mich als Spross der Rothschilds ausgegeben hätte oder nicht. Was ich nicht verstand, da die Staatsanwaltschaft mir doch vorgeworfen hatte, mir auf diese Weise das Vertrauen der Kunden erschlichen zu haben.

Einer der Geschädigten war dem Gerichtsurteil zufolge der Diamantenlieferant in Hongkong, über den ich in diesem Buch berichtet habe. Vier Jahre zuvor hatte das Gericht in Hongkong seine Klage auf Bezahlung seiner Ware nicht einmal zur Entscheidung angenommen, weil er – so die Richter – das Verlustrisiko kannte. Nun war plötzlich von einem »Diamantenbetrug« die Rede. Die Staatsanwaltschaft schleppte »neue Zeugen« an, die mit dem Schmuckgeschäft nie etwas zu tun hatten und Geschichten erfanden, um Angelina und mir zu schaden. Dabei hätte der »Diamantenbetrug« gar nicht zur Sprache kommen dürfen, da über ihn schon in Hongkong entschieden worden war, weshalb nicht ein weiteres Mal darüber verhandelt werden durfte, was mein Anwalt auch monierte. Aber das Gericht erklärte einfach: »Das sind nicht dieselben Fälle.«

Der andere wichtige Zeuge war Deng Wengcong, der die taiwanesische Lebensversicherung Singfor an die Wand gefahren hatte (was leider erst bekannt wurde, als ich im Knast war). Der Prozess wäre – auch für Angelina – anders verlaufen, wenn seine Betrügereien früher aufgeflogen wären.

Am zweiten Verhandlungstag konnte ich mit meiner Exfreundin endlich ein paar Worte wechseln. In dem Zellentrakt des Gerichtsgebäudes war sie in der Mittagspause nur eine Zelle weiter untergebracht. Wir unterhielten uns durch die Sehschlitze in den Türen. Angelina erzählte, dass ihr am ersten Verhandlungstag kotzübel war, weil ihr erst das Essen und dann die Fahrt im Kleinbus nicht bekommen waren. Sie hegte keinen Groll gegen mich, was mich sehr erleichterte. Aber sie wirkte, wenig verwunderlich, angespannt und ausgelaugt.

Ich mochte Angelina nach wie vor sehr gern, sie war eine grandiose Frau, nicht unterzukriegen und willensstark. Allerdings gab es eine Sache, die mich schockierte, als ich davon erfuhr. Es erschüttert ein wenig das Bild, das ich von Angelina bis dahin hatte. Dass sie vier verschiedene Identitäten und mithin vier entsprechende Pässe besaß – geschenkt. Das kannte ich auch von zahlreichen anderen reichen Chinesen, die sich diverse Namen zulegten, um Geld oder Schwarzgeld leichter aus dem Fokus des Fiskus zu bringen. Aber dass sie seit 2005 von der Polizei gesucht worden und wohl deshalb von Shanghai nach Guangzhou umgezogen beziehungsweise geflüchtet war, hatte mich dann doch ziemlich umgehauen. Es ging um ihre mutmaßliche Verstrickung in einen Korruptionsfall in Shanghai, in den hochrangige Politiker involviert waren. Zwar wurden die Vorwürfe gegen Angelina noch vor ihrer Inhaftierung fallen gelassen. Aber sie hätte es mir trotzdem gerne erzählen dürfen. Das war ein Schock, zumal es eine Frage aufwarf, die mir vorher nie in den Sinn gekommen war: Wer war diese Frau wirklich?

Der Prozess schleppte sich dahin, manchmal hatte ich das Gefühl, um mich emotional fertig zu machen. Am 30. Dezember 2013 wurde endlich das Urteil verkündet. Meine Mutter und ihr damaliger Lebensgefährte waren anwesend, von Angelinas Familie niemand. Das Berufungsurteil des Obersten Gerichtshofes von Guangdong folgte sehr schnell, im Mai 2014 lag es schriftlich vor. Die Reduzierung des Schadensbetrages wirkte sich nicht auf die Höhe der Haftstrafen aus. Angelinas Verurteilung zu drei Jahren Gefängnis wegen Herstellung gefälschter Personalausweise kippte die Berufungsinstanz, weil ihr das nicht nachgewiesen werden konnte. Das spielte letztlich aber keine Rolle, denn an der lebenslänglichen Haftstrafe für Angelina änderte das ohnehin nichts. Die gegen mich verhängte Geldstrafe von 160 000 Euro überwies meine Mutter von Deutschland aus an den chinesischen Staat.

Als ich nach meiner Entlassung zur Frage der Rechtsstaatlichkeit in China recherchierte, stieß ich im Internet auf ein Interview der Deutschen Welle mit Björn Ahl, Professor für chinesische Rechtskultur an der Universität zu Köln. Anfang 2017 hatte der Präsident des Obersten Volksgerichtshofes der Volksrepublik China davon abgeraten, den Prinzipien der Gewaltenteilung und einer unabhängigen Justiz nachzueifern. Er forderte, alle Richter sollten sich »entschieden von der Gewaltenteilung, der Verfassungsdemokratie und der unabhängigen Justiz westlicher Prägung distanzieren«.

Professor Ahl berichtete über die Forderung vieler Juristen in China, das Strafrecht stärker auf die mündliche Verhandlung zu konzentrieren. »Bisher wird vor allem nach polizeilichen Protokollen und anderen Akten entschieden. Die Strafverteidiger haben nicht wirklich die Möglichkeit, die Angeklagten zu verteidigen. Das ist aber schwierig, da China starke Polizeiorgane hat, die im System sehr einflussreich sind. Sie stärker an das Recht zu binden, wird nicht leicht. Die Verurteilungsquote beträgt weit über 99 Prozent in Strafverfahren. Es gibt so gut wie keine Freisprüche. Und es wird noch lange dauern, bis ein fairer Strafprozess in China möglich ist.«

Ich glaube, den größten Fehler, den ich der Untersuchungshaft machte, war, niemanden zu bestechen.

KAPITEL 19

»SEHR GEEHRTER WÄRTER, ICH BIN DER GEFANGENE LUOZI LUOBOTE«

Die Hoffnung stirbt bekanntlich zuletzt. Ich glaubte noch kurz vor der Urteilsverkündung, mit drei bis vier Jahren davonzukommen und direkt aus der Untersuchungshaft nach Deutschland abgeschoben zu werden. Nach Hause schrieb ich: »Das Schlimmste, was passieren kann, ist, dass ich eine höhere Haftstrafe bekomme. Sagen wir: acht Jahre. Dann kann ich nach vier Jahren vorzeitig entlassen werden.« Leider lag ich nur mit dem ersten Teil meiner Prognose richtig. Die Chinesen gaben kein Pardon und ließen mich fast die gesamte Haftstrafe abbrummen.

So kam der Tag, an dem ich das Vorzimmer zur Hölle verließ und die Hölle betrat: das Gefängnis von Dongguan. Ich weiß es noch genau, es war der 21. Juli 2014. Ich war ungeheuer nervös, weil völlig ungewiss war, was nun auf mich zukam. Was immer ich mir ausgemalt hatte, ich hatte keine Vorstellung davon, was für ein Höllentrip mich wirklich erwartete. Und das war auch besser so. Nach drei Jahren und zwei Monaten im Untersuchungsgefängnis kannte ich jeden Riss in der Zellenwand, mindestens 200 Häftlinge und eine Menge Wärter. Das vertraute Umfeld verschwand von jetzt auf gleich. Persönliche Dinge durfte niemand mitnehmen, weshalb ich meine Aufzeichnungen und geliebten Bücher zurücklassen musste. Alles, was ich jetzt noch besaß, war eine Plastiktüte, in der meine Gerichtsunterlagen steckten.

Angst hatte ich nicht, ich fühlte mich gerüstet. Nach dem Urteil sagte ich mir: »Jetzt erst recht. Du musst diesen Wahnsinn überstehen und der Welt berichten, wie es in chinesischen Gefängnissen zugeht!« Als Kind hatte ich die Krupphustenanfälle überlebt, als junger Mann den Tsunami in Asien. Ich hatte zu meditieren gelernt. Und ich hatte meinen Glauben an Gott. In Gedanken nahm ich die Mahnung aus dem Brief der Hebräer aus dem Neuen Testament mit nach Dongguan: »Denkt an die Gefangenen, weil auch ihr Gefangene seid; denkt an die Misshandelten, weil auch ihr Verletzliche seid.«

Am Tag der Überführung hatte ich Glück, denn in dem Gefangenentransporter nach Dongguan waren auch Momen, Ayush und Ahmed, drei Palästinenser. Sie gaben mir ein Gefühl der Sicherheit, ich fühlte mich nicht ganz allein auf der Welt. Ich kannte die drei seit mehr als zwei Jahren. Mit Momen, einem Mann wie ein Baum, war ich befreundet. Er machte sich über die zwei blutjungen Wachmänner lustig, die auf uns aufpassten. Sie wirkten äußerst unsicher. Momen scherzte, trotz Handschellen nur drei Sekunden zu benötigen, um einem der Wachen das Maschinengewehr zu entreißen. Auch wenn ich ihm das zutraute – er kannte sich mit Waffen aus, hatte oft vom Krieg zwischen Israelis und Palästinensern erzählt –, fand ich es besser, dass er nichts dergleichen machte und sich stattdessen schön ruhig verhielt.

Wie ein Reisebus, der unterwegs erst mal die Urlauber an verschiedenen Treffpunkten einsammelt, hielt der Bus an mehreren Untersuchungsgefängnissen und nahm dort ein weiteres Dutzend Verurteilter auf. Es waren lauter Chinesen, alle schweigsam und in sich gekehrt. Obwohl mir von der Fahrt übel wurde, war es herrlich, endlich mal wieder etwas vom Leben außerhalb der Knastmauern zu sehen.

Nach 90 Minuten erreichte unsere Reisegruppe ihr Ziel. Das Gefängnis von Dongguan lag auf einer ziemlich großen Insel im Perlfluss. Der Bus fuhr über eine Brücke, ratterte langsam an Wohnhäusern für Armee- und Polizeiangehörige entlang und stoppte kurz vorm Gefängnisportal. Die Mauer, die das Knastgelände komplett umgab, war etwa acht Meter hoch. Sie hätte ebenso wie das gigantische Eisentor gut ein Import aus Saurons Reich Mordor gewesen sein können. Unvorstellbar, dass hier ein Fluchtversuch gelingen könnte. Später hörte ich, wie Häftlinge davon sprachen oder sinnlose Pläne schmiedeten, die nur scheitern konnten. Aber zu träumen, das war sogar in der Hölle erlaubt.

Als das Tor geöffnet worden war, setzte sich der Häftlingsshuttle wieder in Bewegung und hielt kurz darauf direkt vor Block 14, dem Trakt, in dem die Frischlinge untergebracht wurden. Jemand brüllte: »Alles aussteigen!« Das Gelände wirkte seltsam friedlich, fast wie ein Park. Ich staunte über das viele Grün – kein Vergleich zur Ödnis von Shenzhen. Überall standen hohe Palmen und andere Bäume. In der Untersuchungshaft starrte ich Tag für Tag an die Decke oder das Gitterdach – der Himmel blieb unsichtbar. Und jetzt dieses wunderbare Blau über mir. Was für ein Irrsinn: Ausgerechnet bei der Ankunft in Dongguan überkam mich ein Gefühl von Freiheit. Wahrscheinlich war es eher die Sehnsucht danach.

Ich hatte mir einen einzigen gigantischen Klotz mit zig Etagen und Fluren von enormer Länge vorgestellt. Dem war nicht so. Den Gefängniskomplex bildeten 15 Blocks: Eine Einheit bestand jeweils aus einem vierstöckigen Gebäude für 350 Häftlinge. Insgesamt saßen hier also mehr als 5000 Menschen ein, die ganze Palette menschlicher Abgründe: Mörder, Totschläger, Kinderschänder, Vergewaltiger, Räuber, Diebe, Drogen-, Waffen- und Menschenhändler, Zuhälter, korrupte Beamte, bestechliche Politiker und ganz gewöhnliche Betrüger.

Auf der Insel befand sich neben dem weitläufigen Gefängniskomplex die Kaserne einer größeren Militäreinheit samt Ausbildungsschule, weshalb der Knast von Polizei und Armee bewacht wurde. Die Polizei hatte im Inneren das Sagen, Soldaten – meist junge Rekruten – verrichteten ihren Dienst auf den Wachtürmen und den Laufgängen oben auf den Mauern. Ganze Bataillone waren dort rund um die Uhr im Einsatz. In der Mitte des Gesamtkomplexes war ein großer Platz mit einer Tribüne und einem mächtigen Gebäude für die Polizei. Jeder Block war nochmals von einer eigenen niedrigeren Mauer umgeben und bildete dadurch einen eigenen Mikrokosmos. Eine Vorsichtsmaßnahme der Chinesen, um die Gefahr einer Revolte zu minimieren. So konnten sich Häftlinge mehrerer Häuser nicht zusammenschließen und gemeinsame Sache machen. Den Häftlingen war es strikt untersagt, ihren Bereich ohne Polizeibegleitung zu verlassen. Wer es wagte, dem drohte Folter. Aber darauf ließ es niemand ankommen.

Momen, Ayush, Ahmed und ich standen dicht beieinander. Drei Gefangene tauchten auf, die eine herausgehobene Position innehatten. Es waren Kapos, Vertraute der Polizei, die Drecksarbeiten übernahmen, bei denen sich die Aufseher selbst nicht die Hände schmutzig machen wollten. Manche waren hochanständig Menschen, andere entpuppten sich als brutale, sadistische nur auf ihren eigenen Vorteil bedachte Schläger. Die Kapos hatten eine gewisse Verfügungsgewalt über die anderen Häftlinge. Ihre Komplizenschaft mit der Polizei zahlte sich für sie aus, da sie in den Genuss einiger Vergünstigungen kamen, zum Beispiel Einzelbetten, besseres Essen und nur »ruhige« Mithäftlinge in ihren Zellen. Daneben brachte ihre Position auch einige handfeste Vorteile mit sich: Die Kapos waren der Polizeiwillkür nicht in dem Maße ausgesetzt wie die gewöhnlichen Häftlinge, sie genossen einen gewissen Schutz vor den Aufsehern. Und sie mussten selbst keine Zwangsarbeit verrichten, sondern nur auf die Mitgefangenen aufpassen, die sich halb zu Tode rackerten.

Tag eins in Dongguan schien mein Glückstag zu sein. Der für Ausländer zuständige Kapo – Mohammad, ein Iraner – war ein Pfundskerl, hilfsbereit und alles andere als ein Schläger. Trotzdem hatte er seinen Blockabschnitt im Griff. Er übte sanften Druck aus, was reichte. Es gab so etwas wie einen unsichtbaren Vertrag: Er war fair zu den Häftlingen, die ihm unterstanden, und die machten ihm dafür keine Schwierigkeiten. Mohammad saß bereits seit über zehn Jahren ein. Der Kapo hatte als junger Mann Crystal Meth von Malaysia nach China geschmuggelt. Wie ich selbst war er unter 30, wobei er allerdings aussah, als ginge er stramm auf die 40 zu. Das Gefängnis hatte ihn gezeichnet und körperlich tiefe Spuren hinterlassen, ihn als Menschen aber nicht verbogen. Was ihn neben seiner natürlichen Autorität noch zu seiner Stellung als Kapo prädestinierte, war, dass er bestens Chinesisch und Englisch sprach.

Mohammad fragte mich: »Bist du der Deutsche?« Ich antwortete: »Ja, warum?« Er lachte und rief zu den anderen Kapos: »Das ist der Deutsche aus der Zeitung, der mit den Millionen!« Daraufhin lachten auch die anderen. Ich dachte: Dass die mich kennen, ist das gut oder schlecht für mich?

Ich hielt mich die ganze Zeit dicht bei den drei Palästinensern. Meine Nervosität hatte sich nicht gelegt, im Gegenteil. Das Gefängnis hatte doch eine ganz andere Dimension als das Untersuchungsgefängnis in Shenzhen. Ein Gefangenentransporter nach dem anderen traf ein, mal stiegen zehn Männer aus, mal 20. So ging es in einem fort. Der Vorhof von Block 14 füllte sich im Viertelstundentakt. Unter den Neuankömmlingen waren Gestalten, denen ich nicht im Dunkeln begegnen wollte. Wie gut, dass in der Hölle Tag und Nacht Licht brannte.

Gefängniswärter waren nicht zu sehen, alles wurde von den Kapos geregelt. Wir musste die alten, roten Gefängnisklamotten ausziehen und abgeben. Jede Körperritze wurde durchsucht, ob ich darin etwas versteckt hatte. Natürlich wurde in meinem Arsch keine Feile oder sonst was gefunden. Dann erhielten wir die neue Kleidung, dieses Mal blaue mit weißen Streifen im Schulterbereich und eine Nummer. Meine lautete 4418027614. Wir waren offiziell in der Hölle angekommen.

Das Warten war fast das Schlimmste. Ich versuchte mir einzureden, solange nichts passiert, passiert auch mir nichts. Schließlich riefen die Kapos zum Mittagessen. Wir Neulinge wurden auf Block 14 verteilt. Hier schwante mir allmählich, wo ich gelandet war, dass es in Dongguan noch mal anders zuging als in Shenzhen. Es war mehr eine Ahnung als ein Wissen, denn es war ja noch gar nichts passiert, und Berichte aus dem Gefängnis kannte ich nicht. Der Anflug eines Freiheitsgefühls, das mich Stunden zuvor übermannt hatte, war jedenfalls ganz und gar verflogen.

In der unteren Etage befanden sich Zellen, in denen es gar keine Betten oder Pritschen und nur ein Plumpsklo ohne Sichtschutz gab. Im zweiten Stockwerk befanden sich die Zellen für die Gefangenen, die eine Isolationshaftstrafe verbüßen mussten. Im Trakt darüber gab es fünf weitere Zellen, zwei für die Neulinge und drei für die Kapos. In der vierten Etage waren eine Art Aufenthaltsraum und eine kleine Nähstube, wo die Kapos Uniformen flickten. Mich steckte die Polizei in einen Raum im dritten Stock, ungefähr 15 Quadratmeter groß und vollkommen verdreckt. Es gab keine Schlafplattform, sondern links und rechts Doppelstockbetten mit dünnen Unterlagen. Im hinteren Teil der Zelle befanden sich zwei Plumpsklos, aber so dicht nebeneinander, dass man in der Hocke den Nachbarn berührte. Besonders widerlich war, wenn einer kackte und ein anderer daneben im Stehen pisste, wie ich erfahren musste. Fuck!

Die Aufregung, die Hitze, die Luftfeuchtigkeit – mein Herz raste, mein Blutdruck spielte wieder verrückt. Mohammad brachte mich zur Kapo-Krankenschwester, wie wir Häftlinge aus Jux den Arzthelfer nannten, der die Voruntersuchungen machte. Der Typ markierte den ganz Coolen und erklärte, dass er auf meinen Trick – typisch Frischling! – nicht hereinfiel. Ich riet ihm, in meine Krankenakte aus Shenzhen zu schauen. Ich hatte natürlich angenommen, dass das Gefängnis die Dokumente hergeschickt hätte. Wie naiv von mir.

Also versuchte ich mit Mohammads Hilfe meine Krankheitsgeschichte zu erklären. Der Mediziner blieb ungerührt. Vor Wut stieg mein Blutdruck weiter an und ich bekam Panik. Zum Glück war da Mohammad. Der Iraner brauchte mich zum ranghöchsten Wärter in Block 14. Meine erste Begegnung hier mit einem Knastangestellten – und dann gleich der Häuptling. Ich wollte gerade etwas sagen, da wurde ich angebrüllt, ob ich nicht die Regeln kenne. Nein, damals noch nicht. Ich hatte Glück, dass ich nicht gleich an Tag eins fertiggemacht wurde.

Wir Gefangenen mussten, wenn wir jemandem vom Wachpersonal anredeten, sagen: »Sehr geehrter Wärter, ich bin der Gefangene Luozi Luobote.« Dazu musste man die rechte Hand zur Faust ballen und heben. Wenn der Beamte bei Laune war, sagte er: »Vortreten.« Dann durfte man auf ihn zugehen, musste sich vor ihm hinhocken oder knien, Hauptsache, man war nicht auf Augenhöhe. Erst dann durfte man seine Bitte oder Beschwerde äußern. Diese Unterwerfungsgeste war eine unfassbare Demütigung, absolut entwürdigend, ich gewöhnte mich nie daran. Aber sich dagegen zu wehren, war unmöglich.

Nach wenigen Wochen beschloss ich, zu vermeiden, einen Wärter anzusprechen, wann immer es ging. An diese mir selbst auferlegte Regel hielt ich mich eisern die nächsten viereinhalb Jahre. Beschwerde konnte ich über das deutsche Konsulat führen, das half, wo und wie es konnte. Ich hatte in der Untersuchungshaft englischsprachige Bücher über das chinesische Rechtssystem gelesen und wusste, welche Macht die Polizisten hatten, aber auch, wovor sie Respekt hatten – so glaubte ich jedenfalls.

Nachdem Mohammad mir gezeigt hatte, wie man in der Hölle den Bückling vor den Wärtern machte, brachten der Kapo und ein Aufseher mich zum Krankenhausblock, der direkt neben Nummer 14 lag. Man ging rund sieben Minuten, was einiges über die Dimensionen des Knastes aussagt. Mittlerweile war es 22.00 Uhr. Eine Kapo-Krankenschwester und ein Gefängnisarzt untersuchten mich. Mein Blutdruck lag bei über 200. Vielleicht hatten sie Panik, weil ein Ausländer nicht verrecken durfte, schon gar nicht kurz nach seiner Ankunft, vielleicht machten sie aber auch einfach nur ihren Job. Jedenfalls gab mir der Arzt eine Spritze, Das Mittel schlug an, der Blutdruck fiel und ich kehrte zurück in die Zelle.

Das Ergebnis der Untersuchung wurde dem Chef von Block 14 übermittelt. Er ordnete an, mir ein Einzelbett zu geben: zwei Meter lang und 50 Zentimeter breit. Was für ein Luxus! Ein Traum! In der Zelle waren zwölf Mann, darunter auch die Palästinenser. Die erste Nacht war angenehm, ich dachte: So lässt es sich leben. Ich schlief relativ zuversichtlich ein.

Um 05.30 Uhr hieß es: aufstehen, antreten auf dem Vorplatz. Training in der Disziplin Warten stand auf dem Programm. Stundenlang saßen wir auf winzigen Hockern, bis der Arsch wehtat. Den ganzen Tag trafen Gefangenentransporte mit dutzenden Neuankömmlingen ein. In der zweiten Nacht waren wir 40 Häftlinge in der Zelle, fast viermal so viel wie in der ersten. Die Männer schliefen auf dem Boden, sogar übereinander und direkt neben dem Plumpsklos. Und natürlich hatte ich – Blutdruck hin, Krankheit her – mein

50 Zentimeter breites Bett nicht mehr für mich allein, sondern teilte es mit einem anderen Häftling.

Der Schweiß der Männer vermischte sich mit dem Gestank aus der Toilette. Es war Hochsommer, Temperaturen schätzungsweise um die 36 Grad, und dazu extrem hohe Luftfeuchtigkeit. Alle Häftlinge trugen lange Hosen und ein zwar kurzärmliges, aber ziemlich dickes Hemd. In der Zelle gab es nur ein einziges Waschbecken und keine Eimer zum »Duschen« wie in der U-Haft. Einige muslimische Häftlinge beteten selbst nachts, obwohl das Beten strengstens verboten war. Es kam in den überfüllten Zelle unweigerlich zu Spannungen und Streitereien, die vielleicht nur wegen der allgegenwärtigen Überwachungskameras nicht in Prügeleien ausarteten. Ein absoluter Alptraum, der einen unglaublich langen Monat dauerte.

Dann wurde ich in einen anderen Block verlegt, und die Daumenschrauben wurden weiter angezogen. Die nächste Disziplin hieß: marschieren. Die Chinesen sind vernarrt in die Marschiererei. Die Umerziehung zum besseren Menschen begann mit dem strammen Laufen in Reih und Glied. Vormittags hatten wir auf dem Vorhof anzutreten, dann ging es los. Eins, zwei, drei, vier. Wie in der Armee. Wir mussten es in der Hardcore-Version lernen. Mir half der Rammstein-Song »Links 2, 3, 4«, den ich unwillkürlich in Gedanken mitsang, wenn wir wie Blechspielzeug im Stechschritt über den Hof marschierten. Ich schätze ich bin in den vier Jahren – zumindest gefühlt – einmal um die ganze Welt marschiert. Wenn ich krankheitsbedingt eine Übungsstunde auslassen durfte, musste ich zuschauen, wie die anderen im Gleichschritt marschierten. Dabei kam man sich auch komisch vor.

Die Chinesen veranstalteten alle drei Monate einen Wettbewerb, bei dem es darum ging, welcher Block am zackigsten marschieren konnte. Der Oberstaatsanwalt und die Gefängnisleitung nahmen die Paraden ab. Eine bizarre Show. Aber die Chinesen nahmen sie sehr ernst. Offenbar hingen davon Beförderungen ab. Die Gewinner des Marschierwettbewerbs erhielten Belohnungen, zum Beispiel einen Apfel für jeden. Die Strafe für diejenige Mannschaft, die Letzter wurde, bestand darin, dass der gesamte Block nach der Zwangsarbeit Marschieren üben musste.

Marschierwettbewerb in Dongguan auf dem Hauptplatz des Gefängnisses

Es gab im Gefängnis exakt 38 Verhaltensregeln, die jeder Gefangene kennen musste und auswendig zu lernen hatte. Man musste in der Lage sein, sie jederzeit aufsagen zu können. Die Regeln bezogen sich auf den angemessenen Umgang mit den Wärtern, zum Beispiel die korrekte Ansprache, außerdem enthielten sie allerlei Verbote, etwa zu klauen, sich an Glücksspielen zu beteiligen oder zu kriminellen Handlungen anzustiften. Für Ausländer gab es etliche Ausnahmen. Beispielsweise galt für uns die Regel drei nicht: »Du musst dein Vaterland China lieben.«

Die Sätze musste man auf Aufforderung hin auf Chinesisch vortragen. Wer kein Chinesisch konnte, lernte sie auswendig. Die Wärter überprüften gerne, ob ein Häftling sie draufhatte. Das Abfragen der Regeln nutzten sie, um jemanden bestrafen zu können – aus welchem Grund auch immer. Kein Gefangener schaffte es je, alle Regeln korrekt aufzusagen. Die Bestrafungen waren nicht körperlicher Natur. Man durfte beispielsweise nicht nach Hause telefonieren oder Essen dazukaufen. Das war viel schlimmer.

Den Aufsehern ging es vor allem darum, uns ihre Macht spüren zu lassen. Wir sollten uns nie in Sicherheit wiegen, sondern wurden unentwegt gepeinigt, mussten immer auf der Hut sein. Der Psychoterror disziplinierte die Gefangenen. Man wollte uns kriechen sehen, zu willenlosen Geschöpfen machen. Langfristig hielt das kaum jemand aus. Irgendwann machten sie mit einem, was sie wollten. Ich versuchte mich mit allen mir zur Verfügung stehenden Mitteln zu wehren. Mein Mantra: Wärter, du kannst mich umbringen. Aber meine Seele und mein Herz kriegst du nicht.

KAPITEL 20

»YOU ARE PIG! YOU DEATH! YOU OVER HERE!«

Die ersten 30 Tage im Knast von Dongguan waren die Hölle, schlimmer: das Zentrum der Hölle. Die Nächte in der überfüllten, stinkenden Zelle zogen sich endlos hin. Die Tage waren nicht minder zäh. Sämtliche Häftlinge mussten regelmäßig zum Gesundheitscheck, wo getestet wurde, wer arbeitsfähig war und wer nicht. Ich wurde als genesen eingestuft und musste mitmarschieren und marschieren und marschieren. Nur von den Marschwettbewerben blieb ich wegen meiner angeschlagenen Gesundheit verschont.

Zum ersten Mal sah ich Gestalten, die nicht mehr von dieser Welt zu sein schienen, Geister, die jede Orientierung verloren hatten. Es waren Gefangene, die in Isolationshaft gewesen waren.

Wir versuchten, die Knastregeln auswendig zu lernen. Nach einem Monat traten wir zur Abschlussprüfung an. Chinesische Häftlinge mussten alle 38, Ausländer zehn Regeln aufsagen. Die Gefängnisleitung erstellte so etwas wie ein Persönlichkeitsprofil von allen Frischlingen. Wir wurden in Kategorien eingeteilt, irgendwo zwischen pflegeleicht, willensschwach, sturköpfig, querulantisch und aufrührerisch. Ich vermutete, dass die Bewertung unter anderem auf Berichten der Kapos erfolgte. Danach wurde entschieden, wo man untergebracht wurde.

Ich kam zusammen mit Momen auf Block 2, die anderen zwei Palästinenser verlor ich aus den Augen. Wir hatten einen Heidenschiss. Über Block 2 kursierten Horrorgeschichten von Schlägereien, bei denen Gefangene zu Tode kamen. Am Ende stellte sich heraus, dass es dort weder schlimmer noch besser zuging als in anderen Häusern.

Dass man mich in Block 2 steckte, war kein Zufall. Dort waren »Problemfälle« untergebracht. Die Gefängnisleitung schätzte mich als jemanden ein, der nicht ganz so leicht zu handeln war, der sich nicht alles bieten ließ, der auch in Maßen geschützt war durch seinen Anwalt und die Konsulatsmitarbeiter.

Gleich nach meiner Ankunft hatte ich mich krankgemeldet, im ersten Monat hatte ich mich wiederholt offiziell über die Haftbedingungen beschwert, also nicht nur gemault und geflucht, sondern meine Klage direkt bei der Gefängnisleitung vorgebracht. Das reichte aus, um mir ein gewisses Aufrührerpotenzial zu attestieren. Damit war ich nach Einschätzung der Verantwortlichen eine Gefahr für das Knastsystem. Dabei hatte ich niemals vor, einen Aufstand anzuzetteln. Wie hätte das funktionieren sollen?

Mit der Einweisung in Block 2 hatte ich sozusagen Teil eins meiner Umerziehung vom bösen zum guten Menschen absolviert. Tatsächlich wurde ich zu einem gefühlskalten Tier. Die 30 Tage in dem engen, überfüllten Käfig mit den viel zu vielen Menschen waren wie ein Crashkurs im Überlebenskampf. Ich lernte, worauf es ankam, wenn man die Hölle von Dongguan nicht nur überleben, sondern nicht als Psychowrack enden wollte: Härte, Ignoranz und Egoismus.

»Ein Mann wird nur ein Mann, wenn er entweder im Krieg oder im Gefängnis war«, sagten die Kolumbianer, mit denen ich in einer Zelle war. Da war definitiv was dran. Man hatte keine andere Wahl, als sein Herz in einen Stein zu verwandeln. Wer nicht dichtmachte, ging unweigerlich kaputt. Ich wurde hart, gefühlskalt und misstrauisch gegen alles und jeden. Ich vertraute nur noch denen, die ich mehrere Wochen genau beobachtet hatte und gut genug kannte – sonst ließ ich niemanden an mich heran. Im Knast gab es nur einen einzigen Menschen, der zählte: Nummer 4418027614, genannt Luozi Luobote. Wie in der Zeit, als mir die Welt der Reichen zu Füßen lag, wurde ich wieder zum Egomanen, dieses Mal allerdings, um meine nackte Haut zu retten. »Nach mir die Sintflut« hatte in der Hölle eine komplett andere Bedeutung als beim Prassen in der Schickeria von Shenzhen.

Gefühle konnte ich im Knast nicht gebrauchen. Sie machten weich und verwundbar. Opfer meines inneren Rückzugs wurde meine Familie, vor allem – und das war besonders schmerzlich – meine Mutter. Ich wollte möglichst nichts mehr von zu Hause wissen. Ich lehnte es ab, Besuch von zu Hause zu bekommen. Sie machten mich nur noch erpressbarer, als ich ohnehin war. Denn nur, wer die Knastregeln haarklein einhielt und die Arbeitsziele erreichte, durfte Gäste empfangen und zu Hause anrufen. Sobald die Leitung mitkriegte, woran dein Herz hing, was dir vor allen anderen Dingen wichtig war, setzte sie dort den Hebel an. Ich wollte keine Hebel bieten. Dann hätte ich mich käuflich gefühlt.

Die Chinesen schotteten die Häftlinge systematisch von der Außenwelt ab. Sie unterbanden fast jede Kommunikation nach draußen. Ich schrieb Briefe, die nie rausgeschickt wurden. Jedenfalls trafen sie nicht bei meiner Familie ein. Kassiber rauszuschmuggeln, war in Dongguan schwierig. Jemanden zu bestechen, war viel zu riskant.

Einmal im Monat durfte ich mit meiner Mutter fünf Minuten telefonieren. Später erzählte mir Mum, dass sie im wahrsten Sinne des Wortes rund um die Uhr auf Stand-by war und das Handy überall mit hinnahm. Denn sie wusste ja nie, an welchem Tag und zu welcher Uhrzeit es klingelte. Sie lebte in der ständigen Angst, das Klingeln nicht zu hören. Verpasste meine Mutter den Anruf, hatten wir Pech. Dann mussten wir wieder vier oder sechs Wochen warten. Man war hier wie bei allem der Willkür der Chinesen vollständig ausgesetzt.

Wenn aber mal eine Verbindung zustande kam, verstand ich fast nichts. Es knackte und rauschte in der Leitung, zudem waren um einen herum andere Häftlinge, die ins Telefon brüllten. Am liebsten hätte ich sogar auf die Anrufe verzichtet, die ich als entwürdigende Almosen empfand, aber das konnte ich meiner Mutter nicht antun.

Der Leiter von Block 2 nahm Momen, mich und ein paar weitere Neue höchstpersönlich in Empfang. Als Erstes testete er, wie gut wir schon marschieren konnten. Danach, ob wir das korrekte Zusammenlegen des Bettzeugs beherrschten. Mit dem Kapo hatte ich wieder Glück. Ming Wei, ein Chinese, der als 15-Jähriger wegen Körperverletzung in den Knast gewandert war, war in meinen Augen einfach ein netter Kerl. Ming Wei hatte sieben Jahre hinter und noch drei vor sich.

Das Gebäude war leer, als ich eintraf. Wieder vergingen Stunden mit Warten. Kurz nach 12.00 Uhr hörte ich das typische Getrampel marschierender Männer. Bald danach erschienen mehr als 300 Häftlinge im Aufenthaltsraum. Schenkten sie uns Aufmerksamkeit, nahmen sie uns wahr? Die meisten Mithäftlinge guckten kurz rüber – und das war es dann auch. Sie hatten genug mit sich selbst zu tun. Und warteten auf das Mittagessen.

Ich kam in die Zelle 404, gleich am Anfang des Flurs. Momen wurde mein Nachbar in der 405. Die Insassen empfingen mich freundlich, was mich beruhigte. Die Zelle war 19 Quadratmeter groß und für 18 Leute ausgelegt. Links waren – verteilt auf zwei Etagen – sechs Einzelliegen, rechts sechs Doppelpritschen: zwei unten, zwei oben. Die Doppelschlafplätze waren insgesamt einen Meter breit, man pennte Schulter an Schulter. Die Solo-Liegen waren etwas mehr als einen halben Meter breit. Alle »Betten« waren aus Holz und hatten Unterlagen aus Wolle, die allerdings eher Dekorationszwecken dienten – Sarkasmus ist ein gutes Mittel im Überlebenskampf. Ich hatte mich in der Untersuchungshaft an das blanke Holz gewöhnt und verzichtete darauf, die Wolldecken zu benutzen. Im Gegensatz zu den Brettern sogen sie Schweiß auf und hielten ihn fest.

Im hinteren Teil der Zelle waren die sanitären Anlagen: eine Waschrinne und zwei Plumpsklos. Eine 50 Zentimeter hohe Verkleidung mit Öffnung in der Mitte schützte die Liegen vor Pisse, Wasser- und Kotspritzern. Duschen konnten wir jeden Abend nach getaner Arbeit. Das war angenehm. Licht brannte auch in Dongguan Tag und Nacht, wenn auch gedimmt und nicht so grell wie in der U-Haft. Die Wände waren grau, Graffitis oder Einritzungen gab es hier nicht. Die Wärter wären ausgerastet, hätten sie so etwas entdeckt. Davon abgesehen verfügten wir über kein Werkzeug, um irgendwas einzugravieren.

Die Einzelliegen waren begehrt, weshalb es sich die Gefängnisleitung vorbehielt, sie zu verteilen – gemäß der Hierarchie. Die Kapos, die für den kompletten Flur zuständig waren, der erste und zweite Zellenführer – eine Art Mini-Kapo – und die Spione der Polizei waren als Begünstigte gesetzt. Die anderen Solo-Schlafplätze bekamen Häftlinge, die in den nahen Fabriken wichtige Jobs erledigten, meist im Management. Der Knast war streng durchorganisiert, gerade was die Betriebe anging. Die anderen Betten wurden nach Arbeitsleistung vergeben.

Auch die Verteilung der Doppelliegen folgte einer Hackordnung. Wer unten zwischen einem Mithäftling und der Wand lag, hatte die Arschkarte gezogen, denn der Luftstrom des Deckenventilators gelangte nicht bis dorthin. Gerade im Sommer pennten die Männer in regelrechten Schweißpfützen. Die stickige Luft war nicht zum Aushalten. Immer wieder brachen Leute nachts zusammen oder stürzten zur Latrine. Mir wurde anfangs Schlafstelle 12 zugeteilt. Das hieß: ein Platz auf einer Doppelliege direkt vor den Toiletten – und dann auch noch unten. Ich war halt ein Neuer. Während der ersten Zeit schlief neben mir ein junger Pakistaner, mit dem ich mich gut vertrug.

Meine Zellenmitbewohner waren Drogendealer, Mörder, Vergewaltiger und korrupte Beamte. Anfangs empfand ich es als seltsam, neben Gewalttätern zu schlummern. Das Gefühl verflog aber sehr schnell, denn in der Hölle von Dongguan waren alle Menschen gleich – und alle gleich beschissen dran. Ich spielte mich nie als Richter auf und verurteilte niemanden für das, was er getan hatte. Es zählte nur, ob jemand friedlich war oder nicht, alles andere interessierte mich nicht. Ich traf auf Mitgefangene, die mir Kraft gaben und von denen ich viel lernte. Und dann waren da noch die Arschlöcher. Alles so wie im richtigen Leben.

Zu den Arschlöchern zählten die Spitzel. In jeder Zelle gab es mindestens einen. Er verriet den Aufsehern, wer was sagte, dachte oder tat. Manchmal wurden die Spitzel auch direkt auf bestimmte Häftlinge angesetzt, um rauszufinden, wie derjenige tickte. Meistens ahnte ich, wer das Arschloch war. Die Spitzel waren fast täglich ungefähr zur selben Zeit bei den Aufsehern. Gerne heuchelten sie Interesse und stellten betont beiläufig Fragen. Einen dieser Kerle aber offen als Spion zu brandmarken, wäre zu gefährlich gewesen. Das ließ man lieber sein. Besser war es, jeden Kontakt zu vermeintlichen Spitzeln zu vermeiden.

Die Schotten runterlassen, dicht machen, niemanden an sich ranlassen, hart werden. Im Nachhinein staunte ich, wie schnell ich mich mit dem Dreck, dem Elend, dem Schwachsinn und der Boshaftigkeit abfand. All das erschien erschreckend schnell normal und wurde zur Gewohnheitssache, selbst Begegnungen mit Folteropfern. Ich sah die armen Schweine – dachte und fühlte nichts dabei. Die Kameras, die einen ständig beobachteten, interessierten mich nicht mehr. In all den Monaten konnte ich immer wieder kurze Blicke auf die Monitore der Aufseher werfen. Irgendwann kannte ich die wenigen Stellen im Gefängnis, wo man unbeobachtet war. Doch auch wenn es diese blinden Flecken gab, Privatsphäre gab es hier für niemanden, nirgendwo.

Ein Gewohnheitstier verrottete neben dem anderen Gewohnheitstier, vereint im Überlebenskampf. Eine Umverteilung der Häftlinge fand in Dongguan – anders als in Shenzhen – nur einmal im Jahr statt. Dadurch wurde die ganze Situation noch monotoner. Trotzdem lernte ich Hunderte andere Gefangene kennen. Ich hatte wenige, aber gute, treue und zuverlässige Freunde. Das war wichtig. Zu viele enge Bekanntschaften waren nicht gut. Sonst schuldete man auf Dauer zu vielen Leuten einen Gefallen. Das hatte nur Ärger zur Folge. Die Knasterfahrungen bildeten ein starkes Fundament für den Zusammenhalt. Selbst wenn man einander nicht mochte, war man doch im selben Ziel vereint: hier möglichst heil wieder rauszukommen.

Natürlich gab es immer wieder Stress untereinander, ging der eine dem anderen auf die Nerven. Wie hätte das bei so vielen Menschen auf so engem Raum auch anders sein können. Meine Zelle war in den mehr als vier Jahren selten überbelegt, wobei aber auch schon drei oder vier Häftlinge mehr ausreichten, um die Enge kaum noch ertragen zu können. Die Zellen waren multiethnische Schmelztiegel mit Menschen, die verschiedenen Kulturen und Religionen angehörten. Wahre Pulverfässer. Und jeder Einzelne war Pyromane und Feuerwehrmann zugleich. Eine dumme Bemerkung oder ein böser Blick und die Bude flog in die Luft. Eine freundliche Geste oder eine Entschuldigung und die brennende Lunte war ausgetreten. Deshalb fand ich es wichtig, zumindest ein paar Brocken Chinesisch zu beherrschen.

Wie in Shenzhen war der Tagesablauf auch in Dongguan komplett durchgetaktet. Ich kam mir vor wie ein Kind, das gerade seine kleine Welt entdeckte und noch viel zu lernen hatte. Die Kapos und die Aufseher dachten für uns und gaben jeden kleinen Schritt vor. Trotzdem oder gerade deshalb fühlte ich mich in den ersten Tagen komplett überfordert, hatte Angst, Scheiße zu bauen. Längst wusste ich vom Eisernen Stuhl. Auf keinen Fall wollte ich damit nähere Bekanntschaft machen.

Ich schaute mir bei denen, die schon lange hier waren, ab, wie sie sich verhielten, wie sie es schafften, nicht anzuecken, wie sie sich bei der Essensausgabe benahmen, wen sie vorließen und wen nicht. Nur keine aufs Maul kriegen. Was verdammt schnell gehen konnte. In Dongguan waren brutale Gewalttäter eingesperrt, die nichts zu verlieren hatten und denen es egal war, ob sie zur Strafe in eine dunkle Einzelhaftzelle gesteckt wurden. Diese Typen prügelten unvermittelt los. Da konnte man, wenn man einen »Fehler« gemacht hatte, nur artig um Entschuldigung bitten und hoffen, dass der Kotau genügte.

Die Wärter schritten in solchen Fällen äußerst gemächlich ein, ohne große Eile. Ihnen war es nur recht, dass die Gefangenen sich selbst maßregelten und dadurch das perverse Knastsystem selbst aufrechterhielten. Es gab ein paar freundliche Aufseher, aber vor allem gemeine Idioten. Ich verachtete diese Wärter zutiefst, weil sie – anders als ihre Kollegen in Shenzhen – bei jeder Gelegenheit den Häftlingen gegenüber ihre Macht demonstrierten. Ich versuchte mir damit zu helfen, dass ich mir sagte, diese Typen seien nicht mehr als ein Furz, der übel riecht, aber nach einer gewissen Zeit auch wieder verschwindet.

Einmal trat mich ein Aufseher von hinten, weil ich auf dem Weg zur Fabrik angeblich nicht schnell genug marschierte. Ich beschwerte mich über ihn, woraufhin seine Vorgesetzten tatsächlich eine Untersuchung einleiteten. Die Gefängnisleitung versuchte durchaus, ihren Leuten Grenzen aufzuzeigen. Wobei eines klar ist: Hätte es sich bei dem Häftling um einen Chinesen, anderen Asiaten oder Afrikaner gehandelt, wäre der Aufseher niemals gemaßregelt worden. Aber ich war Europäer, Deutscher, hatte einen Anwalt. Daher sah man sich veranlasst, tätig zu werden. Zumal mein Peiniger das Pech hatte, dass sein Tritt von einer Kamera aufgezeichnet worden war. Und wirklich, die Gefängnisleitung entschuldigte sich bei mir für den Tritt des Wärters. Als Wiedergutmachung bekam ich eine Einzelpritsche zugewiesen, gut eineinhalb Jahre schlief ich »allein«. Immerhin ein Hauch von Wiedergutmachung.

Ich kam den Umständen entsprechend gut durch den Alltag. Als Deutscher war ich privilegiert, wenn man es so ausdrücken will, dazu kam, dass ich in den Augen meiner Mithäftlinge ein tolles Ding gedreht hatte, was mir ein gewisses Ansehen brachte. Das war zwar eine zweifelhafte Ehre, aber in der Hölle galten nun einmal andere Maßstäbe. Viele Häftlinge – und nicht wenige Wärter – fanden es genial, was ich abgezogen hatte. Sie fanden an meinem »Verbrechen« nichts Schlimmes – im Gegenteil, sie fanden es klasse, dass ich ein paar Schwerreichen Millionen abgeknöpft hatte. Ob legal oder illegal, spielte für sie nicht die geringste Rolle.

Meine Rolle als Held und Außenseiter spielte ich mit Bravour, ich ließ mich gerne bewundern und wäre dumm gewesen, es nicht zu tun. Der Exotenstatus schützte mich ein Stück weit. Ich war der einzige Deutsche in der Hölle von Dongguan und hatte nie Stress aufgrund meiner Nationalität, Hautfarbe oder Religionszugehörigkeit. Ich versuchte, umsichtig zu agieren und es mir weder mit den Aufsehern noch mit den Kapos oder gar mit den Männern in meiner Zelle zu verderben. Am besten war es, sich einfach an Leute zu halten, denen kein anderer Häftling in die Quere kam. Und genau das tat ich.

Einmal, nach knapp einem Jahr, erlebte ich eine äußerst brenzlige Situation. Ich war mit Batu, einem Mongolen, in einer Zelle. Er war groß und hatte die Statur eines Boxers. Batu verbüßte eine 5-jährige Haftstrafe, weil er vier iPhones geklaut hatte. Anfangs verstand ich mich gut mit ihm, aber wie aus dem Nichts fing er Streit mit mir an. Ich wusste wirklich nicht, weshalb. Es war wie in den Gangsterfilmen, wo ein Fiesling zu seinem Gegenspieler sagt: »Mir passt dein Gesicht nicht.« Warum auch immer: Batu betrachtete mich plötzlich als seinen ganz persönlichen Feind. Das Gefrotzel ging über Wochen, bis es eskalierte. Ich stand unter der Dusche, da tauchte er an meiner Seite auf. Er hatte schon Klamotten und Straßenschuhe an – im Kampf ein klarer Vorteil, da er festen Halt auf dem nassen Boden hatte. Er sagte so etwas wie: »Mir gefällt dein Verhalten nicht. Ändere es oder du kriegst Ärger.« Ich versuchte, mit ihm zu reden und rauszufinden, was er überhaupt meinte. Aber es nutzte nichts.

Die ganze Sache entwickelte sich für mich zu einer schweren nervlichen Belastung. Ich fragte Momen, was er tun würde. Er meinte: »Ganz einfach: Du musst kämpfen, sonst wirst du das Problem nie los.« Kräftemäßig war ich Batu auf jeden Fall unterlegen, weshalb ich auf einen Überraschungsangriff setzte. Als er mich in einer Mittagspause, die wir immer in den Zellen verbringen mussten, anmachte, reagierte ich so, wie ich es bis bisher noch nie getan hatte: Ich sprang auf und schnappte ihn mir. Der Mongole erstarrte wie das Kaninchen vor der Schlange. Ich hätte ihm eine reinballern können, tat es aber nicht.

Die anderen Häftlinge sprangen von ihren Liegen auf und gingen dazwischen. Batu, der schlecht Englisch sprach, schrie wie von Sinnen: »You death! You are pig! You death! You over here!« Er drohte, mich umzubringen, und ich zweifelte nicht daran, dass er es ernst meinte. Ein Aufseher brüllte durch die Sprechanlage: »Rauskommen, ihr beiden!« Batu gab mir die Schuld an dem Zwischenfall. Ich äußerte mich vor dem Wärter nicht dazu. Zurück in der Zelle schrieb ich eine Beschwerde an die Gefängnisaufsicht und eine kurze Notiz für das deutsche Konsulat, das mich auch in der Hölle von Dongguan nicht vergessen hatte. Die Morddrohung war zwar auf der Videoaufzeichnung nicht zu hören, aber Sharif aus Bangladesch und Chris aus Kanada bezeugten sie. Batu wurde in einen anderen Block verlegt und arbeitete von da an in einer anderen Fabrik. Ich sah ihn nie wieder.

KAPITEL 21

BREAKING BAD ODER DER KOMMUNISMUS FÄNGT BEIM ESSEN AN

Die Chinesen setzten ihre Idee vom Kommunismus auch oder gerade in der Hölle von Dongguan um. Dort waren alle Menschen in gewisser Weise gleich, und es fing beim Essen an. Das lernte jeder Neuling am Tag seiner Ankunft. Unter den Häftlingen waren kleine, große, dünne und dicke Männer. Sie hatten nicht gleich großen Hunger, aber sie erhielten gleich große Portionen. Die Aufseher in Block 14 achteten strikt auf die Verwirklichung des Kommunismus beim Essen.

Ich aß die zugeteilte Menge nie ganz auf. Jeden Tag gab ich meine Schale mit nicht gegessenen Resten zurück. Anderen wiederum reichte die Standardportion nicht. Ihnen durfte aber kein anderer Häftling etwas abgeben, auch wenn er sein Essen nicht ganz aufessen konnte oder wollte. Die Wärter wachten in meiner Anfangszeit streng über die Einhaltung dieser Regel, die für den gesamten Knast galt. Natürlich eine unsinnige Verschwendung. Erst später wurde nicht mehr kontrolliert, jedenfalls nicht in Block 2.

Das Essen wurde von Häftlingen gekocht und in zwei riesigen Alufässern in die Blöcke gekarrt. Eine Tonne enthielt reishaltige, weiße Pampe, die andere Wasser, in dem zerkochtes Gemüse und Fleischstücke von undefinierbarer Herkunft schwammen. Sämtliche Speisen – egal ob frühmorgens, mittags oder abends – waren noch grässlicher als der Fraß in der Untersuchungshaft. Es handelte sich um Schlachthofabfälle und Gammelfleisch und vermutlich auch Fleisch von an Seuchen verendeten Tieren.

Jeden Morgen gab es Nudeln in einer undefinierbaren Ölsauce, manchmal Reisbrei und Dampfbrot; mittags Pampe aus Reis, Öl, Wasser und welkem Gemüse. Dasselbe wurde auch am Abend an uns verfüttert, dann aber mit einem Stückchen Fleisch, genauer Hühner- oder Entenfüße, Hühner- oder Entenarsch, Hühner- oder Entenkopf. Von dem Fleisch aß ich so gut wie nie etwas. Ich ekelte mich vor den Füßen, Ärschen und Köpfen. Andere Gefangene verschlangen das Zeug, als hätten man ihnen Bärentatze oder Hamburger serviert.

Die Essenausgabe, die jeder Häftling mal übernehmen musste – es war halt die Hölle –, barg ganz eigene Gefahren. War ich an der Reihe, achtete ich peinlich darauf, wem ich welches Fleischstück in welcher Größe auf den Teller legte. Dem Falschen einen zu kleinen Hühnerfuß in die Schale zu schöpfen, konnte böse enden. Manche Brutalos rasteten völlig aus, nur weil ihnen ihr Brocken Fleischabfall ein bisschen zu klein schien. Dass die Aufseher und Kameras das alles mitbekamen, war ihnen in dem Moment völlig egal. Und schon war eine blutige Schlägerei im Gange. Erstaunlicherweise waren es vor allem Vietnamesen – meist eher schmächtige Männer –, die nie lange fackelten und sofort drauflosprügelten, als hätten sie vor dem Knast ihr Geld als Bare-Knuckle-Kämpfer verdient.

Auch das Trinkwasser war noch ekliger als das in Shenzhen. Gebracht wurde es wie das Essen in einer Tonne, abgekocht und heiß. Das eigentlich ungenießbare Wasser enthielt Sand und stank nach Chemie. Ich wollte gar nicht genau wissen, was ich da soff. Immer wieder erkrankten Leute an Ruhr, die dann innerhalb weniger Tage etliche Kilo verloren.

Wie in der U-Haft versuchte ich, möglichst nur nachts kacken zu gehen. Da aber der Darm wegen des Fraßes und Wassers öfter rebellierte, war es nicht immer möglich, das selbst zu steuern. Gluckste es im Magen, blieben zirka 20 Sekunden. Bloß nicht in die Hose scheißen. Unter dem Warnruf »Dǔzitòng«, also Bauchschmerzen – gesprochen Du-ze-tung –, stürzte ich in den hinteren Teil der Zelle, riss die Hosen runter und verrichtete mein Geschäft, selbst wenn sich gerade jemand einen Schritt weiter die Zähne putzte. War ich selbst im Waschbereich und hörte »Dǔzitòng«, verpisste ich mich sofort ans andere Ende der Zelle.

Ich bewahrte mir einen Rest Lebensfreude, indem ich versuchte zu lesen und Spanisch und Chinesisch zu lernen. Wenn wir keine politischen Reden in der Glotze oder Vorträge von den Wärtern anhören mussten, war ab 19.30 Uhr eine Stunde »Entertainment« angesagt. Dann durften wir Filme in der Zelle sehen. Oder – wenn auch seltener – auf Monitoren im Hof. Auf der rechten Seite liefen sie in Chinesisch, auf der linken in Englisch. Wahrscheinlich waren es Raubkopien. Natürlich konnten wir nichts auswählen, worauf wir Bock hatten. Die Gefängnisleitung entschied, was geguckt werden sollte – nach Kriterien, die mir ein Rätsel blieben. Zum Beispiel *Breaking Bad*, die US-Serie über einen Lehrer, der zum Crystal-Meth-Produzenten wird. Nachdem wir einige Folgen gesehen hatten, lobten die Drogendealer aus Block 2 das Vorgehen des Serienhelden Walter White – ihrer Meinung nach ein Paradebeispiel dafür, wie man alles richtig machte.

Sexszenen waren tabu. Tauchte eine nackte Frau auf dem Bildschirm auf, etwa in *Game of Thrones*, spulte ein Aufseher sofort vor. Ende 2017 wurde ein neues TV-System in den Zellen installiert. Wir durften uns nun Filme von einem USB-Stick aussuchen, den die Aufseher dem ersten Zellenführer gegeben hatten. Einmal enthielt eine Datei einen japanischen Porno, der in der Business-Class eines Flugzeuges spielte. Ein Riesenspektakel. Der ganze Block kreischte vor Vergnügen, wann gab es schon mal einen Hardcore-Sexfilm im Knast. Den Aufsehern blieb die Porno-Gafferei nicht verborgen. Ihr Problem war aber, dass sie keinem Häftling die Schuld geben konnten. Sie selbst hatten ja dem Zellen-Kapo den Stick gegeben. Trotzdem machten sie ihn zum Sündenbock und bestraften ihn, allerdings nur milde.

Ein anderes Mal musste der gesamte Block 2 im Hof antreten, damit die Zellen in aller Ruhe durchsucht werden konnten. Um sicherzugehen, dass wir in der Zeit nichts Dummes anstellten, wurde im Hof ein Film mit pädagogisch wertvoller Botschaft gezeigt. Wir sollten sehen, dass es auf der Welt eine noch schlimmere Hölle gab als Dongguan: Amerika. *Green Dragon* handelt von zwei chinesischen Brüdern, die sich in New York eine neue Zukunft aufbauen wollten. Sie scheitern auf legalem Weg und schließen sich einer brutalen Gang an.

Pech nur für die Gefängnisleitung, dass der Film im Jahr 1989 begann und das Massaker auf dem Platz des Himmlischen Friedens thematisierte, das in chinesischen Medien, wenn überhaupt, geschichtsverfälschend dargestellt wurde. Die Regierung in Peking nannte den brutal niedergeschlagenen Studentenaufstand nur den »Zwischenfall vom 4. Juni«. Die jüngeren Chinesen waren empört, weil der Film angeblich Lügen verbreitete. Die chinesische Regierung würde nie, nie, nie (!) mit Panzern auf wehrlose Studenten losgehen. Wir Ausländer grinsten nur. Schließlich meldeten sich ältere Hongkong-Chinesen und Taiwanesen zu Wort und stellten klar: Doch, genauso war es 1989.

Danach herrschte Schweigen und Entsetzen unter jenen jungen Chinesen, die den Älteren glaubten. Die Kommunisten warfen Japan immer vor, sich nicht zu seinen Kriegsverbrechen zu bekennen. Jetzt dämmerte es den jungen Leuten: Ihre Regierung machte es mit dem Tian'anmen-Massaker nicht anders.

KAPITEL 22

ZWANGSARBEIT

Zu den Höllenstrafen in Dongguan gehörte auch die ununterbrochene Berieselung mit Propaganda, die Preisung der chinesischen Führung und Chinas als das kommunistische Paradies. Gleichzeitig wurden wir als Arbeitssklaven ausgebeutet, waren fester Bestandteil eines turbokapitalistischen Systems. Sechs, wenn nötig sieben Tage die Woche mussten wir für Unternehmen schuften, deren Profitabilität auf der staatlich organisierten Zwangsarbeit basierte. In offizieller Lesart war die Arbeit im Gefängnis ein wichtiger Bestandteil der Umerziehung.

»China hat es geschafft, die Mehrheit seiner Verbrecher einschließlich des letzten Feudalkaisers und verschiedener Kriegsverbrecher zu läutern und sie zu friedfertigen, gesellschaftlich zuträglichen, gesetzestreuen Bürgern zu machen«, verlautbarten die Kommunisten im Sommer 1992 anlässlich der Verkündung von Reformen zur Verbrechensbekämpfung. Eine Maßnahme, die für erforderlich erachtet wurde, obwohl die Kriminalitätsrate in China angeblich »weit unter dem Weltdurchschnitt« lag. »Minus- in Pluspunkte und Kriminelle in Menschen zu verwandeln, die für die Gesellschaft nützlich sind, entspricht dem großen marxistischen Ideal der Befreiung der gesamten Menschheit.«

So rechtfertigte man die brutale Ausbeutung. Wie es zuging, durfte ich mehr als vier Jahre studieren. Bereits am dritten Tag nach meiner Überführung marschierte ich im zackigen Marschschritt von Block 14 rüber in eine der Fabriken auf dem Knastgelände, um an einem Schnupperkurs für kommunistische Produktionsweisen teilzunehmen. Und was passte besser zu einem Gefängnis als Blumen? Der Betrieb produzierte Tulpen und Nelken aus Plastik, wie man sie zum Beispiel für Schießbuden auf Rummelplätzen kennt.

Rote, gelbe und rosa Blütenteile landeten frisch gepresst an meinem Arbeitsplatz, wo es meine Aufgabe war, überstehende Plastikgrate zu entfernen, damit die fertigen Blumen noch hübscher aussahen.

Diese – zugegeben leichte – Arbeit diente allerdings nur der Eingewöhnung, um die Abläufe und Regeln in einer Fabrik kennenzulernen und zu verinnerlichen. Schließlich verbrachte jeder Häftling fast genauso viel Zeit in den Werkshallen wie in seiner Zelle. In der Fabrik zeigte sich, warum das Gefängnissystem auf ein klein bisschen Zuckerbrot und jede Menge Peitsche geeicht war. Am Ende war alles im Knast auf die Zwangsarbeit ausgerichtet. Die Fabriken waren organisiert wie ganz normale Unternehmen, produzierten nur weitaus billiger. Denn der riesige Vorteil war für sie, dass die Gefangenen fast nichts kosteten und im Grunde rechtlos waren.

Die Gefängnisfabriken von Dongguan wurden praktisch in Eigenregie von den Häftlingen geschmissen. Sie waren für sämtliche Bereiche zuständig, von der Herstellung und Materialbeschaffung über die Logistik, die Qualitätssicherung und den Transport. Nur ab und an erschienen Anzugträger und überprüften die Arbeitsschritte, um herauszufinden, wie der Betrieb noch effizienter funktionieren könnte. Ansonsten verließen sich die Chinesen auf die Manager-Kapos, die alle wichtigen Posten innehatten.

Zur Überwachung der Fabriken und Produktionsabläufe waren ganze Hundertschaften der Polizei im Einsatz. In den Werkshallen selbst passten Wachmänner auf wie die Schießhunde, dass kein Häftling aufmuckte und aus der Reihe tanzte. Das Kommandogebrüll der Aufseher war der Generalbass der Geräuschkulisse. Überall waren zudem Überwachungskameras installiert. Das Zwangsarbeitersystem funktionierte nach dem Prinzip Zuckerbrot und Peitsche. Wer funktionierte, konnte auf Vergünstigungen hoffen. Den Manager-Kapos wurden Privilegien eingeräumt, die sie nicht verlieren wollten. Sie sorgten dafür, dass die Häftlinge spurten und den Laden bestmöglich am Laufen hielten.

Nach einigen Wochen in der Blumenproduktion ging es für mich und die anderen Häftlinge meines Blocks dann richtig zur Sache. Wir wurden in eine Fabriketage abkommandiert, in der

Hochfrequenztransformatoren hergestellt wurden. Ich hatte das zweifelhafte Glück, nach wie vor krank zu sein. Da mich der Gefängnisarzt als eingeschränkt arbeitsfähig eingestuft hatte, ließ man mich zunächst zuschauen, das heißt, ich musste zwar mit in den Betrieb, saß dort aber nur rum und beobachtete, wie die anderen sich abrackerten. Nein, Mitleid empfand ich nicht. Wie alle Häftlinge dachte ich nur an mich. Aber das Nichtstun, die Langeweile war auch eine ganz spezielle Art von Folter.

Nach einem Vierteljahr musste auch Luozi Luobote ran. Nun wagte ich etwas, auf das ich ewig stolz sein werde, weil es mir sehr viel Mut abverlangte: Ich wollte kein Roboter sein und weigerte mich zu arbeiten. Hochrangige Polizisten erschienen, diskutierten mit mir und drohten mir. Ich blieb stur. Meine Haltung war: Bringt mich um, wenn ihr wollt. Arbeiten werde ich nicht für euch! Natürlich war das riskant. Zugegeben: Wäre ich kein Ausländer aus Westeuropa gewesen, wäre ich damit nicht durchgekommen und hätte auch die Traute nicht gehabt. Ich sah ja, wie mit Häftlingen verfahren wurde, die ihr Arbeitssoll nicht erfüllten oder bei den Aufsehern aneckten. Ich dankte Gott – und meiner Mutter –, dass ich in Dortmund zur Welt gekommen war. Deutscher Staatsbürger zu sein, war ein großes Glück, ein Konsulat im Rücken zu haben, das einem zur Seite stand, so etwas wie eine Lebensversicherung.

Die Staatsmacht gab sich – scheinbar – geschlagen und ich fühlte mich kurzzeitig wie einer, der der dem Teufel in die Eier getreten hat. Von nun an ließen die Sicherheitskräfte mich aber nicht mehr in Ruhe und traktierten mich in einem fort, mal subtil, mal ganz brutal. Anfangs ließ ich es über mich ergehen, doch nach gut einem Jahr war ich zermürbt und knickte ein. Auch ich wurde ein Roboter und stellte als Häftling Nummer 4418027614 bis zum Tag meiner Entlassung Hochfrequenztransformatoren her. Eine Akkordarbeit für Primaten.

Mein Job war es, mit einem Plastikhaken einen Draht durch einen Ring aus Eisenpulver zu fummeln. Draht vor und wieder zurück, vor und wieder zurück, bis der Ring vollständig umwickelt war. Anfangs konnte man denken, das sei easy. Aber nach wenigen

Tagen merkte man, wie sehr das Gefummel auf die Knochen ging. Zumal der Arbeitssoll – also die Stückzahl der Transformatoren, die pro Tag herzustellen waren – nach und nach erhöht wurde.

Die Arbeit begann um 07.00 Uhr morgens. Mittags kehrten wir in Block 2 zurück, würgten Reispampe runter, danach ging es in die Zellen, wo wir uns hinlegen und eine Stunde Mittagsruhe halten mussten. Die Aufseher überwachten die Einhaltung der Schlafenszeit streng, damit wir nicht etwa auf die Idee kamen, private Dinge zu erledigen, zu lesen oder zu quatschen. Mit Fürsorglichkeit hatte das nichts zu tun. Man war in der Hölle und nicht im Schlaraffenland. Es ging ausschließlich darum, dass wir nach der Pause »ausgeruht« in die Fabrik zurückkamen, um im Akkord Drähte zu wickeln, von 14.00 bis 18.00 Uhr. Insgesamt neun Stunden täglich. Sechs Tage die Woche (was in China eigentlich nicht erlaubt war). Mitunter, wenn die Konjunktur es erforderte, mussten wir auch sonntags ran. Manchmal war man zwei Wochen nonstop in der Fabrik. Aber auch so war man abends meist völlig erledigt und schlief gleich ein.

Jeden beschissenen Tag fummelte ich beschissenen Draht durch beschissene Ringe. Hunderte, tausende, zehntausende. Keine Ahnung, wie viele es am Ende waren. Wirklich wie ein Roboter. Wir Häftlinge nannten uns denn auch »African Machine« oder »Chinese Machine«. Ich war natürlich »The German Machine«. Ich hatte Angst, bei dieser stumpfsinnigen Arbeit zu verblöden. Während der Drahtfummelei retteten mich nur meine Träume vor dem Wahnsinn. Stundenlang sprach ich mit Gott. Das Buch, von dem ich noch nicht wusste, dass es *Drachenjahre* heißen würde, entstand in den Fabriken von Dongguan. Ich schrieb es in Gedanken nieder und nahm es im Kopf mit nach Hause, weshalb es mir wurscht war, dass die Polizei am Tag der Entlassung meine Tagebücher konfiszierte.

Die Betriebe meines Blockes waren auf Metallprodukte spezialisiert. Hergestellt wurden Drehschlösser, auf denen der Schriftzug »Samsonite« eingeprägt war. Auch Modellautos von Porsche. Wer die Auftraggeber waren, fand ich nie heraus. Die Transformatoren trugen die Aufschrift »Bourns«, ein Unternehmen mit Sitz in Kalifornien. Es gab kaum Möglichkeiten, mit Gefangenen außerhalb von Block 2 über die Arbeit zu sprechen, etwa in der Krankenstation. Die Gefahr war groß, an einen Spitzel zu geraten. Ich hörte von Kleidung, Spielzeug, Elektrogeräten und Karten auf Englisch, Spanisch, Französisch und wohl auch Deutsch, die in den Knastfabriken hergestellt wurden. Überprüfen konnte ich das nicht – ich wollte es auch nicht.

Die Zahl, um die sich für die Gefangenen alles drehte, war die 480. Das war der Höchstwert im Punktesystem der Chinesen, mit dem sie die geleistete Zwangsarbeit bewerteten. Wer die 480 erreichte, durfte sich »Arbeiter erster Klasse« nennen. Als Lohn erhielt ein 480-Punkte-Mann 20 Yuan, also etwa 2,60 Euro – und zwar im Monat. Zum Vergleich: Ein Anruf ins Ausland kostete 19 Yuan. Mein Soll lag wegen meiner angeschlagenen Gesundheit bei 288 Punkte. Erreichte ich diese Zahl, war ich um 1,50 Euro im Monat reicher. Wer seine Punktvorgabe nicht schaffte, wurde bestraft. Der durfte keinen Besuch empfangen oder nicht nach Hause telefonieren, worunter die meisten sehr litten.

Besonders pervers waren die automatischen Steigerungen der Sollvorgaben. Bei Erfüllung des Solls musste im nächsten Monat ein höherer Wert erreicht werden. Schluss war erst bei 480. Schaffte ein Häftling die neue Norm zu schnell, wurde einfach die Berechnungsgrundlage geändert: Dann wurden aus einem Punkt 0,9 Punkte.

Das System sorgte für Frustration und Dauerstress. Die allermeisten Häftlinge waren auf das Geld angewiesen, um sich zusätzliches Essen oder Zigaretten kaufen zu können. Außerdem wurde immer die Hoffnung genährt, möglicherweise früher entlassen zu werden. Häftlinge, die keine Schwerverbrecher waren und 18 Extrapunkte auf ihrem Konto stehen hatten, durften Straferlass beantragen. Die Erfolgsaussichten waren extrem gering, denn andere, ebenfalls entscheidende Kriterien wie »gutes Verhalten« wurden völlig willkürlich bewertet. Lichtblicke in der permanenten Dunkelheit gab es selten. Aber die Hoffnung stirbt bekanntlich zuletzt.

Ausgerechnet Donald Trump, die Hassfigur der Pekinger Regierung, war einer unserer Lichtblicke. Nachdem der amerikanische Präsident den Handelskrieg mit China entfacht hatte, brachen die Aufträge ein. Plötzlich standen alle Räder still, wir hatten nichts mehr zu tun. Hochrangige Beamte hielten jeden Tag wütende Reden gegen Trump und kündigten Chinas Sieg im Handelsstreit an. Nur wurde nichts daraus.

Wie irre seine Politik auch sein mochte: Wir feierten Trump als Helden. Der US-Präsident brachte das Knastsystem ein Stück weit ins Wanken. Die Aufseher wurden von Woche zu Woche nervöser, sie hatten Angst, die Kontrolle zu verlieren. Ohne Arbeit kein Geld. Ohne Geld keine Zigaretten, keine Essenszukäufe, keine Anrufe, kein gar nichts. Und im Gefängnis-Shop konnte man natürlich nicht anschreiben lassen. Umso länger die Krise dauerte, desto größer wurde die Gefahr, dass Unruhen ausbrachen – eine Horrorvorstellung für die Höllenwächter.

Die Propagandasendungen des chinesischen Staatsfernsehens waren Pflichtprogramm für alle Häftlinge. Jeden Abend schauten wir im Hof die Nachrichten. China – toll! Der Kommunismus – sensationell! Das Seidenstraßenprojekt –phänomenal! Das chinesische Volk – einzigartig! Einmal wurde ein Film gezeigt, in dem die Vorzüge der chinesischen Gefängnisse gegenüber amerikanischen, französischen und deutschen gepriesen wurden. Und zwar: weniger Inhaftierte in einer Zelle, Recht auf Arbeit und auf Strafminderung. Kaum waren wir auf den Zellen, erschallte ein lautes Lachen, das noch in Peking zu hören war.

Je nachdem was gerade los war im Land und im Rest der Welt, dauerten die Nachrichten, die auf Chinesisch und Englisch liefen, zwischen 30 und 45 Minuten. Hielt Staatspräsident Xi Jinping eine Rede, durften wir nicht eher den Hof verlassen, bis der oberste Kommunist von der Bildfläche verschwand. Es interessierte niemanden, ob wir Ausländer das Geschwafel verstanden. Auch seitens der Polizei wurden wir mit Propaganda zugetextet. Immer wenn ein ranghoher Beamter am Rednerpult stand und zur Häftlingsindoktrination ansetzte, wurde in den Reihen der Insassen gemurmelt: Oh Mann, schon wieder Karl Marx!

In Reih und Glied mussten wir uns auf kleine Hocker setzen, dann legte der treue Staatsdiener los. Er laberte und laberte und laberte. Solche Propagandavorträge konnten bis zu anderthalb Stunden dauern, was bedeutete, dass die Freizeit ausfiel: kein Schach, kein Fernsehen, kein Film. Besonders bizarr war, dass die ewigen Karl-Marx-Lobpreisungen in chinesischer Sprache stattfanden. Ich verstand kein Wort. Aber immerhin war ich in der Hölle von Dongguan der einzige Landsmann des kommunistischen Vordenkers. Die Krönung dieser lächerlichen Veranstaltungen war jedes Mal das Singen chinesischer kommunistischer Lieder.

Ich berichtete dem Konsulat mehrmals von der Zwangsarbeit im Gefängnis und hoffte, die Bundesregierung würde intervenieren. Doch nichts dergleichen geschah. Nach meiner Entlassung leitete die Organisation Aktion der Christen für die Abschaffung der Folter eine E-Mail des Auswärtigen Amtes vom März 2015 an mich weiter. Ein CDU-Landtagsabgeordneter in Nordrhein-Westfalen hatte das Außenministerium um Auskunft zu meinem Fall gebeten. Aus der Antwort ging hervor, dass die Bundesregierung den Chinesen mehr glaubte als mir, was ich mit Verwunderung zur Kenntnis nahm. Aber so scheint die große Politik eben zu funktionieren.

In der E-Mail des Ministeriums heißt es unter anderem: »Auch wenn die in Dongguan einsitzenden Häftlinge Arbeit verrichten, handelt es sich nicht um ein Arbeitslager. Foltervorwürfe wurden durch den Häftling gegenüber den ihn betreuenden Konsularbeamten zu keinem Zeitpunkt geltend gemacht, obwohl er bei jedem Haftbesuch explizit danach gefragt wurde und wird. Zu keinem Zeitpunkt seiner Haft konnten Spuren von Folter erkannt werden. Die Gesprächssituation hätte es dem Häftling durchaus erlaubt, gegenüber dem Konsularbeamten Hinweise auf Folter zu äußern. Es ist allerdings im Rahmen eines Haftbesuchs aufgrund der geltenden Vollzugsregeln nicht möglich, die Häftlinge bei der Arbeit zu beobachten. Laut Herrn Rothers Aussage muss er Kabel in Gehäuse einziehen. Die Verrichtung von Arbeit in der Haft ist im chinesischen Strafvollzug allgemein üblich.«

In den vergangenen Jahren wurden immer wieder dramatische Hilferufe von Zwangsarbeitern aus chinesischen Gefängnissen geschmuggelt, meistens eingenäht in Textilien, die in Knastfabriken hergestellt wurden. Im Dezember 2019 sorgte eine dieser Botschaften weltweit für Aufsehen. Sie war in einer Weihnachtskarte versteckt, die die britische Supermarktkette Tesco aus China importierte. Darin hieß es: »Wir sind ausländische Gefangene in der chinesischen Haftanstalt Qingpu in Shanghai. Wir werden gegen unseren Willen zur Arbeit gezwungen. Bitte helfen Sie uns und verständigen Sie Hilfsorganisationen.«

Die britische Journalistin Rossalyn Warren versuchte, den Weg eines Hilfegesuches zurückzuverfolgen, den eine Amerikanerin 2017 in einer Handtasche entdeckt hatte, die sie in einer Walmart-Filiale in Arizona gekauft hatte. Den aufwendig recherchierten Bericht veröffentlichte sie im Oktober 2018 auf dem Online-Newsportal *Vox*. Als ich ihn las, dachte ich: Ich war noch nicht im Zentrum der Hölle. Auf dem Zettel stand: »Die Insassen im chinesischen Yingshan-Gefängnis arbeiten 14 Stunden am Tag und dürfen sich am Mittag nicht ausruhen. Wir müssen bis Mitternacht Überstunden leisten. Menschen werden geschlagen, weil sie ihre Arbeit nicht beendet haben.«

Warren entdeckte auf Baidu, der führenden chinesischen Internetsuchmaschine, zig an Unternehmen gerichtete Angebote, ihre Produkte in Gefängnissen herstellen zu lassen. Eines lautet: »Da unser ausführendes Personal aus Häftlingen besteht, ergeben sich die folgenden Vorteile: Diese Beschäftigten stehen unter zentraler Aufsicht, sind verlässlich und der Gefängnisverwaltung unterstellt. Es gibt keine Unsicherheitsfaktoren wie häufig wechselndes Personal und Arbeitskräftemangel. Die Herstellungskosten für Auftraggeber sind gering, da das Gefängnis sowohl die Fabrikationsstätte als auch die Unterbringung für die Arbeitskräfte stellt. Weil es sich bei einer Strafvollzugsanstalt um eine öffentliche Einrichtung zum Nutzen des Allgemeinwohls handelt, sind geringere Produktionskosten als auf dem freien Markt absolut garantiert. Wenn Ihre Firma darauf angewiesen ist, zögern Sie bitte nicht, uns zu kontaktieren.«

KAPITEL 23

DER EISERNE STUHL

Das Folterinstrument, mit dem die Chinesen Menschen brachen und ihre Seelen verstümmelten, war der Eiserne Stuhl. Wer auf ihm Platz nehmen musste, erlebte sein ganz persönliches Inferno inmitten der Hölle. Jeder konnte darauf landen. Gründe für »Bestrafungen«, wie sie die Folter beschönigend nannten, fanden die Aufseher immer, wenn sie wollten. Und sie wollten immer. Wer gegen eine der 38 Knastregeln verstieß, rauchte, wo es verboten war, wer einen Wärter belog, sich zu oft oder zu vehement beschwerte, sich prügelte, Befehle verweigerte, schlecht arbeitete, bei der Arbeit in der Fabrik mogelte oder irgendetwas anderes getan hatte, was den Chinesen nicht passte, riskierte, diese Tortur erleiden zu müssen.

Das hässlichste Möbel der Hölle war weiß, die Sitzfläche bestand aus senkrecht stehenden Metallrohren, die oben angeschrägt waren. Der Gefangene wurde mit Hand- und Fußfesseln so an dem Stuhl fixiert, dass er sich fast gar nicht mehr bewegen konnte. Manche saßen dort ein oder zwei Tagen, andere wurden erst nach ein oder zwei Wochen losgemacht.

Manchmal ließen die Aufseher das Opfer gefesselt aufs Klo gehen und sich abends die Zähne putzen, manchmal durfte ihm ein anderer Gefangener die Hosen runterziehen. Dann musste das Opfer durch die Metallstäbe des Sitzes in ein Gefäß unter den Eisernen Stuhl pissen und kacken. So manch einer pinkelte sich in die Hose, weil sich niemand um ihn kümmerte. Selbst bei noch so brütender Hitze war es den Delinquenten nicht erlaubt, die Kleider zu wechseln.

Das Martyrium auf dem Eisernen Stuhl begann immer mit dem gleichen Psychospielchen. Ein Wärter wedelte mit einer Dose Pfefferspray oder einem Elektroschockgerät vor dem Gesicht des Häftlings herum, sprühte ein bisschen in die Luft oder stellte den Taser an, sodass das elektrische Bitzeln zu hören war. Den Delinquenten Angst einzujagen, war das Ziel, ihn vollkommen zu zermürben. »Aufwärmen« nannten das die Folterknechte.

Dann bekam der Wehrlose den Elektroschocker auch zu spüren. Die Folterer fingen auf den nackten Armen und dem Oberkörper an und arbeiteten sich bis zum Mund und zu den Schläfen vor. Hier verlaufen viele Nervenbahnen und Gefäße, die für die Steuerung und Durchblutung der Augen- und Ohrenpartien entscheidend sind. Elektroschocks können schwere gesundheitliche Schäden anrichten. Zusätzlich sprühten die Sadisten Pfefferspray ins Gesicht des Opfers.

Im Gefängnisjargon hieß diese spezielle Misshandlung »Frying the brain«, also »das Gehirn frittieren«. Die Folgen waren nicht absehbar, die Gefahr, für den Rest des Lebens gezeichnet sein, war einkalkuliert. Ich sah in den viereinhalb Jahren etliche Psychowracks, die wie ferngesteuerte Greise durch die Zellentrakte schlurften, ihre geschwollenen Hände nicht bewegen konnten, massive Sprachstörungen hatten und wirres Zeug redeten. Ihr Blick war starr, sie waren mehr Automaten als Menschen mit eigenem Willen. Ich kannte zwei Leute, die nach der Folter verrückt geworden und dann mit einem Mal für immer verschwunden waren. Es gab Mithäftlinge, die total hibbelig waren, mit den Armen zappelten, mit dem Kopf zuckten, die mit dem Finger auf etwas zeigten, das nur sie wahrnahmen, und die sinnlose Sätze in Endlosschleife wiederholten – typische Folteropfer, würde ich sagen.

Noch härter waren diejenigen dran, die in Isolationshaft in Block 14 verfrachtet wurden. Entweder in einer stockfinsteren oder grell ausgeleuchteten Zelle hockten sie mit Ketten an Händen und Füßen gefesselt so auf dem Boden, als würden sie meditieren. Die Fesseln hinderten die Häftlinge daran, sich aufzurichten oder sich beim Schlafen ausgestreckt hinzulegen – so sie denn nachts überhaupt Schlaf fanden. Denn auch während der Nachtruhe wurden ihnen die Ketten nicht abgenommen, überdies schlug alle naselang ein Wärter gegen das Zellengitter, um den Gefangenen aufzuwecken. Zudem machten sich einige Wärter und Kapos einen Spaß daraus, ihm ins Trinkwasser zu pinkeln. Das Folteropfer hatte die Wahl zwischen Verdursten oder Pissetrinken.

Manche blieben 14, andere 30 Tage in einem der Löcher in Block 14 gesteckt, einige bis zu 90. Auch dort machten sich sadistische Aufseher einen Spaß daraus, den Insassen Pfefferspray ins Gesicht zu sprühen oder sie mit Elektroschocks zu quälen. Besonders dreckig erging es den chinesischen Gefangenen, die praktisch vogelfrei waren. Die Chinesen wurden von Kapos auch geschlagen.

Die, die aus der Isolationshaft entlassen wurden, konnten nicht mehr richtig laufen und hatten kaputte, völlig krumm stehende Beine, von den seelischen Schmerzen erst gar nicht zu reden. Ich kannte einen Afrikaner, der voller Lebensmut aus der Isolationshaft zurückkehrte. Alonso, ein Nigerianer, träumte von einer Karriere als Rapper. Bevor er seine Musikkarriere starten konnte, war er beim Rauschgiftschmuggel erwischt worden. Unendlich lange 64 Tage steckte er in Isolationshaft. Alonso war kurz davor, aufzugeben und sich das Leben zu nehmen. Doch als er aus der Einzelhaft rauskam, sagte er: »Ich will leben. Ich will überleben. Ich schaffe das.« Ich bewundere ihn dafür bis heute und wüsste gerne, wie er das geschafft hat. Was aus ihm geworden ist, weiß ich nicht.

Unter den Verzweifelten gab es Mutige, und unter den Mutigen solche, die verzweifelten. Das waren die, die manchmal offen Widerstand leisteten. Diese Männer hatten nichts mehr zu verlieren und hingen nicht am Leben, was sie auf eine gewisse Weise frei machte. Ihnen war egal, ob sie starben oder weiterlebten.

Momen war so einer. Ob er heute, morgen oder in 100 Jahren sterben würde, machte für ihn keinen Unterschied. Momen sagte einmal zu einem Wärter, der ihn mit Pfefferspray bedrohte: »Was willst du von mir? Du kennst den Tod nicht. Ich komme aus Palästina. Ich bin mit dem Tod groß geworden, ich weiß, wie er aussieht.«

Ali aus Benin saß schon zehn Jahre in der Hölle von Dongguan und hatte noch 20 vor sich. China hatte ihm kein Glück gebracht. Er kannte von dem riesigen Land eigentlich nur das Gefängnis. Direkt auf dem Flughafen war Ali mit 300 Gramm Heroin erwischt worden. Statt über Los ging er direkt in den Knast. Ich war dabei, als er einmal ausrastete und einen Aufseher anbrüllte: »Los, hol deine Knarre raus, halt sie mir an den Kopf und erschieß mich! Dann habe ich die Scheiße hier hinter mir.« Normalerweise wurde so ein Ausbruch mit dem Eisernen Stuhl bestraft.

Doch Momen und Ali waren absolute Einzelfälle. Das repressive Gefängnissystem wurde durch solche Zwischenfälle nicht ins Wanken gebracht.

Jedem war jederzeit klar, dass er hart bestraft werden konnte, wenn er sich die kleinste Kleinigkeit zu Schulden kommen ließ und die Wärter ihn drankriegen wollten. Die Chinesen versuchten nicht, die Folteropfer zu verstecken oder die Praktiken geheim zu halten. Im Gegenteil: Die Misshandelten dienten als abschreckende Warnung und wurden zur Schau gestellt. An Händen und Füßen gefesselte Häftlinge schlichen in gebückter Haltung durch die Flure von Block 14, wo die Isolationshaftzellen waren. Andere mussten in ihrer Pein über das Knastgelände oder durch die Werkshallen der Fabriken laufen, damit jeder ihre Demütigung und ihre entzündeten Wunden an den Hand- und Fußgelenken sah. Manchmal trugen die Folteropfer Schilder um den Hals, auf denen Sätze standen wie: »Ich schäme mich für das, was ich getan habe« oder »Ich bin eine Schande für die Volksrepublik China.«

Es wurde nicht im Verborgenen gequält und gefoltert. Jeder sollte und musste zusehen. Der Eiserne Stuhl wurde in den Zellentrakten oder Fabriken so ausgestellt, dass man fast über ihn stolperte. Die schmerzverzerrten, verzweifelten Gesichter prägten sich unauslöschlich ein. Damit nicht genug, wurden Opfer bei den Propagandaveranstaltungen im Hof vorgeführt. Nur wer öffentlich Reue zeigte und sich bei den anderen Häftlingen »entschuldigte«, konnte seine Leidenszeit auf dem Eisernen Stuhl verkürzen. Keiner der den Kommunismus predigenden Redner vergaß darauf hinzuweisen, dass jedem die gleiche Strafe drohe, der gegen die Regeln verstieß.

Unter den Wachmännern, von denen viele die Folter als »Strafe« beschönigten, damit sich »Hitzköpfe runterkühlten«, waren einige Sadisten, die es genossen, Macht auszuüben und Menschen zu quälen. Dass seitens der Gefängnisleitung keinerlei Interesse daran bestand, Folter zu unterbinden, wurde in den Propagandareden unmissverständlich klar: »Wer nach Menschenrechten sucht, der sollte nicht nach China kommen.«

Diesen Wahnsinn zu ertragen, kostete unfassbar viel Kraft. Hätte man doch wenigstens ein einziges Mal einen Aufseher anbrüllen und sich damit Erleichterung verschaffen können! Das Gefühl der Ohnmacht, nichts tun zu können, war fast das Schlimmste von allem.

Ich hielt durch, ich überlebte, mit heilen Knochen, aber Narben an der Seele. Anfang März 2018 teilte mir die Polizei mit, dass mir ein Volksgerichtshof fünf Monate von meiner Gefängnisstrafe erlassen hatte. Es hätten auch neun werden können, aber dafür hatte ich nicht genügend Kriterien erfüllt: Ich hatte mit 400 Yuan 300 mehr im Monat ausgegeben, als ein zum guten Menschen umerzogener Häftling hätte tun sollen – dass ich das Geld zum Großteil für andere Häftlinge ausgab, spielte bei der Bewertung keine Rolle.

Fünf Monate bekam ich erlassen, weil ich in der Fabrik 18 Extrapunkte gesammelt hatte.

Am 22. September 2018 war ein neues Gefängnisgebäude fertig, wir zogen um. Die Zelle war 25 Quadratmeter groß und für 14 Leute ausgelegt, denen jeweils ein Einzelbett zugestanden wurde. So viel Platz für nur 14 Menschen. Unglaublich. Und es gab zwei Löcher. Zwar ohne Spülung, aber immerhin. Ein Vierteljahr lang kam ich noch in den Genuss dieses Palastes. Am 19. Dezember 2018 kehrte ich der Hölle von Dongguan den Rücken.

KAPITEL 24

ROBERT, DER MENSCH

Am Morgen des 19. Dezember 2018 flog Robert, der Roboter, von Guangzhou, China, nach Hause. Gelandet ist am Abend des 19. Dezember 2018 in Hamburg Robert, der Mensch. Zwei Wesen aus zwei völlig unterschiedlichen Welten.

Die ersten Schritte auf heimischem Boden waren irreal. Ich fragte mich, ob ich das gerade wirklich erlebte. Seltsam, alle sprachen Deutsch. Ich schlurfte innerlich leer und erschöpft durch die Gänge. Außer dem Kotzgefühl spürte ich nichts. Dabei dachte ich, los, Robert, jetzt freu dich doch mal, sei glücklich, du hast es geschafft. Aber da tat sich nichts.

Ich war wahrscheinlich der einzige Passagier auf dem Hamburger Flughafen, der von einem anderen Kontinent kam und nur Handgepäck bei sich hatte. Die pinkfarbene Tasche über der Schulter, eine Hand an der Hose, damit sie mir nicht in die Kniekehlen hinabrutschte und das nicht enden wollende Grummeln in der Magengegend – das war ich.

Ich ging zum Ausgang des Terminals, wo ich meine Familie erwartete. Aber da war niemand. Ich wartete und wartete. Keiner zu sehen, nicht Mum, nicht Max. Irgendetwas stimmte nicht. Ich schaute auf den »Ankunft«-Monitor: Aha, der Flieger sollte ursprünglich an Terminal 2 ankommen, ich aber war in Terminal 1. Deutschland, das Land, das so gut organisiert ist und in dem alles einwandfrei funktioniert.

Ich ging hinüber zu Terminal 1. Hier fand ich auch niemanden. Ich war mir aber sicher, dass meine Mutter mich abholen würde. Hallo, Familie, euer Robert ist wieder da! Hier bin ich. Huhu, wo seid ihr? Wie das Leben doch spielt. Noch früh am Morgen war ich – umgeben von 13 Häftlingen – in einer 25 Quadratmeter großen

Gefängniszelle aufgewacht. Jetzt ging ich fast allein durch diese leere, riesige Halle.

Dann kam mir eine brillante Idee: Münzfernsprecher suchen, Mutter anrufen. Wie gut, dass ich in Moskau meine Yuan in Euros getauscht hatte. Ich hielt Ausschau nach einem öffentlichen Telefon. Da ich keines fand, fragte ich jemanden danach. Der Mann schaute mich an, als käme ich vom Mond. Münzfernsprecher? Hier? Wo doch jeder ein Handy besaß … Nein, ich war nicht vom Mond. Die letzten Jahre hatte ich aber hinterm Mond gelebt und wusste nicht, dass es kaum noch Münzfernsprecher in Deutschland gab. Sie waren mittlerweile so gut wie ausgestorben, wie die Pandabären in China.

Ich marschierte – gelernt ist gelernt – zur Touristeninformation. Die Dame am Schalter machte mir ein unmoralisches Angebot: Ich könnte bei ihr am Stand telefonieren. Kosten: Zwei Euro. Zwei Euro – das war mehr als ein Monatslohn. Egal, ich bezahlte und rief meine Mutter auf dem Handy an, die einzige Nummer, die ich parat hatte. Pech nur, dass es die Nummer von dem Gerät war, das sie beruflich nutzte. Eine ihrer Mitarbeiterinnen ging ran. Von ihr erhielt ich die Nummer von Gerhard, dem neuen Lebensgefährten meiner Mutter. Noch einmal investierte ich einen Monatslohn. Deutschland war in meiner Abwesenheit ziemlich teuer geworden.

Gerhard ging ran, und zehn Minuten später hatten wir uns endlich gefunden.

Mein Bruder kam mir entgegengelaufen und begrüßte mich als Erster, danach meine Mutter, die schon in Panik geraten war, dass das Drama um ihren verlorenen Sohn doch noch nicht zu Ende sein könnte. Aus Tränen der Sorge wurden Tränen der Freude. Wir umarmten uns – eher kurz. Alles fühlte sich seltsam an, alt und neu zugleich. Ich kam nach knapp acht Jahren aus dem Knast und lernte den neuen Mann meiner Mutter auf dem Flughafen kennen. Ich war happy, alle wiederzusehen, war aber gar nicht richtig da. Ich war froh, meine Mutter zu herzen, fühlte aber so gut wie nichts, fast wie ein Stein.

Wir fuhren mit dem Auto zu Gerhard nach Werdohl in Nordrhein-Westfalen, knapp eine Stunde von Dortmund entfernt. Dort verbrachte ich die erste Nacht in Freiheit. Aber Hilfe, was war das? Eine Matratze. Fürchterlich. So weich. Wie können Menschen sich das antun, gibt es denn hier keine Bretter? Ich legte mich auf den Boden. Aber nach zwei, drei Stunden dachte ich: Das ist Deutschland, hier schläft man auf Matratzen. Also gab ich dem Bett noch eine Chance.

Es war alles andere als leicht, wieder Robert, der Mensch zu sein. Am nächsten Tag ging ich mit meiner Mutter und meinem Bruder in Dortmund einkaufen. Ich brauchte dringend neue Klamotten und eine neue Brille. Ich hatte immer noch die aus dem Gefängnis auf. So viele Menschen, die hin und her liefen, einfach so, ohne Marschformation. Was sagt denn die Polizei dazu?

Die Düfte vom Weihnachtsmarkt lösten wieder einen Brechreiz aus. Aber langsam bekam ich auch das in den Griff. Eine neue Jeans. Slim what? Wie bitte? Ach so, Slim Fit. So was hatten wir in der Hölle nicht. Das Angebot überforderte mich total. Wie angenehm einfach war das doch im Knast. Ein einziger Einkauf in Dortmund reichte, um den Unterschied zwischen Knast und Freiheit zu verstehen. Dort waren alle gleich und trugen die gleichen Klamotten, hier war niemand gleich, jeder trug, was er wollte. Ja, langsam kehrte der Humor zurück.

Neue Turnschuhe benötigte ich natürlich auch. Um die bestmöglichen rauszusuchen, ließ mich die Verkäuferin im Sportgeschäft ein paar Meter auf einem Laufband rennen. Nachdem sie die Daten hatte, die sie brauchte, erklärte die Frau: »Gut, reicht, Sie können anhalten.« Ich blieb stehen – aber das Laufband nicht. Alles ging immer weiter, ich hätte mich fast hingelegt.

Was für ein irrer Zufall! Zwei Tage nach meiner Entlassung heiratete Gerhards Sohn. Oh je, was für eine Herausforderung. Lauter glückliche Menschen. Wann hatte ich zuletzt so viele glückliche Menschen auf einem Haufen gesehen. Und so schick gekleidet. Der Kontrast zum Gefängnis war hart, noch härter als die Liegen in Dongguan. Allein das Essen, das aufgefahren wurde. So viele verschiedene Leckereien. Und wie schön: alles ohne Reis.

Niemand wusste so recht, wie er mit mir umgehen sollte, was ich gut verstand. Ich selbst wusste es auch noch nicht. Ich hätte erzählen können. Nur was? Was hätte zu einer Hochzeit gepasst? Dafür erfuhr ich von den jüngeren Hochzeitsgästen etwas Wichtiges, nämlich wer Helene Fischer ist.

Am 22. Dezember rief ich beim *Spiegel* an. Man hatte dort Interesse, meine Geschichte zu bringen. Wie gut. Das Leben hatte mich wieder.

Nach Hause zurück

Entzweit wurde ich geboren
Was zusammengehörte
Geteilt

Nicht sichtbar
Nicht erklärbar
Was eins war
Soll wieder eins werden

Vollkommenheit, Ruhe und Friede
Zu Anfang erhalten
Für immer verraten

Suchend seit Geburt
Sehnsucht nach Zufriedenheit
Zu lernen ist mein Weg

Erfahrungen kann ich nicht vermeiden
Gut oder böse
Muss ich entscheiden

Von Blindheit umgeben
Durch Liebe beschützt
Sein Ruf zeigt mir den Weg

Vollkommenheit, Ruhe und Friede
Meine Sehnsucht
Ist nicht mehr

(Robert Rother, geschrieben in der Untersuchungshaft in Shenzhen)

KAPITEL 25

DAS ALTE NEUE LEBEN

Ende Februar 2019. Die Monotonie hat mich wieder. Dieses Mal ist es eine, die ich liebe. Ich schaue aufs Meer und träume. Die Nordsee schäumt. Wellen donnern heran und verschlucken Teile des Strandes. Wangerooge, mein neues Zuhause. Hier wird mir klar, was Freiheit bedeutet, wie schön das Leben ist, auch wenn es stürmt.

Gerade hat der *Spiegel* meine Geschichte gebracht. Tagelang hat mir der Reporter Jürgen Dahlkamp Hunderte Fragen gestellt, gebohrt und nachgehakt, wieder gebohrt und nochmal nachgehakt, alles geprüft und gecheckt. Er hat auch mit anderen Häftlingen, die in der Hölle von Dongguan waren, gesprochen, um zu überprüfen, dass ich ihm die Wahrheit erzähle. In seiner Story schreibt er: »Rothers Geschichte von Aufstieg und Fall wirkt geradezu fantastisch. Er erzählt sie in den einfachen Sätzen eines Jungen aus dem Ruhrgebiet, der die Schule abgebrochen hat; manches so lässig und beiläufig, dass ständig die Frage über allem steht: ›Echt jetzt?‹«

Die Frage höre ich jetzt seit mehr als einem Jahr. Ich ahne, es ist nicht leicht, mir alles zu glauben. Eine Hölle mit Fernseher in der Zelle und ärztlichem Attest über eingeschränkte Arbeitsfähigkeit? Der Rother soll eisenhart gewesen sein, wollte sich aber umbringen? Es gibt kein Leben ohne Widersprüche, so wie es nicht nur Schwarz und Weiß gibt. Ich stehe dazu. Lieber ein Leben mit Widersprüchen als zu sterben. Alles ist wahr, was ich berichtet habe. Ich habe nichts weggelassen oder verbogen.

Die persönliche Aufarbeitung meiner Erlebnisse wird wohl noch Jahre dauern. Noch ist vieles tot in mir. Wenn ich gebeten werde zu erzählen, berichte ich die Fakten, stundenlang immer nur Fakten. Ich kann sagen, wie es war, was ich erlebt und gesehen habe. Aber nicht, was ich dachte und fühlte und was ich heute darüber denke und fühle. Psychologen nennen das, glaube ich, Verdrängung. In den ersten Wochen zurück in Deutschland bin ich jede Nacht aufgewacht, weil mein Biorhythmus noch auf Knastzeit geeicht war.

Jetzt bin ich dabei, einen beruflichen Neuanfang zu machen. Ich finde, ich bin zielstrebiger und geduldiger als früher. Nach knapp 15 Jahren in China musste ich die deutsche Sprache erst mal wieder in den Griff kriegen. Schriftlich geht es inzwischen. Aber zu reden, ist manchmal schwierig. Lachen kann ich schon wieder wie früher. Ich tue es gern und oft. Inzwischen habe ich meine Nichten und meinen Neffen kennengelernt. Es ist schön, Onkel zu sein. Die kleinen Dinge bereiten mir Freude. Angeln zum Beispiel, wie damals mit meinem Opa, von dem ich mich nicht verabschieden konnte, weil ich im Gefängnis saß.

Ich habe jahrelang darauf gewartet, meine Erlebnisse niederzuschreiben, damit die Welt erfährt, wie es in chinesischen Gefängnissen zugeht. Ich hoffe, dass Angelina eine Chance bekommt und ihr Fall neu aufgerollt wird. Gründe genug gäbe es, jetzt, da längst bekannt ist, dass der Mann, der uns angezeigt hat, seinen eigenen Konzern um Millionen erleichtert hat. Ich denke oft an Angelina und die verrückte Zeit mit ihr und das Leben, das ich mit ihr führte. Ich weiß jetzt, was wahrer Reichtum ist. Garantiert nicht zwei Ferraris und Luxusuhren. Der wahre Reichtum liegt in der Liebe und im Handeln, das von unseren Herzen geleitet wird.

Als mich meine Mutter das erste Mal in der Untersuchungshaft besuchte, sagte sie: »Robert, du bist ganz anders geworden.« Sie hatte es sofort bemerkt. Später schrieb ich ihr aus dem Gefängnis: »Der alte Robert ist gestorben. Ich bin neu geboren.« Muhammad Ali sagte einmal: »Leide jetzt und lebe den Rest deines Lebens als Champion.« Das Leiden habe ich schon hinter mir.

Kurz vor der Manuskriptabgabe erhielt ich eine WhatsApp-Nachricht von einem Freund, der mich offenbar gut kennt. Sie enthielt ein Zitat des Philosophen Jean-Jacques Rousseau. »Das Geld, das man besitzt, ist das Mittel zur Freiheit, dasjenige, dem man nachjagt, das Mittel zur Knechtschaft.« Ich verstehe die Worte als Appell – und als Mahnung.

DANK

Sieben Jahre und sieben Monate sind eine kleine Ewigkeit. Auf dieser Pilgrimsreise, wie ich sie für mich sehe, habe ich viele bewundernswerte Menschen kennengelernt. Ich hatte mir vorgenommen, jeden Menschen wie ein Buch zu sehen und mir seine Geschichte erzählen zu lassen. Darin habe ich einen unermesslichen Schatz an Weisheit gefunden.

Ich möchte all diesen Menschen danken, darüber hinaus aber auch denjenigen, die mir und anderen so viel Leid bescherten, denn genau diese Menschen sind es, die mir die Bedeutung der 30 Artikel der Menschenrechte zu vollem Bewusstsein gebracht haben.

Ganz herzlichst möchte ich mich bei meiner Familie bedanken:

Meiner Mutter Elfi, die unerbittlich mit allen ihr zur Verfügung stehenden Mitteln für mich gekämpft hat. Sie ist in der Zeit meiner Haft über sich hinausgewachsen und hat neue Ufer in ihrem Leben erreicht. Heute weiß ich, dass dies ebenfalls eine Pilgrimsreise für sie war, die sie auf eine Art befreit hat. Sie hat eine neue Liebe in ihrem Lebensgefährten Gerhard Schneider gefunden, der mich ebenfalls in den ersten Tagen mit allen Mitteln unterstützt hat.

Meinem Bruder Maximilian, der mich in China besucht hat. Und endlich eine tolle Frau gefunden hat.

Meiner Schwester Melina und ihrer mittlerweile großen Familie. Sie hat drei Kinder geboren, als ich im Knast saß, und ist Ewigkeiten mit ihrem Mann Philipp zusammen. Vielen Dank für eure Unterstützung.

Meiner Oma Irma, die nur noch einen Wunsch hatte, nämlich mich wiederzusehen, sowie meinem Opa Siggi, der leider verstarb. Wir konnten uns nicht mehr sehen.

Meinem Anwalt Qianwu Yang, der mich die ganzen Jahre super unterstützt hat. Seine Anwaltskanzlei Dentons und sein Team haben mir Halt in den schweren Zeiten gegeben. Er hat geholfen, dass ich den Glauben an das Gesetz nicht verlor, durch ihn habe ich sehr viel über Jura gelernt, habe sämtliche Gesetzesbücher gelesen und darüber hinaus 300 weitere. Danke!

Des Weiteren gilt mein Dank den Mitarbeitern des deutschen Konsulats in Kanton, die mich regelmäßig besucht und unterstützt haben, wo es ihnen nur möglich war.

Während der Jahre im Gefängnis hat sich die französische Hilfsorganisation ACAT (Aktion der Christen für die Abschaffung der Folter) für mich eingesetzt. Ich habe deren Arbeit gar nicht wahrgenommen, erst nachdem ich entlassen worden war, erkannte ich, was ACAT für mich getan hat. Ich habe mich mit Vertretern der ACAT in Hamburg getroffen und bin begeistert von dem, was sie leisten. Vielen Dank, ACAT!

Auf der Insel Wangerooge fand ich sogleich sehr guten Halt und habe dort viele neue Freunde gefunden, speziell die Menschen im Gästehaus Germania, von Hauke über Petra bis Mirek und Kascha. Ganz speziell möchte ich mich bei der Feuerwehr Wangerooge bedanken, die mich super aufgenommen und mir eine einmalige Erfahrung beschert hat! Torsten Stumpf als Oberbrandmeister, Eilt Arnold, Arne Diers, die Fliegenschmidts und alle, die dazugehören!

Auf Wangerooge gibt's natürlich ein paar Inselkneipen, die ich nicht außen vor lassen darf: die Kogge mit dem einmaligen Bounty, das Botsway mit »The Only Radek«, das Treibsand, das Diggers und der Strandkorb, wo ich im Februar eine ganz besondere Person in meinem Leben kennengelernt habe: meine liebe kleine Anja Borchert. Wir haben uns zu einer Zeit getroffen, in der wir uns beide brauchten, und tun dies noch immer!

In den ersten Wochen nach meiner Entlassung trennte sich die Spreu vom Weizen. Ich lernte, wahre Freunde von falschen zu unterscheiden. Ich danke meinen alten Freunden Lars Aebersold und Marco Peters, die mich in den ersten Wochen sehr unterstützt haben. Ihr seid Familie. Danke!

Auf der Insel trifft man sehr liebe Menschen. Dazu gehören meine spezielle Freundin Mechthild und Markus Grübbel.

Meinem super Rennfahrer Luca Pirri und seiner Familie aus Italien. Er hat es geschafft, mir ständig Briefe ins Gefängnis zu schicken, mit Bildern von seinen Rennautos, auf denen ein roter Stern mit meinen Initialen »RR« prangte.

Jürgen Dahlkamp vom *Spiegel*-Verlag, der sich nach meiner Heimkehr umgehend an die Arbeit gemacht hat: Ohne seinen *Spiegel*-Artikel wäre der beste Ghostwriter nie auf mich aufmerksam geworden. Lieben Dank an Tommy Schmoll, mit dem ich seit dem *Spiegel*-Artikel mehr gesprochen, geschrieben und diskutiert habe als mit jeder anderen Person. Ich habe noch nie jemanden getroffen, der sich so in jemanden hineinversetzen kann wie Tommy und der die Gedanken, Erlebnisse und Gefühle so kongenial aufs Papier bringt!

Tommy hat das Tor zur Verlagswelt geöffnet und mich der Literaturagentur Meller in München vorgestellt. Dort hatte ich die Ehre, die liebevolle Regina Seitz und das Meller-Team kennenlernen zu dürfen. Ohne Meller wäre es wohl nie etwas mit einer Buchveröffentlichung geworden.

Die Reise von Regina ging weiter zu dem Superverlag Edel Books, wo ich Marten Brandt als Ersten kennengelernt habe. Ich war begeistert von Marten als Mensch, von seinem Verständnis für die Story, aber auch vom ganzen Edel-Team. Ich wusste, hier sind Tommy und ich richtig, um dieses Buch Wirklichkeit werden zu lassen.

In den ersten Wochen hatte sich ein weiterer alter Weggefährte und Geschäftspartner von mir gemeldet, der mich in allen Belangen bedingungslos unterstützt hat. Vielen Dank an Wolfgang und Marieta Abbas.

Nach meiner Entlassung hat mich die Stadt Hamburg in vielerlei Hinsicht gefesselt. Nicht nur, dass der Verlag Edel Books seinen Sitz in Hamburg hat, sondern dort habe ich meinen alten Freund Sascha Hoselmann wiedergetroffen. Sascha hat mir mit seiner Agentur für Wirtschaftsagenten sehr geholfen, mich wieder ins Geschäftsleben einzuführen. Durch ihn habe ich super Leute kennengelernt und das Netzwerken konnte weitergehen.

Meinen ersten Vortrag durfte ich durch Thomas Promny bei Entrepreneurs Organization halten. Es war ein aufregendes Erlebnis, das erste Mal wirklich vor »Fremden« über meine Geschichte zu sprechen. Das Feedback war unglaublich. Danke, Thomas, für deine Unterstützung!

Das Universum hat einen weiteren wegweisenden Menschen in mein Leben gebracht und dies, wo sonst auch, in Hamburg. Mein Freund Sascha Hoselmann fragte mich, ob ich bei einem seiner Veranstaltungen kurz einspringen könnte, da ein Redner ausgefallen sei. So kam ich zu meinem zweiten Vortrag. Dort traf ich auf Christian und Tim Rath. Seitdem sind wir unzertrennlich. Die beiden kümmern sich um mein Branding und um Onlinemarketing. Danke für den Support an das YOYABA-Team!

Es gibt noch viele weitere Menschen, die mich sehr unterstützt haben, und bestimmt habe ich einige vergessen, denn meine Emotionen gehen mit mir durch. Allen bin ich unendlich dankbar.

Zu guter Letzt:

Meine Freunde aus dem Gefängnis, die aus der ganzen Welt stammen, von Nigeria über Thailand bis nach Kolumbien. Ich werde meine, eure, unsere Geschichte der Welt erzählen! Das schulde ich uns. Die Welt soll erfahren, was passiert ist!

Wie geht's weiter?

Ich stehe immer wieder auf. Ich fühle, wie ich gestärkt aus jedem Rückschlag hervorgehe!

Ich möchte Menschen zu kraftvollem Netzwerken verbinden und in Talente investieren, um zusammen neue Unternehmen für eine bessere Zukunft zu ermöglichen.

Die Zukunft unserer Welt liegt in den Händen der Millennials. Gerade sie sind mir sehr ans Herz gewachsen und auf www.rampire. org wirst du meine Philosophie für dich finden.

Wenn du das nächste große Ding mit uns aufbauen willst, dann besuche meine Website:

www.robertrother.com